クリエイティブ
ツーリズム

―「あの人」に会いに行く旅 ―

友原 嘉彦 編著

古今書院

Creative Tourism: Traveling to meet "them"

TOMOHARA Yoshihiko ed.

Kokon Shoin Ltd., Tokyo, 2022

まえがき

後期近代の現代です。人によって志向や価値観が異なり、どういう人なのかわからない「顔の見えない」時代ですね。こちらが何か発言しても、他者はまったく考えが違うかもしれません。当たり前、絶対、「誰でもみんなこう思う」といったものはなくなりました。何1つ取っても、受け取り方は非常に多様であり、なかなか合う人が見当たりませんよね。2020年からは新型コロナウイルスの感染拡大に伴い、特に日本においてはマスクの着用が強要されることとなり、比喩でもなく文字通り、顔が見えなくなりました。

こうした後期近代の特徴の中で、人々の孤独は進みます。他者にどう受け取られるかわからない、ということで、内容はもちろん、言い回し（〜させていただく、〜いたします、など）も気を遣います。ちょっとでも多数派と違うと「不快にさせられた」、「迷惑を受けた」、「自分勝手に生きている」などとされ、「常識がない人間」ということで大勢から徹底的に叩かれた挙句、重い処分を課されます。この辺り、特に日本は陰湿な形でやり遂げますので、大変息苦しい状況となりました。

しかし、誰しもが本当は何らかの少数派でしょう。すべてにおいて多数派である人はいません。それを隠して「みんな」と合わせて生きるか、隠さずに自分らしく生きるか。前者は叩かれません。たくさんいる中の1人ですから、誰も気に留めません。いるのかいないのかわからない、というかどうでもいい、個としての存在が消えています。後者は目立てば目立つほど、ファンも多くなる一方で、何をしても叩かれます。人を悪く見るのはとっても簡単ですからね。しかし、息苦しいこの時代、前者も後者もしんどいですね。叩かれない人は、自分の存在意義を見出せません。叩かれませんが、誰からも相手にされません。孤独ですね。叩かれる人は、やっぱり叩かれるとつらい。支持してくれる人は一定数いても、些細なことでチクチクやられるのは大変不快です。孤独ですね。叩かれる人は、でも、独自の自由な発想、仕事、生き方で人に感動を与えることができます。彼らの創造が人々に希望を与えます。

こうした息苦しい時代にあって、僕ら観光研究者は何ができるのか。みんな同じような行動を取るマスツーリズムではなく、旅に出ざるを得ない、旅を渇望している人もたくさんいるのではないか。そうしたクリエイティビティを高めたい個人向けに本書は書かれました。最も読んでいただきたいのは旅、ひいては希望に飢えている孤独な人です。創造性をもって生きる道を閉ざしてもらいたくありません。どのような状況でも希望を捨てずに創造的に生きることは可能です。また、人文社会科学系の大学生の皆さんもテキストや参考書として、レポートや卒業論文にかかることで参考にしていただければ幸いです。もちろん、観光を学ぶ、観光に関心がある皆さんにとって、読み物としてもおもしろいはずです。

本書は観光についてまったく新しい視点で書かれました。一言で申し上げれば「クリエイティブな人が観光資源」だということです。景色が美しいとか、料理がおいしい・インスタ映えするだとか、そういうことは二の次です。「おもしろい人に会いに行く旅」の研究です。観光研究は地域がそこに「あるもの」を活かしてどのように人を呼ぶか・

呼んでいるかという研究、そしてその動機である観光とお金にかかる研究が大勢を占めています。本書はそうした視点を重視しません。地域に「いる人」を挙げ、その人が観光資源となる。その人に会いたい個人が来る、通う。そうした内外の個人の関係を重視します。人と人の交流が人生を豊かに、おもしろくさせる化学反応を起こす。もう少し頑張ってみようかなという気にさせる。こうした個人の幸せが何よりだと考えます。町などが豊かになるのはその結果です。順番として後だということです。

本書の構成ですが、まず第1部でクリエイティブツーリズム（創造的観光）とは何か、また、そこにちょくちょく通うことになれば、そこをサードエリアと言うのですが、それは何か。こうしたことを掘り下げて検討します。第2部では「人に会いに行く」クリエイティブツーリズムにおいて、具体例を示します。ここでは著名人を対象者としています。第3部では古くから人々が定着してきた町において、クリエイティビティを活かして、何かおもしろいことをしようとしている人々の事例を取り上げます。おもしろい人にかかる何かがないとクリエイティブツーリズムは始まりません。第4部ではオープンな気風を出している／出そうとしている町において、クリエイティブな人が仕掛ける最新の動きをお伝えします。周縁の地であっても／だからこそおもしろいことができるという事例も挙がっています。

なお、各章の文責はすべて各執筆担当者にあります。執筆者はすべて大学や学会に関係していますが、内容やアプローチの仕方は2つに大別できます。第1部と第2部、第3部第5章、第4部第8章は国立大学の博士号を持つ研究者が書きました。少し硬いかもしれませんが、事象の本質がよく捉えられています。それ以外の部分、第3部の第6

章と第7章、第4部の第9章と第10章は実務家（出身者）が書きました。実務経験を活かし、現場（「そこ・それ」の）内部の活動を当事者として示した点が特徴です。前者より柔らかい感じの文体となっており、読みやすいでしょう。硬軟織り交ぜた各章から何か少しでも多くのヒントを得ていただければ幸いです。

この文章は２０２２年３月２日に書いています。私はドイツ留学中の２００９／10年の年末年始、ウクライナに滞在していました。取り立てて何か素晴らしいエピソードがあったわけではないのですが、問題は何もなく、普通に快適に過ごせました。平和だったウクライナが破壊と虐殺を受けている中で毎日気分が晴れません。

私たちは侵略国に対し、決然と抵抗するゼレンスキー大統領を始めとしたウクライナの人々に心を打たれました。人への想い、共感がすべてを変えるのです。自分のクリエイティビティを取り戻し、涵養させるために、心が通い、心が揺さぶられる人と会う旅に出かけましょう！

末尾になりましたが、本書を企画から刊行まで一貫して温かく、力強く支えていただいたクリエイティビティ溢れる株式会社古今書院の関秀明氏に深く感謝申し上げます。

追記：この3日後、現在のパートナーと知り合い、9月23日に入籍しました。
未央さんいつもありがとう。ずっと大好きだよ。

ウクライナとともに。著者を代表して　友原 嘉彦

目次

第4部 持続可能なクリエイティブエリアを目指して共創しよう

吉本直紀氏提供（122 頁参照）

第1部

クリエイティブツーリズムとサードエリア

第1章　クリエイティブツーリズムとサードエリアの理論

友原　嘉彦

皆さんは二極化を感じたことはないだろうか。個人レベルでも、地域や社会のレベルでも、である。知的かそうでないか、金持ちかそうでないか、活き活きとしているかそうでないか――、こうした二極化において分けるものがクリエイティブかどうかである。欧米より10～20年程度遅れて、日本も１９９０年代頃には後期近代に入った。産業革命から後期近代の前までを前期近代と呼ぶ[1]が、その時代とは大きく異なる。前期近代はマジメに工場で働けば安定した暮らしができた。多くの人がそう働いており、安心もできた。後期近代はそうじゃない。マジメにＹｏｕＴｕｂｅｒをやれば閲覧数が増えるだろうか。そうではないのは自明だろう。今はクリエイティビティ、創造性が求められる時代であり、それが乏しい人や地域はなかなか浮上できない。

「じゃ、できればクリエイティブであった方がいいな」と思われるだろうか。クリエイティブになろうとすること自体はそう難しくない。教養もあった方がいいが、必須ではない。必須なのは他者と違うことができるかどうかである。これは、これ自体はそう難しくないであろう。しかし、他者と違うことをすればどうなるか。目立つ。目立てばどうなるか。端的にはいじめを受ける。周りがリベラルでクリエイティブな環境ならいいかというと、このインターネット時代にはそうも言えない。イン

（1）たとえば、ジョック・ヤング著、青木秀男・伊藤泰郎・岸政彦・村澤真保呂訳（２００７）『排除型社会　後期近代における犯罪・雇用・差異』洛北出版（原著は１９９９年）が挙げられる。

ターネット上で総攻撃を浴びてしまう。まして保守的な環境で、日頃からみんなと同じような姿勢でないあなたを苦々しく思っているようなところであればどうか。電話なども含め、多くのクレームが寄せられたら、あなたの所属先はあなたを守ってくれるだろうか。数の力を得て強気になり、一気にあなたを「問題のある人間」として貶めてきはしまいか。このようにクリエイティブに生きるというのは強靭な精神力も必要で、なかなか難しい。だからクリエイティビティを隠して、捨てて、生きている者も少なくないのだ。

しかし、であれば、この後期近代を豊かに生きることは難しい。みんなと同じようにして、みんなと違う者を叩く。当然、このような人の代わりはたくさんいる（あるいは、ともすればポスト自体がなくてもいい）状態であるから買い叩かれる。収入も低ければ、自由になる時間も少ない。みんなと同じ服（制服やスーツなど）であり、あなた個人に注目はされない。無名であり、いてもいなくてもいいような感じにさえさせられる。そんな恐怖から、今日もみんなと違う人を見つけてはいじめる日々だ――。

これでいいのだろうか。「いや、こんな人の顔色ばかり窺う情けなく不毛な人生はイヤだ。一度きりの人生だ。叩かれても、少しでも自分らしくクリエイティブに生きたい」という人。本書はその手助けをする目的で書かれた。端的には旅を活用し、クリエイティビティを涵養して欲しい、ということである。しかし、やみくもに旅に出るのはちょっと待って欲しい。旅にも仕方がある。よい旅、クリエイティブな旅にするために、本書を読んでから出掛けて欲しい。そして普段の生活に少し（でも）クリエイティブな彩りを加えて、豊かに生きていただければ幸いである。

1．クリエイティブツーリズム

◉ 人と関わって伸ばすクリエイティビティ

さて、そのクリエイティブな旅、クリエイティブツーリズムである。クリエイティビティを涵養するにはどういったところがよいだろうか。静謐な山や海、森や湖もいいかもしれない。自然の中で一人の時間を過ごすことで、再帰的（自己反省的）になれ、それがクリエイティビティに結びつくこともあるであろう。アウトドア系の旅も否定しない。しかし、アウトドアの（旅であっても全行程の）一部も含め、より多くの人が目的地とするのは人がいるところであろう。そのため、ここでは人がいるところを挙げたい。

では、どこがクリエイティビティを涵養するに適した地域なのだろう。端的にはどこがクリエイティブな土壌のある地域かということである。それを見つけるため、あちこちのいろいろな町を訪ねて周るのも、新たな気づきに繋がり、クリエイティビティの向上の助けになるであろう。しかし、「もう少し効率よく」という場合、友原が前共著『ちびまる子ちゃんの社会学』の第8章「さくらももこの生涯概説」で言及した[2]ように、あなたが好きな・好感を持つクリエイティブな人の足跡を訪ねてはどうだろう。その人の故郷も含め、その人が暮らした土地を訪問するのである。クリエイティブな人が好きで落ち着く土地であるなら、その土地（の人々）はやはりクリエイティブ度が高いはずであり、そのクリエイティブな人が好きなあなたもその土地（の人々）が好きになる可能性は高まる。

◉ そこで何を見、何をするか

あなたが好きな・好感を持つクリエイティブな人、そして、その人が充実した時間を過ごした土地

（2）友原嘉彦（2021）「第8章　さくらももこの生涯概説」友原嘉彦編『ちびまる子ちゃんの社会学』古今書院：pp.136-155.

について頭に浮かんだであろうか。では、そこにまずはちょっと出かけてみるとして、その土地で何をすればよいだろう。大別すると3つある。それらを挙げ、順に見ていこう。

① あなたが挙げたクリエイティブな人が直接遺したものを見る
② あなたが挙げたクリエイティブな人にインパクトを残した場所を訪れる
③ その土地で出会う人々との交流

まず①である。これはたとえば作品が飾ってある、本人や作品などの像や碑が立っている、といった場所である。町の中心部にあることも多いだろう。対象は聖人化されていたり、人気の高い人であれば土産関連でも扱われ、商業主義的な雰囲気を強く出していたりすることも少なくない。それも（斜めに見ることも含め）楽しみたい。

②は、さらに2つに分けられよう。1つは一般的に有名な場所である。たとえば眺めの良い峠やビーチ、有名な橋などが挙げられる。一般的に有名な場所であり、あなたが好きなクリエイティブな人もそこにまつわる何らかのエピソードを持っていることも自然である。

もう1つは、知る人ぞ知るところである。別に何か特別に景色が優れているだとか、目立つデザインの建物だとか、そういったことはない。一般的に誰も何も気にしないありふれた場所である。取り立てて何も案内はない。しかし、あなたはそこで何があったか知っている。あなたが好きなクリエイティブな人が作品でサッと触れていたり、示唆していたり、何かのインタビュー記事でほんの少し言及していたりした場所である。コアなファンだからこそわかる場所である。あなたが好きなクリエイティブな人は、やはりそこでインパクトを受けたからこそ、それについて記したり、語ったりしたのだ。

その時のその人の思いについて、同じ場所に立ち、思いを馳せたい。また、地点だけではなく、その町における天気天候もこの②に含まれる。たとえば「(その町において)傘も差さず、泣きながら雨に濡れて帰った」という旨を当人が述べていたとしよう。具体的にどの辺りを歩いていたか、よりも、その町で雨に打たれることの方が大きい。自然現象は偶然性に左右される。その町で雨に打たれ、雨に打たれた当人に思いを馳せられたあなたはラッキーである。

そして最後に③である。居酒屋やバー、喫茶店など、サードプレイス[3]に該当するような居心地が良く、人々と交流できるところで、うまく「××さんが好きで、××さんの過ごしたこの町に来ました」的なことを話し、そこにいる人々と交流を図りたい。あなたが好きな人ゆかりのこと・場所だけでなく、地元の人でないと知らないまったく思いもつかなかったこと・場所を紹介してくれるかもしれない。2000年代半ばから普及したSNSの存在が大きく、その後もその人々と繫がることができる。

このように現地でやることは多いものだ。最初は①や③がメインで、次回以降は②も顕著となってくるだろう。③からの派生で訪れる場所やもう慣れた商店街などをぷらぷらすることで、何度も行ける町になる。そのクリエイティブツーリズムは一過性ではなくなり、持続性あるものとなり、サードエリア(居心地が良く、何度も訪問する行きつけのエリア)となる[4]。

◉ もちろん古の人との交流でも構わない

友原はまた前掲『ちびまる子ちゃんの社会学』の「第11章　さくらももこのサードエリア[5]」において、クリエイティブな人々・層(クリエイティブクラス)がサードエリアを作りやすいことを示し、その条件を、①クリエイティブクラスと出会え、芸術に触れられる環境があること、②生と孤独が感じられる環境があること、③ジェントリフィケーション(街区の外発的富裕化)がなされていること、の

(3)レイ・オルデンバーグ著、忠平美幸訳(2013)『サードプレイス　コミュニティの核になる「とびきり居心地よい場所」』みすず書房。

(4)友原嘉彦(2021)「女性クリエイターの観光に対する行動と捉え方　さくらももこ『ちびまる子ちゃん』を事例として」西南女学院大学紀要25：pp.93-101.

(5)友原嘉彦(2021)「第11章　さくらももこのサードエリア」、友原嘉彦編『ちびまる子ちゃんの社会学』古今書院：pp.191-210.

3つに集約した。クリエイティブツーリズムは条件が整えばサードエリア化する観光である。①、③はよいだろう。①は直接的に、③も間接的にアートに関係している。ここでは②について考えてみよう。

生を考えるとき、必然的に死を見据え、死と向き合うことになる。死がある上での生である。また、後期近代が進むにつれ、人々の志向は多様となり、他方でそうした多様な人々の権利・価値観がそのままでは他者と衝突することとなり、それを回避すべく、個人化が進んだ。それは孤独化でもある。これまでクリエイティブクラスが向き合ってきた生と孤独であるが、後期近代が進むことで、向き合わなければならなくなる人が増えた。著名なクリエイティブクラスの者もしかし、生と孤独について詳細に思いを述べている者は多くはない。しかし思いを馳せる対象は同時期に生きる者でなくてもよいだろう。古の者でもよい。次に1つ事例を挙げよう。

◉ 補陀落渡海の地で希望を感じる　（1）補陀落渡海とは

補陀落渡海《ふだらくとかい》とは、南方に補陀落という浄土があるとされた仏教の考え方に則り、南洋に突き出た岬などから補陀落へ渡海しようとした試みである。古代から近世にかけて行なわれた。その出航地の1つとして高知県南西部の足摺岬《あしずりみさき》（図1）が挙げられる。

足摺岬の地名の由来からして補陀落渡海と関係がある。後深草院二条という女性により14世紀初頭にまとめられた日記『とはずがたり』には「昔、この岬の付け根に建つ寺で僧と小法師が2人で修行していた。そこに旅の小法師が来たが、僧は食事を出すことを惜しんだ。かわいそうに思った寺の小法師は旅の小法師に食べ物を分けてあげたが、僧よりきつく怒られた。そこで旅の小法師は寺の小法師を誘い、このような僧の下から脱出しようとする。岬から小舟で沖へ出た。後を追いかけてきた僧に『これから補陀落に向かいます』と述べた。

図1　足摺岬
友原撮影．2020年4月14日．

２人は菩薩の姿になって離れていった。残された僧はさみしくなり、いたたまれなくなって足を摺り悲しんだ。そこから足摺岬と呼ばれるようになった」旨、記されている。[6] ちなみにこの寺は金剛福寺といい、空海によって８２２年に開かれた。[7] 現存しており、遍路で有名な四国八十八カ所の１つでもある。

さて、補陀落に渡海する人の気持ちを記した小説が、井上靖が１９６１年に発表した「補陀落渡海記」である。[8] 当小説では南紀熊野の補陀落寺を舞台として、11カ月後に渡海を控えた61歳の住職である金光坊の揺れ動く気持ちについて焦点を当てている。時は１５６５年だが、当時の人々も海の向こうに補陀落がありそうな気があまりしなかったのであろう。そうであれば自殺行為である。しかし、補陀落渡海は非常に徳の高いことだと思われていた。科学技術も未熟な時代であり、災害や飢饉、疫病などからの被害を食い止めるには宗教的な徳のレベルを上げるしかないと考えられた。人々の模範となるような寺の住職が「私」を優先させ、渡海を行なわないということなどは、村の人々からは恥と思われ、失望され、情けなく捉えられる。こうした宗教側の厳粛的な理屈もあるが、他方で村の人々は自分が行くわけでもなく、半ばおもしろがって寺の人を行かせようとしていたのではないだろうか。死が見世物になった時代であり、こうした楽しみとしての要素も行かせるための動機としてあっただろう。

村人たちから「これから補陀落渡海をする立派な住職」とされた住職は村社会の「空気」から行かざるをえない形になる。小説「補陀落渡海記」では、金光坊は渡海が始まってまもなく、小舟から逃げ出す。小島に逃れ、そこで彼を発見した僧侶たちに命乞いをする。しかし受け入れられず、再び沖へ流された。しかしながら当小説ではまた、渡海を受け入れ、渡海の運命を前向きに捉えて、渡海した人についても触れられている。そのような人たちの気持ちはどうであろうか。補陀落があることを信じ、「ここではないどこか（補陀落）」に行くことを前向きに考えていたのではないだろうか。もち

（６）讃岐屋一蔵（２０１７）「讃岐屋一蔵の古典翻訳ブログ　とはずがたり現代語訳巻五４」https://sanukiya.exblog.jp/26656602/ (2022.2.6 閲覧)

（７）（一社）四国八十八ヶ所霊場会 (n.d.)「第三十八番　蹉跎山　補陀落院　金剛福寺」https://88shikokuhenro.jp/38kongofukuji/ (2022.2.9 閲覧)

（８）井上靖（２０００）『補陀落渡海記　井上靖短篇名作集』講談社文芸文庫。

ろん、補陀落はないような気がするが、当時の科学技術からすれば必ずないとまでは言い切れない。実際、当小説では、「どこかの国の僧侶が土佐の国から渡海して現身のまま補陀落浄土へ行って、そこを見物して帰って来たという話や、どこのたれそれが文明年間に渡海して、これまた補陀落浄土へ詣で無事に帰国した話」（p.168）が取り上げられている。このように、渡海せざるをえない状況となれば、少しでも補陀落があることを信じ、前向きに捉えようとする意識が対象者にはあったと考えられる。そして補陀落は希望と置き換えることができる。

◉ 補陀落渡海の地で希望を感じる

（2）田宮虎彦「足摺岬」が示すもの

かつての補陀落渡海の地は前期近代の中期ともいえる戦後になると「自殺の名所」という捉えられ方もされるようになる[9]。田宮虎彦が１９４９年に発表した小説「足摺岬」[10]もそうしたイメージの形成を担った作品である。同小説においては「大学を出たところでむなしい人生しか残されていはしない」（p.105）と感じた主人公が死に場所を求めて足摺岬を目指す。まずは岬の近辺に位置する清水の町（現・土《と》佐《さ》清《し》水《みず》市）にて宿を取る。宿ではおかみさんやその娘、また、ほかの客とも懇意になる。そうこうする中で気持ちが紛れ、落ち着きをもみせることになる。岬にも行ってはみるが、引き返した。雨の降る日々の中を「淋しい町」（p.106）で過ごした主人公。一人で考え事もでき、また、宿で会った人と話すこともできた。宿の娘とは懇意になり、３年後、東京で職を得た主人公は再び宿を訪れた。宿

図２　補陀落渡海の小舟を再現したもの

Tanabe City Kumano Tourism Bureau, https://www.tb-kumano.jp/en/places/katsuura/（2022.2.11 閲覧）

（9）たとえばｎｏｂｏｒｕ（２０２２）「オカルトタウン　日本の自殺の名所８選！今では徐々に自殺が減ってきているところもある?」https://uidhibiasudhiu.com/nihon-jisatsu-meisyo-hetteiru/（2022.2.12 閲覧）においても６番目に取り上げられているように、２０２２年現在でも足摺岬は「自殺の名所」として挙げられている。また、同地を管轄している中村警察署清水警察庁舎の電話窓口担当者は「具体的な数などは言うことができないが、足摺岬における自殺は毎年ある」と言う（２０２２年２月14日の電話での聞き取りによる）。

（10）田宮虎彦（１９９９）『足摺岬　田宮虎彦作品集』講談社文芸文庫。

の娘を自分の妻とし、東京に連れて帰るのである。元々は自殺する気で行った者が、同地での滞在を通してまったく違う気分になり、人生が繋がるのである。旅をするクリエイティブな者たちとの出会い、そうしたクリエイティブな者たちを迎え、日頃から接している宿の人たち。そして雨の降る静寂に包まれた小さな町で再帰的な時間を取る（自分のこれまでの生き方を顧みて、今後の生き方を考える）こともできた。足摺岬という補陀落渡海の時代のあった「あの世とこの世の境界」まで行ったが、主人公は最後の最後でこの世側の人々との出会いを通して人生が繋がった。これも前項でみたように、絶望の果てに辿り着く地は希望の始まりの地であることと表裏一体であることがわかる。主人公は希望がまさった。

他方、実際に自殺する人は同小説の主人公のような形ではなく、どこにも寄らず、誰とも時間を取って話さずに岬に向かうのかもしれない。足摺岬一帯は（斜面に、海辺に降りる階段が設けられたところもあるが）基本的に崖である。その上から海へ飛ぶ者もしかし、絶望をそこで終わらせ、来世に希望を見出しているとも受け止めることができる。「当初の目的」を果たすかどうかは人や状況によっても異なるが、絶望の果てに辿り着く地が希望の始まりの地であることと表裏一体であることは共通している。このことを確認した上で、次の社会的風潮を考察し、本節のまとめとしよう。

◉補陀落渡海の地で希望を感じる　(3) 転生の時代に適うサードエリアとして

日々後期近代が進んでいる中であるが、２０１０年代半ば頃より「転生」を掲げる小説や漫画が充実してきた。たとえば、理不尽な孫の手による「無職転生　異世界行ったら本気だす」シリーズ（２０１２年〜）、伏瀬による「転生したらスライムだった件」シリーズ（２０１３年〜）、『ＤＲＡＧＯＮ ＢＡＬＬ外伝　転生したらヤムチャだった件』（ドラゴン画廊・リー、原作：鳥山明、２０１７

年、集英社）などが挙げられる。総じて、冴えない主人公がなんらかのきっかけにより転生し、まったく別の環境（異世界）の、まったく別の存在になることで生を充実させていくパターンである。前期近代において、あまり恵まれないと感じる人がどのように生を充実させていくかについては、まず社会制度の整備がまだ隅々にまで行き亘っていなかった中期までにおいて、小説『青い鳥』(11)で示されているように「日頃の生活、身近な人・ものに感謝して生きる」といったものが見られた。社会制度を利用し、努力して希望を叶えられるようになった後期には、たとえばむつ利之の漫画『名門！第三野球部』（１９８７〜１９９３年、講談社）のように「他者から笑われ、バカにされようが、過去から繋がる現在の状況を肯定し、その時点から努力して成功を掴み取る」といった形になった。しかし２０１０年代半ば頃からの転生作品においては、このように現状を肯定するものではなく、むしろ否定し、異世界へ転生するのである。現状に感謝したり、あるいは、なんとか立て直し、整備し、それをもって成功したり、生きやすくしたりするのでなく、パッとリセットするのである。永年勤続から（何度も）転職することが一般的になったように。永年寄り添う形だけでなく、離婚も十分あり得る選択肢となったように、である。

このように考えると、現実には小説や漫画のように転生が起こるということはないが、しかし気の持ちようを大きく変えるということはできる。それもまた転生と呼べるだろう。それには、すでに見たように希望が持てそうな場所、土地を訪れることが適う。本節で紹介したそうした場所、土地には補陀落渡海や「自殺の名所」といった「人の物語」があった。その淵まで立ち、彼らに思いを馳せた上で「転生」することはできる。また、前項で小説「足摺岬」を通して見たように、その近辺において人々と出会うことで気持ちが変わることもありえる。このように、故人も含め、価値観の合うような人との交流ができるところで、希望の芽が出てくる。希望の発芽はクリエイティブなことである。

(11) メーテルリンク作、江國香織訳、高野文子絵（２０１３）『青い鳥』講談社青い鳥文庫（原作は１９０８年発表）。

価値観の合いそうなクリエイティブな人との交流を通すことで希望が湧く、「転生」できることがクリエイティブツーリズムの意義である。ぜひ、継続的に関わるようなサードエリアをクリエイティブツーリズムの中で見つけて欲しい。

2. サードエリア

◉ サードエリアとは

サードエリアとは前出の注4や5の文献で挙げもしたが、米国の社会学者レイ・オルデンバーグのサードプレイス論が着想の下地となっている（詳しくは注3の文献を参照）。サードプレイスとは、ファーストプレイスを自宅、セカンドプレイスを職場や学校（通勤先、通学先）としたときの、それ以外によく滞在する場所であり、何度も行きたくなる居心地の良い場所のことである。オルデンバーグはその中でも特に他者と交流ができる場を挙げた。具体的な場所としては、たとえば居酒屋やバー、カフェ、公園、街路などが挙げられる。サードエリアはこうした概念を地域に広げたものであり、ファーストエリアは自宅近辺の地域、セカンドエリアは職場や学校の近辺の地域、サードエリアはそれ以外によく行く居心地のよい地域のことである。ただし、遠方の場合は年に数回など、「行きつけ」といっても頻度に差はあろうが、行く頻度を厳密に決めることはしない。また、地域の広さも決めない。行く頻度や該当地域の広さといったことは幅があり、柔軟性のあるものである。

◉ サードエリアになりやすい地域 （1） 故郷、学生時代を過ごした町

ではサードエリアになりやすい地域にはどのようなところが挙げられるだろうか。多くの人に該当

するのは故郷であろう。進学や就職で離れたが、実家（の跡地）もあり、時々帰る。英国の作家ジョージ・オーウェルの作品にも、現在の環境の閉塞感から抜け出し、生き生きとした気持ちで故郷に向かう男性を書いた『空気をもとめて』（１９３９）がある[12]。ドイツの作家エーリヒ・ケストナー（１８９９〜１９７４）も良く生きるための４点として「自分の良心に耳を傾けよう」、「自分の手本となる人を探そう」、「ユーモアを持とう」と並べ「子どもだった頃のことを思い出そう」と提案している[13]。クリエイティブな者が勧める生き方として子どもだった頃の記憶を思い起こすことが挙げられているが、まさにそれをよく思い出すために故郷を訪れるというわけだ。また、直接的にはあまり関係していなくても先祖ゆかりの地も好意的に感じ、少なくとも親近感があり、訪れてみる者もいよう。そうしてそこが合えばサードエリアになることもある。ほかには学生時代を過ごした町が該当する人もいるだろう。

　そうした若き日々を過ごした町について、もちろん一方ではあまり良い思い出がない人もいるだろう。サードエリアどころか、できるだけ関わりたくないかもしれない。程度の差はあれど、そのような人は現在クリエイティブな活動に従事していることだろう。リベラルな環境で育ったクリエイティブな人がリベラルを捨て、保守を好むことになるより、その逆が人類史上においても自然である。このような人や、故郷が好きでも飽き足りてほかのサードエリアを探す人は、続く（２）や（３）をあたって欲しい。

◉ サードエリアになりやすい地域　（２）芸術の土壌がある町

漫画家さくらももこがバリ（インドネシア）をサードエリアとしていたことは注５の共著の該当章で詳しく示した。本項にかかる内容もそこで取り上げたので、詳細についてはそちらをご覧いただければ幸いであるが、同書でサードエリア化の条件として筆頭に挙げたのは「クリエイティブクラスと

(12) 川端康雄（２０２０）『ジョージ・オーウェル「人間らしさ」への讃歌』岩波新書。

(13) 菊池雅子（１９９５）『増補版　ドイツ文法の入門』白水社。

出会え、芸術に触れられる環境があること」である。芸術・学術・スポーツといった要素がクリエイティビティの発露として中核となるが、その中でも芸術は日常的に可視的で重要である。芸術の土壌がある町がサードエリアになりやすい。同書ではほかに「生と孤独が感じられる環境があること」や「ジェントリフィケーションがなされていること」も挙げたが、これらは芸術の町における付帯的な要素でもある。芸術家は生と孤独を考えるし、ジェントリフィケーションも往々にして芸術に関係する。

◉ サードエリアになりやすい地域 (3) コンテンツツーリズム

後期近代型の個人の志向が重視された観光形態は学術用語でSIT (Special Interest Tourism) と呼ばれ、前期近代型のマスツーリズムと対比される。前期近代型のマスツーリズムでは、みんなが行く観光地があり、そこでもみんなが同じような観光行動を取っていた。熱海には大型旅館が立ち並んだ。京都に来たからには清水寺や金閣寺に行く。高知ではカツオのタタキを食べる。後期近代型のSITでは、目的地もそのようなみんなが行く町になるとは限らない。たとえ目的地までは同じでも、人がたくさんいてサービスも画一的な大型旅館ではなく、クリエイティブな個人が経営する小さな宿に泊まる。宗教(の施設)には別に興味がないし、混雑するところは行きたくない。大学の建築や雰囲気が好きなので、京都なら京大や同志社、立命館、そしてそれらを取り巻く学生街を周ってみたい。高知でも生の魚は好きではないので、カツオのタタキは食べない。私はビーガンなので魚は食べられない。といったような感じである。

このように人々の意識が徐々にSITに移行してきている中で、さらにその中の1つの形態として注目されているのがコンテンツツーリズムである。これは2005年に国土交通省総合政策局観光地域振興課、経済産業省商務情報政策局文化情報関連産業課、ならびに、文化庁文化部芸術文化課という３つの省庁の各担当課から共同で提出された「平成１６年度国土施策創発調査　映像等コンテンツの制作・活用による地域振興のあり方に関する調査　報告書」[14]の中で示された語である。「コンテンツ」の具体例としては、「映画、テレビドラマ、小説、まんが、ゲーム」が挙げられている。[15]その後、２０１１年にはコンテンツツーリズム学会が設立されるなど観光学界における大きな研究対象の１つにもなった。

　コンテンツツーリズムの「コンテンツ」は換言すると「創作物」であり、コンテンツツーリズムはそうしたものの舞台やミュージアムなど関係施設を巡る観光である。この分野における研究の第一人者は岡本健であるが、その研究、特に観光者側の研究においては、英国の精神医学者ジョン・ボウルヴィが発展させた「安全基地論」（１９８８）と密接に結び付くメリット・動機が見られる。岡本（２０１８）[16]は、各コンテンツのファンが、その舞台などの現地でコスプレをするなどして楽しんでいることにより、ほかのファンに「自分の興味、関心への表出が当該地域において認められている、あるいは、拒絶されていない、と感じられる」ことの意義を示している（p.127）。すると、その地域に行ってみる。やはり受け入れられている気がすると「地域やアニメ作品、そして現地で出会ったファンや地域住民の『みんな』への感謝の気持ち」（p.34）が湧いてくる。その地域が気に入り、安心することができ、愛着が湧くと、自分の心の「安全基地」となる。そうなれば、自分もそこで・そこから何か表現したくなる。岡本は「自分の想いや気持ちの発露、作品の愛や、聖地に来た喜びの吐露、自分の作品の披露など、動機ややり方は様々ですが、地域に『表現』が蓄積されていく」（p.36）と述べ、地域にとっても文化の蓄積による資源化的なメリットがあることを示している。このような形でコンテンツツーリズムがサードエリア化に繋がることが見て取れるだろう。しかし、１つ１つの作品には一過性の側面がある。シリーズ化されても、ファン自身は年齢を重ねる。志向も変わってくるかもしれない。ほ

（14）国土交通省総合政策局観光地域振興課・経済産業省商務情報政策局文化情報関連産業課・文化庁文化部芸術文化課（２００５）「平成16年度国土施策創発調査　映像等コンテンツの制作・活用による地域振興のあり方に関する調査　報告書」（目次）https://www.mlit.go.jp/kokudokeikaku/souhatu/h16seika/12eizou/12_1.pdf（2022.2.19 閲覧）

（15）国土交通省総合政策局観光地域振興課・経済産業省商務情報政策局文化情報関連産業課・文化庁文化部芸術文化課（２００５）「平成１６年度国土施策創発調査　映像等コンテンツの制作・活用による地域振興のあり方に関する調査　報告書」（本編１：p.49）https://www.mlit.go.jp/kokudokeikaku/souhatu/h16seika/12eizou/12_3.pdf（2022.2.19 閲覧）

かにも次々に興味を惹く作品は生まれる。このように持続的な求心性を考えると、ともすれば1つ1つの作品は弱い面も指摘できる。そこで次にもっと大きな「物語」を提示しよう。

◉ サードエリアになりやすい地域（4）好きな人が良い日々を過ごした町

コンテンツツーリズムは芸術にかかり、クリエイティブツーリズムを形成するが、作品、ひいては、その舞台といった地域への求心性の持続については疑問も生じる。作品であればあれもこれも好きということは多分にありえる。他方、人物についてはどうだろうか。有名人でいい。どれほどの数の有名人を好きと言えるだろう。人は作品と違い、長い人生によって多面性が見られる。２０２１年の東京五輪において開会式等の演出関連の担当者が過去の差別的な言動によって次々にその職を追われた。そのようなこともある。いろいろなすべての面を受け止めて、その上で「好き」と言える有名人はそう多くはないだろう。

そんな「あなたに選ばれた有名人」。その人が総合的に良い日々を過ごした町に訪れるのが人物観光である。そこからの流れは前項や参考文献5の通りだ。居心地が良くなり、何度も通う。知り合いができる。自分事の町になる、心にとって、クリエイティブに生きるにあたって必要な町となる。本項の具体例については第二部で3つの章をもって見てみよう。

◉ 地方の人口の少ない町についての捉え方

サードエリアとなりそうな町も現住地からの距離や人口の規模はまちまちであろう。現住地からそれほど離れておらず、日帰りも可能な町が目的地であることもあろう。ちょくちょく訪れることができる。離れていても大きな町であれば、行く度に何か異なり、新鮮な感じがある。日数をかけること

(16) 岡本健（２０１８）『巡礼ビジネス　ポップカルチャーが観光資産になる時代』角川新書。

は容易だろう。他方、遠方であり、かつ、人口の少ない町であればどうだろう。店も人も多くない。常に現地の誰かと一緒でもなく、飽きてくる。「何もすることがない」。もちろん、訪問先で本を読んだり、たとえば河原を散歩したりしてもいいのだが、前述のようにクリエイティブツーリズムは人との関連性を重視する。

前節で取り上げた補陀落渡海が行なわれていた足摺岬はどうだろう。ここは土佐清水市に属する。同市の人口は1万2千人（百の位を四捨五入した2022年2月1日現在の数。以下同）。ちょっと少ない、少なすぎると感じる人もいよう。サードエリアは「行きつけ」であることを重視する。このくらいの人口規模で構わない人はよいが、もう少し広がりがあった方がいいかもしれない。どう広げるか。すっかり少なくなったが、かつて「市」は町村であり、「郡」に属していた。郡域内は概ね同じ文化圏である。市町村の単位ではなく、郡の単位で考えてみてはどうだろう。そうすると、土佐清水市は旧幡多《はた》郡である。中心地区は現在、四万十《しまんと》市となっている中村地区（旧中村市）だ。四万十市は人口3万2千人。隣には宿毛市という市もあり、そこは1万9千人。この3市だけで6万3千人である。ほか、同郡には2町1村あり、それら3町村の人口は計1万6千人。さらに、ほかの郡と合併した地区もある（具体的には四万十町の西部、中西部）。これらを合わせると8万人規模となる。中心となる中村地区に拠点を構え、幡多地域としてサードエリア化を考えてみてはどうだろうか。四万十町のようにかつての郡域を超えて合併した市町村も少なくなく、わかりにくいが、サードエリアという行きつけとなる地域である。ぜひ、市町村単位ではなく、また単に「近くの」・「隣の」という観点でもなく、地域の歴史を調べて、どの範囲が同じ郡として同一文化圏なのかを探って欲しい。

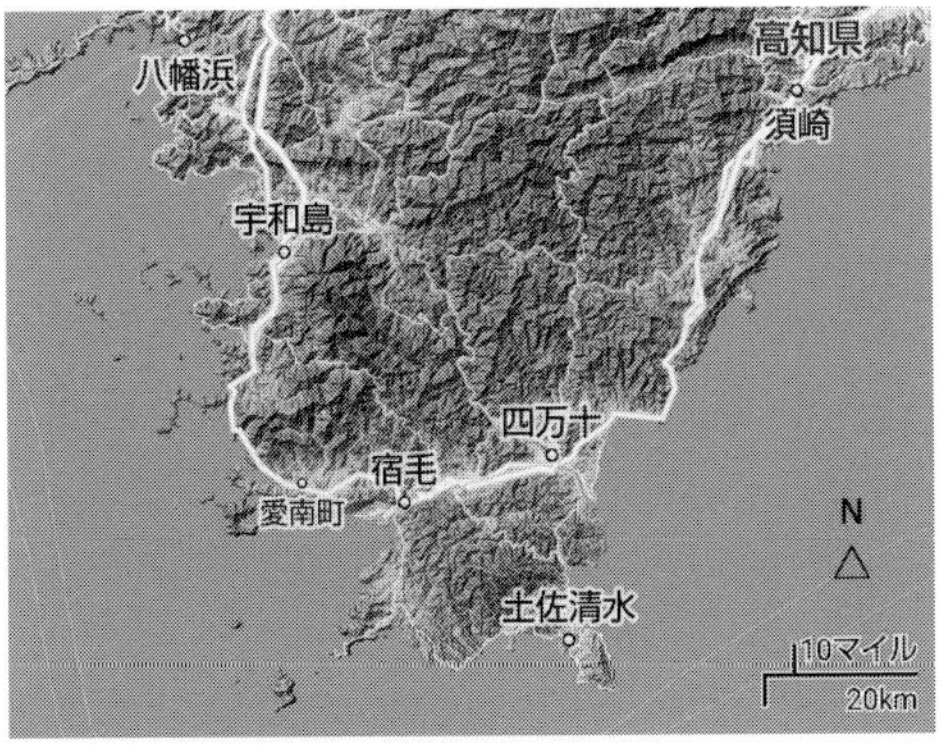

図3　幡多地域の位置
Googleマップを加工して作成.

3. さあ、希望を探す旅へ出かけよう

いかがだっただろうか。観光の新しい観点として、これからを自分らしく生きていく皆さんにクリエイティビティを高める旅＝クリエイティブツーリズムを提示してきた。クリエイティブツーリズムは人との交流・関係が欠かせない。自分と合う人と交流・関係していこう。しかし一口にそうは言ってもいくつか分類できる。最後にここで整理しよう。

①現在活動中のクリエイティブな人がいる町に訪れ、クリエイティビティを高める（これについての詳細は第3部、第4部を参照いただきたい）。
②あなたが好きな人が良き日々を過ごした町を訪れ、その人に思いを馳せ、その人と「同じ景色」を見る。その人が良き日々を過ごした町なのだから、きっとあなたにも合うはずだ。町の人とも交流し、クリエイティビティを高める（これについては第2部を参照いただきたい）。
③古の無名の人たちであっても、あなたがシンパシーを感じる人たちが希望を求めて行き着いた町を訪れる。希望の集まる町でその人たちに思いを馳せたり、町の人たちやほかの旅人たちとコミュニケーションを取ったりすることで、（だましだましにでも）どのように生きていくか希望が見えてくる。それがクリエイティビティの基盤となり、これを高める（本章では土佐清水市の足摺岬を事例として挙げた。このように地理的には外縁部であり、同岬の近くには金剛福寺が建っているように宗教的な要素も往々にしてあるかもしれない）。

そして、クリエイティブツーリズムを通して、その町に通うようになると、そこがサードエリアと

なる。このようにサードエリアとクリエイティブツーリズムは密接な関係を持っているのだ。

２０２２年２月現在、まだ新型コロナウイルスの騒ぎが継続している。丸２年以上が過ぎたことになる。東欧では同24日、国境に19万もの兵力を集めていたロシアがウクライナに対して侵略を開始した。我々は社会環境の中に生きている。いつ終わる（政治が終わらせる）ともわからない感染症を理由とした各種の制限や、攻撃を受けてもいないどころか具体的な脅威もない中で責任あるはずの主要国が一方的に攻め入ってくるという理不尽な状況――。もちろんほかにも多種多様な事象から閉塞感で息苦しい社会状況は続く。我々は自由社会になってきているはずだとの板挟みの状況に置かれている。

こうした中ではあるが、後期近代は進んでいる。個を重視して生きているクリエイティブな人が相対的に幸せに、充実して生きていることは明白だ。クリエイティビティがあからさまに出せない環境にいるなら、当面「ステルスクリエイティブ」でもいい。そうしているうちに道は拓ける。さあ、クリエイティブになる旅、希望を探す旅へ出かけよう。

★考えてみよう

1．あなたは、現状の閉塞感から距離を取るために旅をする内容の作品（コンテンツ）について、どんなものを知っているだろうか。そしてあなたはその作品をどう評価するだろうか。また、ほかにはどのようなものがあるのかちょっと検索してみよう。

2．あなたが関わりたい人（々）はどんな町で暮らしている（いた）だろうか。そこに行ってみない理由は何かあるだろうか。

第2部

あの人が暮らした町に行こう

第2章　岡本かの子の〈川〉

―― 多摩川、東京下町の川、そしてフィレンツェ ――

高田　晴美

ある芸術家の作品に触れながら、その作品に描かれている土地や景色に想像をふくらませる。場合によっては自分もその土地に身を置き、歩き、見て、作品の世界観とその作者に思いを馳せる。そうすることで、その作品をより深く味わうとともに、その作家の本質に触れたという実感を得る。自分とその作家との間に気脈とも水脈ともいえそうな何か通ずるもの、感応するものを感じ、何かを得たような感触を得る。クリエイティブツーリズムとは、そういうものではなかろうか。この章では１９３０年代後半の数年間、命を燃やして小説を発表した、ある種の女流らしい女流作家ともいえる岡本かの子を取り上げ、多くの作品に描かれる〈川（河）〉を巡る旅をしたい。そこには、川に重ねられる自分自身、自分の人生、そしてこの世界の神秘があるかもしれない。

１．作者に思いを馳せながら旅をする

小説やアニメの舞台となっている土地を巡る旅のことを〈聖地巡礼〉と呼ぶことも、近年ではすっかり定着した。この〈聖地巡礼〉には言葉本来の宗教的な意味合いはないが、単に作品の舞台を旅行

で訪れたというレベルを超えて、巡礼者がその作品に並々ならぬ思いを抱き、自身と作品の世界とを連結させる〈聖地〉を巡る旅には、信仰にも似たひたむきに傾ける思いが存在する。

このような旅の仕方を日本人がするのは、何も最近始まったものではない。日本には古くから〈歌枕〉というものがあった。歌枕とは、古歌に詠まれた諸国の名所のこと。いにしえの和歌に思いを馳せながら歌枕を巡る旅をし、その和歌と魂を通い合わせるように己も歌を詠む。平安時代後期には、旅の歌人とも呼ばれる西行が、かつて陸奥の歌枕の旅をした能因法師の足跡を追うように旅をし、能因の歌に呼応するように歌を詠んだし、さらにはその西行の足跡を辿るように、江戸時代には松尾芭蕉が『奥の細道』の旅をし、俳句を詠んだ。これらも言ってしまえば〈聖地巡礼〉のようなものだ。

ただし、現代のよくあるタイプの〈聖地巡礼〉との違いもある。現代の〈聖地巡礼〉はもっぱら、そこが舞台となった作品そのものに関心を集中させ、自分も同じ土地にいることに興奮はするが、作品の作者自身にはさほど思いを寄せない、つまりあくまで作品ファーストの聖地巡礼であるのに対して、西行や芭蕉が歌枕を巡った旅には、作品（この場合は和歌）だけではなく、いやむしろより以上に、その和歌の読み手である作者という人間に思いを寄せているという点だ。旅人が〈聖地巡礼〉をすることで自分と連結させているのは、作品だけではない。その作者であり、作者の人生でもあるのだ。自分の前には、同じ道を辿った先人がいる。自分は今、その足跡を辿っている。先人と同じ地に立ち、同じものを見、もしかしたら同じ感慨に至っているかもしれない。今、時を超え、自分と先人は通じている。自分は決して孤独な存在ではない。ああ、大丈夫だ。……そんな境地に達することもあるだろう。それが〈クリエイティブツーリズム〉の醍醐味なのではないかと思う。

少し大げさな言い方になったが、作者という人間と通じ合う気分で、以下、岡本かの子作品に描かれる〈川〉のほとりに立ち、川の流れに身を任せて、岡本かの子という一人の芸術家とその有り様に思いを馳せていこう。疑似的なクリエイティブツーリズム体験へのいざないである。

2. 岡本かの子とは

岡本かの子（１８８９〜１９３９年）と聞いても、文学に詳しくなければぴんとは来ないかもしれない。むしろ、昭和の一時期テレビでもしばしば耳にした名言「芸術は爆発だ」や大阪万博のシンボル「太陽の塔」の作者として有名な芸術家(画家、彫刻家)岡本太郎の母といったら想像がつくだろうか。昭和のキワモノ的な知名度と人気を誇る芸術家となった岡本太郎を息子に持ち、画家、漫画家であった岡本一平を夫に持った岡本かの子は、歌人、仏教研究者として活躍した後、50歳直前にして脳充血で倒れ亡くなるそのわずか3年前の47歳の時に小説家として本格的に文壇デビュー(1)。死ぬまでのたった3年の間に、濃厚濃密で絢爛豪華な作品を次から次へと発表し、高評価を得た。

かの子は東京赤坂区青山南町の大貫家の別邸で生まれた。大貫家は神奈川県二子村（現川崎市高津区二子）の多摩川河畔に代々伝わる旧家。腺病質のためにこの多摩川河畔の本宅で養育母に育てられ、東京と行き来しながら過ごした。夫の一平はかの子について、「かの女の作品の特徴を地理的に分けると、東京付近に於ては山の手の雰囲気を帯びたものと、下町の江戸名残りの商業街の空気と、もう一つは郷里二子多摩川邊の自然とである。かの女の父の代に大和屋は東京の山の手に寮を、下町に出張所風の住宅を持つていた。育ち盛りのかの子は、これらの場所に滞留生活して環境を見聞覚知し後年創作の便宜を得た(2)」と書いている。一平との結婚後は、一平の放蕩に苦しんだり、かの子も愛人を作り、しかもかの子夫婦とその愛人とは同居生活を送るが、次々と太郎（長男）以外の子どもを亡くし、愛人まで病死して夫婦で宗教に救いを求めたり、再び別の男性を愛人にしては、夫が仕事で渡欧する

（１）それまでにも散発的には小説や随筆めいた作品は発表していたが、本格的な文壇デビュー作は１９３６年６月の「鶴は病みき」である。

（２）岡本一平（１９４０）による『岡本かの子集』新日本文学全集25、改造社での解説。

際には、太郎、愛人とともに同行したり、死の際には夫と愛人に看取られたりと、奇妙で激しい波乱万丈な人生だった。華麗にその才能を開花させ、情熱と生命力があふれ流れるようなエネルギーを怒涛のように作品に注ぎ込んだ小説家であった。そんなかの子とその作品を象徴するのが、流れ、通い合う「いのち」[3]――〈川〉である。

3. かの子の中には川が流れている ―― 小説「川」と多摩川 ――

かの子の作品には、川がつきものである。というのも、子ども時代の大部分を過ごしたのが多摩川河畔だったり、大人になってからの思い出も川とともにあったりしたからか、かの子自身、川に愛着があり、それはもう執着の域に達しているからだ。「川」という小説[4]の冒頭は、「かの女の耳のほとりに川が一筋流れている」という一文から始まる。さざ波を立てて流れる一筋の川、「たとえいつがいつでもこの川の流れの基調は、さらさらと僻まず、あせらず、凝滞せぬ素直なかの女の命の流れと共に絶えず、かの女の耳のほとりを流れている。かの女の川への絶えざるあこがれ、思慕、追憶が、かの女の耳のほとりへ超現実の川の流れを絶えず一筋流している」「かの女は水の浄らかな美しい河の畔でをとめとなつた女である」と語り、まさに「超現実の川」として、主人公の人格を形成していく。乙女の清らかさの象徴であるとともに、河畔で過ごすことで「をとめのかの女は性欲を感じ始めて居た」「をとめは河神に身を裂かれたいのだ」「清冽な河神の白刃にもどかしいこの身の性欲を浄く爽やかに斬られてみたいあこがれをいつごろからか持ち始めて居た」と、女の性をも育んでいく。「川」の執筆過程について一平は「この短篇の散文詩的な冒頭をかの女はある日、ほとんど物に憑かれたような情熱で一気に書き流した。それから起承転結をゆっくり構えて行ったことを想い出す。冒頭を書

(3) かの子の作品にはしばしば「いのち」という言葉が登場する。その際にイメージされるのは、単なる生命ではなく、自分から相手へ、相手から自分へと通ったり注ぎ込んだりする「流れ」であることが多い。「家霊」(1939年)では「いのち」という店名のどじょう屋の女将が、金のない金彫物師の男へどじょう汁を恵み、男はお礼に自分が魂を打ち込んで作った簪を贈るという数十年にわたる「いのち」の循環が描かれている。

(4) 岡本かの子(1937)「川」新女苑1937年5月号。以降、かの子作品の引用は『岡本かの子全集』(冬樹社版)による。なお、旧仮名遣い・旧字を新仮名遣い・新字に改めた箇所がある。

いた情熱は何に催されたのであろうか、知るよしもない。かの女は多摩川の片ほとりで人となった」[2]と語っている。主人公のこの川の性質を帯びた気質は、かの子本人のものといってもよいだろう。川は、清らかな水の流れも、獰猛な力の衝撃も、女の性欲や命のほとばしりも持ち合わせており、生々しいようで無機質でもあり、川だけにまさに地に足がついておらず気分に左右される岡本かの子その人自身を特徴づけるものといってもよい。ただし、それは現実の多摩川であるとともに、「超現実の川」でもあるわけだが。

さあ、そんな川の化身のような、一方で河の神の伴侶（性的なものも含めて）でもあるような主人公「お嬢さま」であるが、物語の筋は、彼女の家に仕える下男、直助とのやりとりがメインである。直助は主人公のことを密かに思っている。主人公もそのことに感づいている。主人公はしばしば直助に本を貸す。ギリシャ神話の本に登場する、変身能力を持つ河神について話したことを取っ掛かりに、家のそばを流れる川の話になる。「お嬢さまのお伴していると、川とお嬢さまと、感じが入り混ってしまって、とても言い現し切れません」と主人公を川と同一視する直助。偏食の主人公にせっせと川魚を調理して食べさせたりと主人公の世話を甲斐甲斐しくしたりしているうちに、主人公は、都からよく遊びに来る画家の男と親しくなる。まさに現実でのかの子と一平のなれそめや経緯そのままに。そして主人公は画家と結婚することになり、嫁入りの車を通すために、川に橋をかけることになり、その担当を直助がすることになった。とうとう橋は完成し、主人公は嫁に行ってしまった。その半年後、直助は川に堕ちて死んだ。当時の主人公はこれを事故だと思っていたが、二十数年後、直助から返してもらったギリシャ神話の本のページから、おそらくは直助が書いたのであろう詩が書かれた紙片を発見する。「お嬢さま一度渡れば／二度とは渡り返して来ない橋。（中略）それを、私はいま架けている。／いっそ大水でもと、私はおもう／橋が流れてくれればいいに／だが、河の神さまはいう／

橋を流すより、身を流せ。／なんだ、なんだ。／川は墓なのか。」川のほとりで一緒に時間を過ごしてきた男女が、橋を架けることによって川の向こう側に渡る女とこちら側にとどまる男とに永遠に引き裂かれる。しかし、橋を流すわけにはいかない。だから男は、自分の身を流すことにしたのだ。現実のお嬢さまは川の向こうに行ってしまったけど、お嬢さまの本質はここにあるじゃないか。この川はお嬢さまの中の「超現実の川」とリンクしているではないか。お嬢さまはこの川だ……お嬢さまの本質と一体でもある川に身を流すことで、直助は永遠にお嬢さまを追い求めることを、自分をお嬢さまにからめとらせることを叶えたのだ。

本文には、直助が死んだ時には主人公は自殺とは思わなかったと書いてあるが、直助の自分への恋心に気づいていた主人公が自殺を疑わないなんてことはありえまい。しかしその時は、直助の死は、主人公にそう重いものとしてのしかかってくることはなかった。新婚生活の幸福感でいっぱいで、直助のことなどたわいもないことにみなしてしまったのかもしれないし、そうみなすことで心の安定を得ることがその時の主人公には優先事項だったのかもしれない。川のことだって、自分の身と切り離せない何ものかを感じてはいても、深く考えを至らせることはなかったであろう。しかしそれから二十数年。中年になり、自分の来し方行く末に、自分のいのちというものに思いを巡らせるようになった今、直助の詩を見つけたこともあり、実在の多摩川が「超現実の川」の姿をとり、自分の中でいのちの流れとなっていることを実感した。直助は川に身を流すことによって、自ら現実の川だけではなく主人公の中の川にも取り込まれることを選択したのだということを改めて確信することで、川とともにある自分のいのちをより甘美なものとして捉え直す。二十数年経った今だからこその境地か。

物語はこう締められる。「川のほとりでのみ相逢える男女がある。かの女の耳のほとりに川が一筋流れている。（中略）かの女は、なおもこの川の意義に探り入らなければならない」と。それを遂行するかのように、これ以降、かの子の作品には川の意義を探っていくかのようなものが増えていく。かの子の中を流れる川、「超現実の川」の意義を探って。

4．なじみの川は普遍的な川と通じている ― 小説「河明り」と東京の川 ―

一平が語ったかの子作品の地理的特徴の三つが、①「山の手の雰囲気を帯びたもの」、②「下町の江戸名残りの商業街の空気」、③「郷里二子多摩川邊の自然」ということはさきほど紹介したが、小説「川」で描かれたのが③の多摩川ならば、②で描かれるのは隅田川、大川、神田川などの東京の川である。

小説「河明り」(5)は、かの子自身をモデルにしていると思わしき作家である主人公が、小説の構想を練るうちに、主要人物（若い娘）の性格に何か物足りなさを感じ、執筆環境を変えたらうまく練られるかもしれないと、大川（隅田川系）の堀割り沿いの廻船問屋の一部屋を借り、その廻船問屋の娘と関わっていく様を描いた小説である。「人間に交っていると、うつらうつらまだ立ち初めもせぬ野山の霞を想い、山河に引き添っているとき、激しくありとしもない人が想われる」と、物語の人物を深めるために人間性に向き合うことは、川に向き合うことから引き起こされると信じ、川沿いに固執して部屋を探した。ただし、作品の前半の舞台は殆ど東京下町、大川沿いという具体的かつ現実的なエリアだが、ここでも主人公に想起されるのは、必ずしも現実の川ではない。「超現実の川」でもある。「何処でも町のあるところには必ず川が通っていた。そして、その水煙と水光とが微妙に節奏する刹那に明確な現実的人間性が割出されて来るのが、私に今まで度々の実例があった」からと求めているのは、固有の川でありその「川の性格」は持ちつつも、あらゆる町を流れる普遍的な川でもあるのだ。

(5) 岡本かの子（1939）「河明り」中央公論4月号に遺稿として発表。

とはいえ、一旦、東京下町の大川沿いに仕事場を据え、そこの娘を観察していると、その土地だからこその人間性にも出くわすことになる。たとえば雪が積もった日には、「ふだんの繁劇な都会の濠川の人為的生活が、雪という天然の威力に押えつけられ、逼塞した隙間から、ふだんは聞取れない人間の哀切な囁きがかすかに漏れるのを感」じたりもする。ここだからこその「都会に住む人間の底に潜んだ嘆き」が、東京下町の掘割の風景と感応するのである。

では、美人なのに普段は女を思わせることもなくさっぱりと家業である廻船問屋で働く娘さんが、どうしようもなく鬱屈したときにこぼす嘆きとはいかなるものか。娘にはかつて、二人の婚約者がいた。二人目の婚約者は地理学者で、彼の東京の川を調査するフィールドワークに付き添って助手のようなことをしているうちに、東京の川と地理に詳しくなり、淡い恋の末、婚約に至った。しかし、結婚準備も進めていた最中、ふと、一人目の婚約者への想いにどうしようもなくなり、婚約破棄に至った。一人目の婚約者は、娘の父が経営する廻船問屋（今は輸入物も扱う商社のようなことをやっている）で働く男で、とにかく海（主に南洋）に出てばかりの、何を考えているのかわからない、つかみどころのない男。地理学者との婚約破棄後、再度この男と婚約しているような仲に戻ったが、娘には、どうやったらこの男に気に入ってもらえるのかがわからない。それを男に尋ねたところ返ってきたのが「今よりも女臭くならないように」だった。だからこの娘は、人目を惹くほどの美人でありながらも、女臭さを抑制して過ごしていたのだ。一見賑やかな大都会東京の下町で、はり巡る掘割のそばで、ぐるぐると出口もやり場もない鬱屈を抱え、一見生き生きと働いているようでありながら、生々しさは封印して生きて来た娘。それは、通り一遍の気風のいい東京下町のイメージからは逸脱するような、それでいてそこでずっと生きて来たからこそとも思えるような娘。それは、背景となっている掘割という閉塞感と、川は本当は辿ればはるか遠くの水源までつながっているという広がりとを思わせる。

そんな娘の漏らした嘆きを聞き、主人公は娘を連れてシンガポールにいる男に会いに行き、話をつけることを決意した。物語後半は舞台が一転、船で南洋の海を旅し、シンガポールに上陸する。シンガポールでも川や橋が登場するが、とはいえやはりそこは、南の海広がる新天地。主人公はそこで男から事情を打ち明けられ、なんだかんだで晴れてめでたく娘と男は一緒になることになった。

娘をシンガポールの男のもとに置いて一人日本に戻ってきた主人公は、再び川沿いの部屋で、当初のプランに戻って、自分の物語の娘に付与すべき性格を練る。だが、再び川に対するようになった主人公の「水に対する私の感じ」は、以前とは違っているものになっていた。「河には無限の乳房のような水源があり、末にはまた無限に包容する大海がある。この首尾を持ちつつ、その中間に於ての河なのである。そこには無限性を蔵さなくてはならない筈である」「この家の娘が身を賭けるようにして、河上を探りつつ試みたあの土俗地理学者との恋愛の話の味わい、またその娘が遂に流れ定って行った海の果ての豊穣を親しく見聞して来た私には、河は過程のようなものでありながら、しかも首尾に対して根幹の密接な関係があることが感じられる。すればこの仄かな河明りにも、私がかつて憧憬していたあわれにかそけきものの外に、何か確乎とした質量がある筈である」と。当初は川に対することが人間性に対することにつながるというその程度で、おそらくはそこには単に水の流れとそれが構成する風景があればよく、風景として切り取られた目の前の川があればよかった。その川には流れの先も流れの源もなく、流れという事象があればよかった。小説「川」ではないが、「耳のほとりに川が一筋流れて」いることが感じられれば良かったのであろう。しかし、川は切り取られた風景ではない。「無限の乳房のような水源があり、末にはまた無限に包容する大海がある」のが川である。無限のただ中にあるのが川。窮屈に東京をはりめぐり、全体像も無限の広がりも想像しがたいただ目の前の川から、それを思う。単なる「超現実の川」を超え、普遍性と無限性を有した確固たる川となったのだ。

5.〈川〉と〈河〉

ここで、〈川〉と〈河〉についても触れておこう。ただしここで論じたいのは、地理学における定義の話ではなく、言語上の違いと、文学上の、かの子作品での話だ。これまでの説明では〈川〉という表記を使ってきたが、〈かわ〉という言葉には漢字表記に〈川〉と〈河〉がある。一つ目に取り上げたかの子作品のタイトルは「川」。二つ目に取り上げた作品のタイトルは「河明り」。しかし、タイトルでは漢字の使い分けがなされているが、実は作品内では混在している。小説「川」では、多摩川そのものの描写には〈川〉を用いているが、河の神が〈河神〉なのはまあいいとしても、直助のセリフの中では〈川〉と〈河〉が混ざっており、それほど厳密に使い分けしているようには見えない。しかし、地の文の語りは基本的には〈川〉に統一されている。あくまでも語り手にとっては、心にあるのは多摩川であり、それは〈川〉であった。

一方、小説「河明り」では、タイトルは「河」ではあるが、冒頭から「隅田川」「大川」「河沿ひ」「山河」「川の性格」「何処でも町のあるところには必ず川が通つてゐた」「河面」などと混在する。とはいえ、地理的・自然の風物としてのニュアンスのときには〈川〉を用いるが、それ以外は概ね〈河〉を使用している感がある。一般的には〈川面〉を使用するところにも〈河面〉をあえて使用しているところから鑑みても、つまり、東京下町の、主人公が借りた部屋が面する、主人公の目の前にある現実の〈かわ〉は〈川〉ではなく〈河〉であり、一方で小説「川」の舞台は、そして主人公の耳のほとりを流れているのは〈河〉ではなく〈川〉なのだ。

これらの辞書的な意味を『日本国語大辞典』で調べてみても、〈かわ〉の項目には漢字表記に〈川〉と〈河〉があることは記載されているが、意味の説明はいっしょくたに〈かわ〉としての意の説明をしており、区別がほぼない。〈かわあかり〉の項目には〈川明〉の字があてられており、用例としても、かの子の「河明り」より早い『鬼城句集』[6]の「待宵や月の出汐の川明り」とともにかの子の「河明り」も紹介されているので、混在していること、必ずしも〈河明り〉の表記が一般的ではなく、おそらくは〈川明り〉表記の方が一般的なのであろうことがうかがえる。

漢字そのものの字義を調べるために『大漢和辞典』を引くと、以下のような違いがある（用例などは省略し、概要を示す）。


【川】一…かは。イ、ながれ。水流の総称。ロ、水の始めて流れるもの。ハ、田制で、田間に造り、溝澮（溝の水流、用水路などの意。引用者注）の水を集める最大の流水。ニ、川の神。

二…あな。

三…はら。平原。

四…おもおもしいさま。

五…四川省の略称。

六…姓。

七…汁。料理上の用語。


【河】一…川の名。黄河。古は長江を江といふに対し、もっぱら河或は河水と称し、後世、河を大川の総省に用ひてから黄河或は大河と称する。

二…かは。イ、流水の総名。地勢に随ひ低い方へ自然の系路をつくって流れる水。ロ、運漕のため掘りわって通じた水路。ほりわり。運河。

三…天の河。

（6）村上鬼城（1926）『鬼城句集』。

四……す。しま。水中に現れた高土。
五……かみ。精霊。イ、河の神。河伯。水神。ロ、四涜の精。ハ、陰の精。
六……しく。ひろがる。
七……になふ。
八……渮（かつて中国にあった川の名前。引用者注）。
九……姓。

これを見るに、やはりかの子は、地理的な風物として、自然の中でとらえる水の流れ、河神を宿す本体の水の流れとしては〈川〉の字を用いていると思われる。ただし、その〈川〉に宿る神は〈河神〉。しかしこれは、そもそも〈河神〉という熟語が存在し、川の神のことを〈河伯〉と称することも有名であることから、混在しているように見えてそうではないと言える。そして〈河〉の方は、小説「河明り」での使い方と照らし合わせると、小説本文にも、主人公が河沿いの部屋を捜し歩く場面に「掘割り」という言葉もあることから、二の口、運漕のため掘りわって通じた水路、ほりわり、運河の意で用いていると推察されよう。つまり、小説「河明り」の〈河〉は、自然の風物というよりは、人工的な、町の中に掘られた水路のことなのだ。

さらに、漢字の成り立ちを考慮すると、〈川〉は象形文字。さらさらと流れる姿を表すことからも、より自然のまま、まっすぐのびのびと流れる姿をイメージしやすい。一方の〈河〉は音符を表す〈可〉がかぎの形に曲がるの意味を持ち、そこから、曲がって流れる黄河を意味するようになったという。黄河のイメージから〈河〉は大きな川、〈川〉は小さな川に用いる傾向（とはいえしばしば混同されるが）はあるものの、〈河〉はおそらく、元の〈曲がっている〉の意から、人の手で作られた、便宜上曲がりくねる形をとることになる掘割も意味するようになったのであろうから、ここでは〈曲がっている〉水の流れであることを重視すべきだろう。

そう考えると、小説「川」と小説「河明り」の描く〈かわ〉の様相の違い、それがもたらす作品の世界観の違いにも納得がいくのではなかろうか。小説「川」に通底するのは、ありのままの自然、神の領域の川だからこそ、それを思い、自分の中もしくは耳のほとりにそれを流す時、それが「超現実の川」へとシフトし、己の存在の本質とリンクさせることを可能とした。一方、小説「河明り」では、下町のこの目の前の〈河〉は、本来は川の水源にも大きな海にもつながる無限性を秘めているかもしれないながらも、それを感じさせないかのように、大都会の、多くの人や船がせせこましく行き来し、くねくねと曲がって先が見通せず、視界の中でエリアを切り取って分断するように据えられた枠のように流れている。そんな人工的な掘割は、そこで生まれ育った娘にとってはある意味、自分の領域・世界が区切られるような、大きな世界から遮断されているような、無限性とは正反対の閉鎖性を感じさせる存在だったかも知れない。だからこそ、二番目の婚約者と水源を求めて歩き回ったこと、最初かつ最後の婚約者である南洋の男のもとに行く旅では大きな海に、異国を流れる川（河ではなく川か）に通じたことは、一見領域を切り取る枠のような閉鎖的な〈河〉が、決して閉鎖的ではなく、大きな流れの途中、つまり「過程」でありつつ、(流れの）始まりとも終わりとも、引いては人間の存在、本質、世界のような曖昧模糊としながらも確かにあると思われるものの「首尾に対して根幹の密接な関係があること」が実感できたことは、娘にとっても主人公にとっても、そして読者にとっても、大げさに言えば自分と人生を変えるような大きな意味を持つことだろう。主人公が仕事部屋として「河沿い」を求めたことも、娘が水源を求めて川を遡ったことも、主人公と娘が海に出て南洋に行ったことも、〈かわ〉にまつわる女たちの旅は、自分の内的世界を変容させる道行であった。もしかしたら読者にとっても、そんな疑似的な道行となるかもしれない。

　クリエイティブツーリズムを論じる本書に収められる論考としては、〈川〉〈河〉ではなくそれらが流れるエリアを取り上げるべきだったのかもしれない。当然のことではあるが、〈かわ〉という存在単体で主人公らにとって意味があったわけではない。〈かわ〉が流れるその土地、景色込みでの〈かわ〉であるのは承知だ。小説「河明り」の世界をより堪能すべく聖地巡礼をするなら、東京下町の隅田川系の小さな川を巡って、都会人の鬱屈、嘆きと、実はそれは無限性の中にある過程であることに思いを至らせながら散策をすればいいだろうし、小説「川」及びかの子の土台を形成した故郷に思いを馳せるためなら、二子の多摩川のほとりを歩き、近くにあるかの子の歌碑や、川端康成直筆の記念碑、母を思って作った岡本太郎のモニュメント、大貫家（かの子の実家）跡の公園などを巡れば、充実した文学散歩になるだろう。かの子の兄は谷崎潤一郎と親しかったので、ここに谷崎も来たことがあるのか……という思いの馳せ方もできる。インターネット上にも、そんな文学散歩の様子を記したページなどがあり、それをガイドに旅をするのも楽しいだろう。できればそこにさらに、よりかの子文学の本質に、深みに触れようとして、じっと川の流れを見つめ、ほとりを歩いたり橋を渡ったりして、自分を川に流すか、川を自分の中に流すか、川の上流や下流、さらには海やその向こうにある別の国の川にまでも意識を飛ばすような感覚で川に思い入るのも、おつなものではなかろうか。

6．東京の川筋から多摩川へ、そして海へ ―― 小説「生々流転」――

　それでは、長編小説「生々流転」[7]に進もう。今度は小説「川」以上に〈川〉である。何もかも飲み込んだような〈川〉である。しかも作者にとってはともかくとして、主人公にとっては「超現実の川」

（7）岡本かの子（1939）「生々流転」文学界4月号～12月号に遺稿として9回にわたって発表。「河明り」同様、死後に発表されたいわゆる遺稿であるが、遺稿の中には、死の数年前に書かれつつも未発表だった作品も含まれるが、「河明り」と「生々流転」はほぼ同時期に、最後の方の作品として執筆されたといわれている。

ではない。むしろ「超現実の川」から、生々しく現実の、主人公に抜き差しならないものとして付随する〈川〉へと変貌していく物語とも言える。この作品は、若い娘である主人公・蝶子が、母を亡くしたことをいい頃合いとあらゆるしがらみから自分を解放して、元乞食だったが拾われた後に大成し、病死した父の願「元の根に帰る」を叶えるかのように乞食になることを決意。都落ちして川沿いで菰に眠る乞食となる〈乞食行〉の物語である。作中では「多那川」とされているが、これが、かの子が幼年時代を過ごした多摩川のことであるのは明らか。多摩川の川端の乞食にあこがれる女の物語なのである。

さて、タイトルが「生々流転」ということもあり、当然、川を思わせるわけだが、物語の前半の舞台は東京（以降、東京編と呼ぶことにする）であり、住居のそばを川が流れているなど川の存在は作品全体に通底しているようではあるが、東京の川は小説「河明り」ほど主眼ではなく、あくまで風景の域を出ていない。東京編では、川というよりは〈流れ〉、そして〈土〉〈根〉がキーワードとなっている。連載半ばでの上司小剣の文芸時評(8)で「土の文学」と称されているだけあって、「乞食の素性をひく娘」であることを何かにつけ蝶子は意識し、〈土〉に〈根〉ざす自分の本質をつかんでいくための道程が描かれているのだ。蝶子は元々は、乞食の子であることにコンプレックスを抱えていた。しかし、七歳の時、死に際の父から「わたくしの生命に取り縋るような妙な言葉」として「人間はなあ、四十を過ぎたらまた元の根に帰るものだ。（中略）そうしなければとても心が寂しくてやり切れない」という言葉を残され、「父は、何もかも忘れて、わたくしに本能のままなる声をかけてみたかったのである。その結果は親子共に菰の上に寝ることになろうと土の上に転ぶことになろうと、親として欲する有りの儘な声で喚び交してみたかったのである」と考えるようになる。父は比喩表現ではない「土に帰る」ことを希求していた。

（8）上司小剣（1939）「文芸時評―二つの遺稿」東京日日新聞 1939.8.2.

父は〈土〉の性だったが、まだこの時点での蝶子は、自分のことは〈土〉というより〈流れる〉性だと思っていた。流れると言ってもこの時点ではまだ〈川〉ではない。川という自然界の風物ではなく、〈流れ〉という現象、〈流れる〉という行為でしかない。「わたくしはただ流れて行きます。その場その場に盛り上がる水の瀬のような情熱に任せて」「横に縦に、水に身を浮かして辛うじて流れて行きます」「生命の流れに住むカメレオン」「わたくしに取って恐らく思想であるとあろうところのこの気分は、流れる場合に、それはわたくしを生きて来させ実在の感じを与えもし、わたくしの全部を支配する」というように、自分の性質、自分の生き方、自分の人生を〈生々流転〉とは自覚しているが、それはあくまで気分をそう捉えているに過ぎない。まだ川は見えていない。

一方で、婚約者の男には「しなしな見えていてそれで、土の上にじかに起き臥して逞ましい土の精気を一ぱいいのちに吸い込ましている原始人のような逞しい女」「最後の一筋だけは頑強に根付く人種」と指摘され、「乞食の子の血統」である己を思い出させられ、蝶子もそれを自覚する。〈川〉というよりは〈土〉〈根〉であり、一方で〈流れる〉性でもあるとは、矛盾を孕んでいるようにも見える。〈土〉や〈根付く〉ことと〈流れる〉ことは一見、相容れないように思われるからだ。

蝶子はだんだんと女乞食を志向していく中、学校で親しくしていた女性教師にこんなことを言われる。「あなたは水の性、（中略）なよなよと淀み流れることも、引き結ぶことも、（中略）生となし死となし、人々の見果てぬ夢をも流し入れて、だんだん太りまさりながら、流れそれ自体のあなたは、うつつともなく、やがて無窮の海に入るでしょう。これも一つのいのちの姿」と。ここでやっと、蝶子が単なる現象や行為としての〈流れる〉性ではなく〈海へと流れる水＝川〉それ自体であると規定される。さらに先生はこんな忠告をする。「水の性のものは土を離れてはいけません。水の性のものはそれ自体、無性格です。性格は土によって規定されるのです」「あなたが乞食の素性であり、一度はその経験に戻る運命」なのだから、「一度は土に親しく臥してみて」「一度は土に流れてごらんなさい」と。一見矛盾する〈土〉と〈流れる〉がここで融合した。〈土に流れる〉、それはどこでか。〈川〉でしかない。蝶子は考える。「土によってのみ規定される水とは取りも直さず川ではありませんか」と。そして「わたくしはこのまま落魄れて、川のほとりに乞食女となってしまおうかしらん」「いま直ぐにも土の上の菰に臥して大地の慈しみに掻き抱かれ、流水のあわれみに慰められたい」と衝き動かされつつある中、母も病で死んでしまった。これまで、色々な人の「いのちの重荷」を背負わされてきた気分で生きてきた蝶子は、「憩い」を求めて、乞食行に入ることを決意した。「そこにこそ眞に底に徹した人間の憩いがあり、深く吸い上られて来る生きの身の力というものがもしも世に在りとするなら、その憩いに於てこそ見出さるべきものでありましょう」と言って。

そして物語は後半（乞食編と呼ぶことにする）に入る。東京で学生だった時に学園の敷地内にいた乞食に聞いた「川沿いの乞食たちがおよそ居を移す場合は、流れになぞへに川下へ川下へと、しなやかな水に誘われ、落鮎のようによろぼい下る」ことを自ら実行するかのように、多摩川ならぬ「多那川」の川筋を下るように点々と移動し、その地その地で他の乞食やその町の人々を観察し、交流する。まさに比喩的にも実際にも〈流転〉していく様を描いたのが乞食編である。女乞食も様になり、流れ流れて、蝶子の語りもいよいよ、流れるような、たゆたうような、留まることも絶えることもなく連綿とした様相を呈していく。「趣あるかな水中の河、その河身を超越の筏に乗り同死同生の水棹で掻き探るとき、掻き寄すれば歿き父以下数脈のいのちの流れは、わたくしの一筋のいのちに入り、放つとき、わが一筋のいのちの流れは彼等の数脈の中に融け入ります」。川の流れに沿うように、流転しつつも、川のほとりの土の上にむしろを敷いて眠り、父から受け継いだ土の性と己の水の性を融合させることで至った境地といえようか。「土に流れる」ということを体得していく主人公。

若く美しい娘であることを薄汚れた姿で隠して女乞食をしていた蝶子だが、町の有力者の次男と「学者乞食」と呼ばれる学のある乞食に素性がバレる。学者乞食には「ウール・ムッター（根の母）の性がある女」と称された蝶子は、彼らの誘いもあって、行きがかりのように、それもやはり流れに自分を流すように、乞食をやめることになった。女乞食を経験したからこそ生まれ変わった「お初にお目にかかる娘さん」として、再び「ウール・ムッター」性を持つ女として、第三の人生（東京編を第一、乞食編の乞食時代を第二とすると）を歩むことになる。この地でそれから四年。蝶子は経営者になっていた。有力者の次男には求婚されるも断る。「ウール・ムッターの女」は「母性的の博愛」を持つ。つまり、「博愛を多くの男に振り撒く性」なのだという学者乞食の説に従って、伴侶を持つことも持たれることもなく、「根の母」として生きる道を選んだのだ。乞食としての流転の生活は一旦終わったが、人生を流れのままに、誘う水あらばと靡くように、ころころと転がっていく。

その後の蝶子の人生はどうだったか。蝶子のそばには東京編の時からずっと、次から次へと蝶子に自分の「いのちの重荷」を預けつつ恋愛感情を向けてくる男たちが登場していた。それもこれも、蝶子が「ウール・ムッター（根の母）」の性を有しているがためである。ふわふわ頼りないようでいて〈根〉を持つ蝶子は、よりどころ無き男たちにとっては、自分を現実世界にとどめてくれる確かな存在。そんな男たちは、蝶子の本質をかぎ分けて寄ってくる。乞食をやめてからもそれは続くのだが、それは、主人公蝶子の回想という形で、ある奇妙な「おじさん」との、男女関係になりそうでならない、面白いというべきか中年男性の悲哀というべきかないきさつが語られる。しかもその語りの大部分は、「おじさん」から蝶子へのとてつもなく長い手紙の引用という形でだ。蝶子にとってはこの「おじさん」とのことも、この町・この時期で「一ばん大きく心を動かした出来事」ではあるが、しょせん通過点でしかない。「おじさん」の長い長い手紙に表れた、男女の究極の交わりを希求するかのような内容の切実さには、読者としても心を動かされるものはあるが、詳しくは触れないでおこう。ただ、「おじさん」は「自分を具体のものに刻み込んで遺したい本能」、蝶子の肉体に「わたしの魂を刻みたい」という欲望がどうしようもなく収まらなかったということが本題であった。そんな哀れな願望が実現可能かのように「おじさん」が思ってしまったのも、蝶子が〈根〉を持つ女だからだが、一方で蝶子は〈水〉という流れる性をも有している。流れる水に「刻み込」むなど、叶わぬ夢であろう。「おじさん」もそれはわかっていたのか、それでも下手すると男の願いを受け入れかねない蝶子の姿に、かえって欲望も昇華し、蝶子に諦めの手紙を渡すことになった。

この「おじさん」とのエピソードが何を意味しているのかはよくわからない。理路整然と説明できる類のものではなかろう。しかし、川を流れるように、様々な男たち、父、母、女性教師などとの関わりを経て蝶子が流れ着いた先は、海であった。経営者もやめ、また流転することにした蝶子は、再び川に沿って下って行き、ついに海に辿り着く。連れていた少年に、海の生き物は死んだらどこにも埋められないから、海に墓はないんだねと言われた蝶子。小説「生々流転」はこのように結ばれる。「墓場のない世界――わたくしが川より海が好きになって女船乗りになったのはそれからです」と。この何とも唐突な末尾には、すかされたような、あっけないような、ちょっとした驚きを覚えたのではないだろうか。えっ？　あれだけ川にこだわっておいて、最後は海に出たの？　女船乗りって冗談ではなく？　しかもそれをあっさりとたった一文で終わらせるとは……と。しかし、行きつくところはもうそこになるしかないのかもしれない。川にはまだ土があった。根が張れるだけの揺るぎないものがあった。だから墓場があった。しかし、海には〈埋められない＝土がない〉。〈土〉の性、〈根〉の性からも己を解放し、真の〈水〉の性の女へと転じるために、蝶子は〈海〉へと出たのだろう。先生の忠告に従って「一度は土に流れて」みた蝶子であったが、「一度」で良い。その状態にとどまる必要はない。それこそ、土地だけでなく状態だとしても留まることは、〈流れる〉性に反する。この長い小説でひたすら流転し、川とともに生きることを己に課した主人公が、回想の最後に、川からも土からも解放されて、純粋な〈流転〉の世界の存在となったのである。回想している現在の蝶子は、何にも留まることなく、ただ流れる存在でいることであろう。

　この「生々流転」は、遺稿の中でも、未完成だった作品である。かの子の死後、夫である一平が文章を整理し、おそらくは加筆などもした上で発表されたと言われている。かの子が死の直前まで大事に大事に命を流し込みながら取り組んでいた作品かもしれない。かの子の川への、多摩川、流れる水への執着が見えるようでもある。これを描くことによって初めて、自分という存在の本質、自分の人生に肉薄できると思っていたのか。かの子が育ち、かの子という人間を形成するに不可欠な要素であった多摩川のほとりを、かの子とその作品に思いを馳せながら歩いてみるのはいかがだろう。

7.芸術家としての己を認める旅　――「桃のある風景」と川とフィレンツェ――

最後に、小説のようでもあり随筆のようでもある「桃のある風景」[9]をあげたい。超現実の川としての多摩川、東京下町の掘割である川、再び今度は超現実でもありしっかと踏みしめ横たわる土がほとりにある多摩川ときて、もう一度、東京の川。ただし、今度は掘割ではなく、渡しがいるようなもう少し川の広い辺り。かの子は若い頃から歌人や仏教研究者としては作品を多く発表してきたが、念願の小説家として立つことはなかなか叶わなかった中、１９３６年６月「鶴は病みき」[10]で文壇デビューを果たす。以後、次第に小説の注文も入るようになっていくが、代表作が書かれるのは翌１９３７年～39年の1月。２月には帰らぬ人となった。代表作がいよいよ次々と書かれるようになる直前、「川」

(9) 岡本かの子（１９３７）「桃のある風景」文芸４月号。全集では随筆として扱われている。

(10) 岡本かの子（１９３６）「鶴は病みき」文学界６月号。なお、この作品の推薦文は川端康成による。

の発表の前の月でもある1937年4月に発表されたのが「桃のある風景」である。一見なんてことのない短い文章なのであるが、かの子が若い頃から引きずる気質と、芸術家、物書きとしてやっていこう、いけるという決意、確信が描かれている。語り手（かの子自身と思われる）は今、東京で暮らしていた娘時代の一時期を回想している。「食欲でもないし、情欲でもない。肉体的とも精神的とも分野をつき止めにくいあこがれが、低気圧の渦のように、自分の喉頭のうしろ辺に鬱して来て、しっきりなしに自分に渇きを覚えさせた」「この不満が何処から来たものか、どうしたら癒されるか」という、なにやら得体のしれない、自分の中でとぐろを巻いている、やり場も解消のしようもない不満のような欲のような渇きに、娘時代のかの子は身を持てあましていたらしい。人はこれを性欲だとか病気だとか何か理由を付けて片付けてしまおうとするけれども、「ものごとを片付けるなら一番あとにして下さい」「片付けられるまでの途中の肌質のこまかい悩ましさが懐かしく大事なのだから」と言う。何とも扱いにくい面倒な娘だったことは想像に難くないし、いかにもかの子らしい。さて、そんな娘である主人公は、桃の花を見に、川を渡って散歩する。川の渡しを渡った向こう岸の茶店には、近頃毎日のように主人公に会いに来る、将来は自分の夫となるがその時点ではまだそれを主人公も知らない、画学生の美少年（設定は一平のまま）が、いつものように河岸の写生をしている。彼に手を振りながら、主人公は桃林へと向かう。主人公がしきりに桃に焦がれるのは、桃林の中で得られる陶酔のためだ。「思ひ切って桃花の中へ入ってしまえば、何もかも忘れた。一つの媚めいた青白くも亦とき色の神秘が、着物も皮膚も透して味覚に快い冷たさを与えた」「夢まぼろしのように大きな美しい五感交融の世界がクッションのように浮んで来て身辺をとり囲む。私の心はそこに沈み込んでしばらくうとうとする」。舞台は花咲く桃林だが、肝心なのは「桃林の在るところは、大体川砂の両岸に溢れた軽い地層」であること、川を渡った向こうであること、川のほとりであることである。小説「川」では、お嬢様は川を渡って嫁に行く。夫のいる新しい世界は川の向こうにある。取り残される下男直助は川を渡ることもお嬢様が川を渡ることを止めることもできず、己の身を川に流した。「桃のある風景」の主人公は、川を渡って未来の夫に会い[11]、桃の世界に陶酔する。川の向こうの川のほとりには、娘の「あこがれ」「渇き」を一時的に癒す何ものかがある。ただし、男が満たしてくれるのは、自分の「渇き」「欲求」の一部分だけだ。それは娘もわかっている。娘時代の主人公には、自分が渇望するものの正体は理解できていなかったであろうが、それは何やら、桃のある風景に浸ることで疑似体験できるような、垣間見ることができるような領域のものなのであった。桃林でしばらく「恍惚感」に浸ったあとは、また男に手を振って家に戻る。娘時代の回想は次のように締められる。「私は自分が人と変っているのにときどき死にたくなった。しかし、こういう身の中の持ちものを、せめて文章ででも仕末しないうちは死に切れないと思った。机の前で、よよと楽しく泣き濡れた」。他人から簡単に片付けられたくない「悩ましくも大事」とした自分が抱える「渇き」「あこがれ」は、「楽しく泣」くとはいえ、死にたくなるほどの、世間の人々とはあまりに違っているらしい自分ゆえの煩悶であろう。そして、片付けられるのかどうかはわからないながらも、片付けるまでの途中にせめてもの自分がやるべきこと、それは、そんな自分の「身の中の持ちものを、せめて文章ででも仕末」すること。かの子を物書きへと、そして小説へと駆り立てたのは、つまりはこういうことなのだ。娘時代のかの子にはそれが小説というジャンルとしてはまだ見えていなかったかもしれない。しかし、小説家として文壇デビューを果たした今、かの子が娘時代を振り返った時、あの煩悶の行きつく先は今ここにいるかの子であったと確信したに違いない。

　さきほど引用した娘時代の回想の締めの後、一行空けて、「桃のある風景」という文章は以下のパラグラフによって閉じられる。

(11) 一平はかの子との結婚許可を申し込むため、洪水の多摩川を渡り、二子の大貫家を訪れたらしい。男は川をこちら側に渡って女に結婚を申し込む。女は川をあちら側に渡って男とともに生きる世界に行く。川は、〈流れる〉だけでなく〈渡る〉ものでもあることは、注目に値するかもしれない。

後年、伊太利フローレンスで「花のサンタマリア寺」を見た。あらゆる色彩の大理石を蒐めて建てたこの寺院は、陽に当ると鉱物でありながら花の肌になる。寺でありながら花である。死にして生、そこに芳烈な匂いさえも感ぜられる。私は、心理の共感性作用を基調にするこの歴史上の芸術の證明により、自分の特異性に普遍性を見出して、ほぼ生きるに堪えると心を決した。

——人は悩ましくとも芸術によって救われよう——と。

「桃のある風景」という文章の、一平と結婚する直前の娘時代の回想の後で、一見脈絡もなくこのパラグラフが置かれるのは、唐突であるようにも思える。しかし「私は自分が人と変っているのにときどき死にたくなつた。しかし、こういふ身の中の持ちものを、せめて文章ででも仕末しないうちは死に切れないと思った」という文の直後に、一旦、一行空けて一息つきながらもこのパラグラフが配置されたこと、その前までに語られた娘時代の回想がこれを語るためにあり、かつてそんな娘だった語り手も「芸術によって」こそ「救われよう」という境地に達することができ、今この文章を書き、そして夥しい小説の執筆に打ち込むようになったこの頃や、この時のかの子には知りようもない、あと数年しかないかの子の作家人生を思うと、何とも表現し難い気分―感動のような、救いのような、安堵のような、羨ましさのような気分が込み上げてくる。かの子はフィレンツェでおそらく、建築史上最高峰の美しさとしても知られるサンタマリア・デル・フィオーレ大聖堂（花の聖母大聖堂）、そしてその色とりどりの大理石が美しいファサードを見たことで、桃林で得た恍惚感と渇望が、観念の世界ではなく現実世界に芸術家の手による芸術作品として結晶化した姿に感銘し、心震わせた。大聖堂は白地に桃色と緑の配色がなされて桃の林を思わせる。私も実際にイタリア旅行の際に見たのだが、大理石の白い地肌自体も、光の加減によっては仄かに薄桃色を呈したり、緑のような青みで光ったりと、真珠に似た柔らかみと控えめで多色の艶めきがオーロラのようにふわっと醸し出されていた[12]。そこに掘られた彫刻の細かさ、柔らかさ、完成までの数百年に及ぶ関わった人間たちの情熱と執念も混ぜ合わさって、これこそが美だ、芸術家が美の境地を夢見、追い求めて丹念に作り上げたものだということを思わせる。大理石の建築物に「花の肌」を見、「匂いさえ」も感じる。一般性を求める科学と異なり、文学や芸術は特殊性、個別性を求める世界だ。しかし、その芸術の、芸術家の「特異性」の中にも、長い時を超えて共感できる「普遍性」は見いだされる。ならば死にたくなるほど「変っている」自分、「せめて文章ででも仕末しないうちは死に切れない」と思う自分も、小説という芸術で同じ境地を目指すことはできるのではないか。「人は悩ましくとも芸術によって救われよう」というある意味悟りのような感慨に達し、自分のこれからの人生と残りの命を捧げるものを確信し、これで大丈夫だと思えた。かの子が「花のサンタマリア寺」を見たのは、ヨーロッパから帰国する途中の旅でフィレンツェに寄った1932年のこと。帰国後、かの子は歌人や仏教研究者ではなく小説家として立ちたいと決意し、そこから39年に永眠するまでの数年間、文字通り命を燃焼させて膨大な作品を生み出していくことになる。「花のサンタマリア寺」とのめぐり逢いはかの子にとって、大げさに言えば、小説家として生きる残りの人生を規定したとも言ってもいいのではないだろうか。

かの子、一平、太郎、愛人の男らによるヨーロッパ行は二年以上（足掛け四年）にも及んだ。船旅なので移動にも時間がかかっているのだが、その間、ロンドンには10カ月、パリには8カ月、ベルリンには5カ月住んでいる。単なる旅人としてではなく、生活者としてその街で暮らし、街の文化や風俗を自分のものにした。帰国後は多くの紀行文やエッセイを発表しているのだが、それで触れている

（12）正面ファサードは1887年、統一イタリアのシンボルカラーである赤・白・緑の大理石で再建されたとのことだが、赤というよりは優しく可愛らしいピンク色に見える。「花」の名を冠するにふさわしい清楚でありつつ優艶なたたずまいであった。ちなみに、近くには、日本人女性には化粧品でも有名なサンタマリア・ノヴェッラ教会があり、似たような配色ではあったが、こちらの方がより簡素かつ清楚。それぞれに魅力があったが、壮大な華やかさはサンタマリア・デル・フィオーレの方が上であろう。

のも、この三都市についてが圧倒的多数だ。紀行文、エッセイは、生活者・観察者として自分が体験し、街のこと、そこに生きる人々の事などについて行った分析を語っているものだから、当然そうなるだろう。しかしそれは生活者・観察者としてだ。芸術家としては必ずしもそうではない。かの子の芸術家気質や美意識にパリが多大なる影響を及ぼしたことは想像に難くないが、意外にも、ヨーロッパからの帰途にちょっと立ち寄ったという程度のフィレンツェ体験が、「桃のある風景」のように小説家としての自分の転機として語られているのは興味深い。かの子がフィレンツェに滞在したのは、たったの五時間。そこでミケランジェロのダビデ像（アカデミア美術館蔵）を見、サンタマリア・デル・フィオーレ（図1）を訪ね、アルノー川にかかるヴェッキオ橋（図2）を渡った。たった五時間しかフィレンツェにはいなかったのに、ダビデ像の美しさは、小説「過去世[13]」の美少年の裸身の描写の際になぞらえた。小説「豆腐買ひ[14]」では、ヨーロッパから帰国したばかりの主人公が、ロンドン、パリ、ベルリンと日本の空を比べながらも、自分への土産に買ってきたのはフィレンツェのヴェッキオ橋で見つけた取っ手で、それを皿に取り付けて豆腐を買いに行く。ヨーロッパでのことを回想しながらも、友人への土産もフィレンツェで求めたブローチ。かの子にとって、暮らしたロンドン、パリ、ベルリンは生活者、理性的な観察者として色々と考えさせられたり刺激を受けたりすることもあっただろう。たとえばロンドンで知り合った

(13) 岡本かの子（1937）「過去世」文芸7月号。

(14) 岡本かの子（1934）「豆腐買ひ」三田文学6月号。

図1　フィレンツェの
サンタマリア・デル・フィオーレ
ファサード部分．筆者撮影．

人のことは、小説の題材にしたりしている。〈人〉は題材になる。しかし〈モノ〉はどうだろう。芸術家としてのひらめきや芸術の香りを凝縮させた形見として土産にした〈モノ〉は、フィレンツェのものばかりであり、フィレンツェの芸術的建築物の印象であった。住むところをファーストエリア（結婚後のかの子は概ね東京青山居住なので、多摩川河畔はファーストでありかつ、後述のサードともいえるかもしれない）、仕事場付近をセカンドエリア（かの子にとっては基本的には住居と同じ）、行きつけの居心地の良い場所をサードエリアと言うとして、しかし小説家であるかの子にとっては、それらははっきりと区別されるものではないのだろう。それでも、小説家としてのかの子が、居心地がいいかはわからないが、芸術家として、観念的な美やこの世界の深淵に触れる場所だということなどで芸術的な何物かを喚起される場所をサードエリアと言うなら、かの子にとってそれは、ロンドンでもパリでも、ましてやかの子の肌に合わなかったベルリンでもなく、それはフィレンツェであり、〈超現実の川〉（同時に現実の生々しい〈川〉でもある）であったように思われてならない。行きつけではなくたった五時間の滞在であったり、今やそ

図2　フィレンツェのアルノー川とヴェッキオ橋（ポンテヴェキオ）
筆者撮影.

れほどしばしば訪れるわけでもない故郷の多摩川であったりはするが、かの子の観念世界では、もはや時間の長短や頻度の問題ではないだろう。かの子が芸術の到達すべき境地を追い求めるとき、想念の世界で何度も繰り返し思い起こして訪れたのは、フィレンツェであり、〈川〉であっただろうから。

★考えてみよう

1．単に作品の舞台となっているというだけでなく、その土地や風物が作者自身や作品の本質と関わっている作家・作品（小説でもいいし、漫画、アニメ、ドラマ、映画などでもよい）として、あなたはどんなものが思い浮かぶだろうか。そしてその土地は、その作者や作品とどのような抜き差しならない関係があるだろうか。

2．あなたが作者や作品に思いを馳せて聖地巡礼をしたい場所はどこだろうか。そしてそこをどんな風に旅したいだろうか。

第3章　さくらももこの清水

友原　嘉彦

皆さんは清水といえば何を連想されるだろうか。年配の方であれば次郎長伝説[1]や金《きん》嬉老《きろう》事件[2]を思い起こすかもしれない。美術や日本史好きであれば歌川広重（1797～1858）の浮世絵でも有名な東海道五十三次の難所である薩埵《さった》峠を思い浮かべるかもしれない。経済に関心のある方は鈴与グループや「シーチキン」のはごろもフーズが、スポーツファンであればサッカークラブの清水エスパルス（鈴与グループ）が想起されるかもしれない。こうした東海道と港湾という様々な人々が関係していく立地であり、開かれた、創造的な、あるいはセンセーショナルな人や出来事を生んできた。

ここでは筆者が研究してきた、さくらももこ（1965～2018）を挙げよう[3]。清水はさくらの出身地であり、彼女の代表作「ちびまる子ちゃん」の舞台となった町である。主人公のまる子は、さくらの小学校3年生時代の姿なのである。

（1）清水次郎長（1820～1893）。江戸時代から幕末を経て明治時代にかけての期間、清水で裏・表の経済活動をしていた集団の領袖。後世、講談・浪曲でも取り上げられ、認知度が高まった。

（2）金嬉老（1928～2010）。1968年に清水で暴力団員2人を射殺し、銃を所持したまま逃亡。静岡県内の旅館で人質を取って立て籠もった。日本社会における韓国朝鮮民族への差別が事件の根底にある旨、主張した。

（3）友原のさくらにかかる研究については、一般に入手しやすい書籍（共著）として、友原嘉彦編（2021）『ちびまる子ちゃんの社会学』古今書院、が挙げられる。

図 **1**　静岡市
Google マップを加工して作成. .

図 **2**　清水の町
Google マップを加工して作成.

1．清水の概要

◉清水の政治的、区域的変容

2022年3月現在、清水は静岡市清水区であるが、1924〜2003年は清水市として静岡県内の独立した都市であった。1924年に現在の区中心部の中央に位置する清水町と北部・西部に位置する入江町《いりえまち》、南部に位置する不二見村《ふじみむら》、三保《みほ》半島の三保村《みほむら》の二町二村が合併して成立した。戦後は周辺の町村を次々に編入していく。主要な事例だけでも、1955年の有度村《うどむら》(4)、1961年の袖《そで》師町《しちょう》(5)、興津町《おきつまち》(6)の編入が挙げられる。清水市最終年の2003年には23万の人口規模があった。

(4) 旧清水市と旧静岡市の両中心部の中間に位置し、内陸の地区である。閑静な住宅エリアとなっている草薙地区にはJR東海道線と静岡鉄道の両方に駅が設けられている。

(5) 旧清水市の中心部の北隣。清水市成立当初の二町二村同様、臨海地区である。興津との間には埠頭が並ぶ。

(6) 旧清水市北部の中心地区。JR東海道線の駅もある。臨海地区である。

２００３年に旧静岡市と合併する。その新制静岡市は２００５年に政令指定都市となり、旧清水市のエリアは静岡市清水区となった。清水区は翌06年に蒲原町《かんばらちょう》を、08年に由比町《ゆいちょう》を区域に編入する。両町とも旧清水市より東側のエリアであり、かつて清水市とこれらの町を分けていた薩埵峠は全域が清水区となった。清水の区域は富士川の西岸まで広がった。２０２２年３月現在の清水区の人口は、このような区域の広がりにより、23万の規模をキープしている。

◉ 清水の中心部

清水の中心部は北西から南東に流れてくる巴川《ともえがわ》の下流域一帯である。方角的には概ね巴川下流域の左岸が清水中心部の東と北、右岸が西と南となる。この辺りの川幅は河口以外、概ね50ｍ程度である。左岸にはＪＲ清水駅、静岡鉄道新清水駅といった２つのターミナルがある。これらの周辺にはビジネスホテルが建ち並び、商店街がある。行政関係の施設としては、区役所、清水港湾事務所、税務署、簡易裁判所、清水文化会館、清水郵便局などがある。経済関係では、清水銀行の本店、県内の各銀行・信金の清水支店、鈴与とグループ会社のフジドリームエアラインズの本社などがある。教育施設としては、清水を代表する進学校である清水東高校がある。文化関連では、ちびまる子ちゃんランドも入るレジャー施設のエスパルスドリームプラザやフェルケール博物館(7)などがある。なお、海（清水港）と接する埋立地は船舶のターミナルや魚市場、倉庫・プラント群が建ち並んでいる。このように清水において巴川下流域左岸は地理学の用語でいうＣＢＤ（Central Business District. 中心業務地区）の性格を有している。

右岸は旧来からの住宅地が広がっており、さくらが通い、「ちびまる子ちゃん」の舞台ともなった入江小学校(8)もある。さくらが遊んでいた神社や家族で通っていた食堂もあり、左岸と比べてもよりさ

（7）交通に関係する展示を行なっている。１９９１年開館。「フェルケール」は交通を意味するドイツ語のVerkehr（フェアケーア）の舞台発音である。

（8）さくらが通っていた当時の正式名称は清水市立入江小学校である。２００３年に静岡市立清水入江小学校に改称された（静岡市立清水入江小学校　学校紹介　学校の歴史　https://irie-e.shizuoka.ednet.jp/aspsrv/asp_introduction/history/defaultbf.asp 2022.3.16 閲覧）。

くらの日常に密着したエリアである。そのほか、次郎長の生家や東証一部上場企業の巴川製紙所の事業所（創業の地）もある。海側は左岸同様、倉庫やプラント群となっている。以上、清水の中心部について巴川を軸に示した。次節からは巴川を軸とした清水の中心部について、さくらももことの関わりの中で紹介し、読者と一緒に旅してみたい。

2. さくらももこの巴川左岸

◉さくらももこと商店街

それでは起点となるＪＲ清水駅から見ていこう。同駅には出口が２つあり、「江尻口《えじりぐち》」と「みなと口」である。どちらも側壁にさくらが描いた自画像が大きくペイントされており、さくらももこの町に来たムードは高まる。江尻口にはさくらが寄贈したまる子が描かれたマンホールも設置されている。

もう一つの起点である静岡鉄道新清水駅も構内にちびまる子ちゃんの登場人物のパネルを設置している。運行している電車自体を「ちびまる子ちゃん」でラッピングしたものもあり、車内放送はまる子が務める。ちびまる子ちゃんランドの最寄り駅ということもあり、同作品にかかるものに触れることができるが、さくら本人に対しては焦点が当てられていない。この辺りの内容については筆者が本件研究初期に示したので、興味のある方は参照されたい[9]。

商店街は一連なりではあるが、区間によって「駅前銀座」、「中央銀座」、「清水銀座」と３つに分かれる。メインとなるのはＪＲ清水駅の江尻口を左に曲がったところから国道１４９号線までの４５０ｍに亘る駅前銀座商店街である。さくらの作品の中でも触れられる商店街であるが、最も充実した内容のものは『おはなし　ちびまる子ちゃん①[10]』における「『商店街の七夕祭り』の巻」ではないだろ

（9）友原嘉彦（２０２０）「偉人の世界観を活用した地域アイデンティティーの創出と観光振興　さくらももこと静岡市を事例として」観光学術学会２０２０年度研究報告要旨集：pp.24-25, https://jsts.sc/wp-content/uploads/2020/07/abstract2020-2.pdf（2022.3.9閲覧）

（10）さくらももこ（１９９８）『おはなし　ちびまる子ちゃん①』集英社。

うか。同作品では商店街の七夕祭りを楽しむまる子と父ヒロシの水入らずの様子が描かれている。様々な出店があり、飾り付けもされ、非日常を楽しむ市民でごった返す様子が示されている。さくらの作品にはそれほど静岡の方言は出てこないが、ダイナミックな祭りを描いたこの作品にさくら自身も執筆しながら少し興奮したのかもしれない父ヒロシに「いいにしろ」（p.118.「いいにする」は「やめておく」という意味）、まる子に「はぜる」（p.134.「破裂する」という意味）と言わせている。商店街ではさくらが父ヒロシと楽しく出かけていた様子を思い浮かべたい。このようにクリエイティブツーリズムを自ら創出し、気に入って何度か訪れているうちにサードエリアになっていくのである。

ちびまる子ちゃんランド

静岡鉄道新清水駅から南東へ徒歩１５分弱のところに鈴与グループのレジャー施設であるエスパルスドリームプラザがある。１９９９年にオープンし、３階には「ちびまる子ちゃんランド」が入っている。友原（２０２０）も示しているように、このランドはさくらにかかる博物館としての機能は脆弱で、専ら同作品のアニメの世界観を具現化した形であり、子ども向けのものである(9)。しかしもちろん、これもさくらの一面であり、同ランド含め、エスパルスドリームプラザ自体が土産類も豊富であるし、海越しに富士山を望めるといった環境でもあるため、サードエリアとしても清水滞在の一つの拠点となるかもしれない。

さくらももこの学歴観

清水東高校は県立であり、当校の礎となった旧制中学校の設立は１９２３年である。各界に多くの著名人を輩出している県内でも屈指の進学校である。さくらは短大卒業までの20年間を過ごした清水・

静岡で唯一気になる男子ができた。高校2年の新学期である。[11] 登校中に清水東高校のある男子生徒に一目惚れした。さくらは著書『ひとりずもう[12]』で「かなりカッコ良かった気がする。すごく品も良かった気がする。町で一番勉強のできる高校の制服だったのは確かだ。だから真面目に勉強しているのだ」と評している（p.99)。『ほのぼの劇場1[13]』に収録された「みつあみのころ」でも「あんな　ステキな人　夢みたい…　東校の制服…」と記している（p.171)。さくらは同作品で理想の男性の条件を「頭が良い、誠実、将来性」の3つとし、「やっぱさぁ　バカは困る　ワケよ」と述べている（p.170)。

さくらが高校を卒業した1984年の四年制大学進学率は25％である（2019年は54％[14]）。そもそも同学年のうち、大学進学者自体が4人に1人しかいなかった時代であったが、その中でも優秀な教員を揃えており、入試難易度の高い大学には一目置いている様子が見て取れる。たとえば『ツチケンモモコラーゲン[15]』では「東大が立派」という内容が続く。『焼きそばうえだ[16]』でも友人について「ああ見えても植田さんは京大出身なのだ。立派なのである。英語だって何だって実はペラペラだろう」と述べている（p.63)。良い研究をする教員のいる大学は、自由で知的好奇心の湧く環境となり、クリエイティビティで満たされる。さくらは自身がクリエイティブクラスだけあって、そうしたクリエイティブな者との親和性が高い。さくらは学歴に関係なく、クリエイティブな者を好み、そうした友人が多いが、その中で独創性だけではなく、それに加えて教養や知識もある者について好意的に見ていることがわかる。

◉ さくらももこと清水の魚食文化

港町清水の中でもCBDである巴川左岸は飲食店の集積もあり、気軽に魚食文化に触れることができる。イルカやさくらえびを使った料理もメニューにある。

(11) さくらももこ（2007）『漫画版ひとりずもう上』小学館。

(12) さくらももこ（2019）『ひとりずもう』集英社文庫（単行本としての初刊は2005年）。

(13) さくらももこ（2004）『ほのぼの劇場1』集英社文庫。

(14) 文部科学省資料（2020）「9．大学入学者数等の推移」https://www.mext.go.jp/content/20201126-mxt_igakuc02-000011142_9.pdf（2022.3.11 閲覧）

(15) さくらももこ、土屋賢二（2005）『ツチケンモモコラーゲン』集英社文庫。

(16) さくらももこ（2019）『焼きそばうえだ』集英社文庫（単行本としての初刊は小学館より2006年）。

さくらはイルカについて「静岡では昔からみんなイルカを食べていました。魚屋で、イルカのブツ切りが売っているんです。うちでもよくイルカの煮たやつが食卓にのぼっていましたが、私はあんまり好きじゃなかったので、ほとんど食べませんでした。『イルカかあ…』と思うと食べる気がしなかったというのもありますが、味がけっこうクセがあるんですよ」としている[11]（p.223）。あまり食べなかった理由の前者は動物保護的なもの、あるいは／そして、見た目のかわいさや人に懐くといった習性からであろうか。自身の良心・価値観に問題がなければ、さくらが苦手としていたイルカの味を一度は清水で試してみよう。いけるかもしれない。人（さくら）になんでも合わせるのでなく、もちろん違うところもある。さくらの感想はさくらの感想として、自分自身でも試してみよう。

さくらえびについては好意的である。さくらは「静岡では、さくらえびも名産のひとつです。だからヤキソバとかお好み焼きの中に必ずさくらえびが入っていたし、週に一回はさくらえびのかき揚げを食べていました」とし、生のものを静岡から時々取り寄せている旨も記している[11]（p.223）。また、自身のエッセイ本のタイトルにもしている[17]。そして、さくらえびと同じくらいのサイズで、父ヒロシの好物である（生の）シラスも清水名物である[18]。

魚を加工した食品も見てみよう。筆頭は黒はんぺんである。青魚から作られる練り食品で、居酒屋ではシンプルに炙られたものが出されることもあるが、静岡名物のおでん（しぞーかおでん）にも入れられる。さくらは「黒はんぺんのフライなんかも、すごくおいしいよ」[11]（p.223）と述べている。しぞーかおでんは種にかつおぶしの粉を振りかける独特の食し方である。かつおといえばツナ缶、そしてその代表格であるシーチキンも連想される。１９５８年に商標登録されたシーチキンははごろもフーズが製造しており、同社の本店は左岸に置かれている。さくらはツナ缶について「私はマグロでもカツオでもどっちでも好きです。油をギュ～～ッとしぼってから、しょうゆをかけただけの食べ方が一番

(17) さくらももこ（２００４）『さくらえび』新潮文庫。

(18) さくらももこ（１９９８）『ももこのいきもの図鑑』集英社文庫。

好きです。もちろん、御飯と一緒にね」としている。[19]シーチキンなら清水に行かずとも日常的に手に入る。嫌いでなければ時々は食し、さくらの町・清水（サードエリア）に思いを馳せたい。

3. さくらももこの巴川右岸

◉ わかる人がわかる、わかる人にわかってもらう

巴川の右岸は古くからの住宅地となっている。さくらもここで生まれ育ち、短大卒業までの20年間を過ごした。さくらの住んだ家や学校も右岸にある。さくら自身が述べていないことについては触れないが、ブログなどにたくさん情報が載っているので、そういうものを参考にしてもよいだろう。信憑性の低くないものも見られるが、もちろんそれらは確実ではなく、匿名の者が責任もなく書いたものである。参考程度にとどめておくのがよいだろう。

とはいえ、八百屋を営んでいたさくらの実家はかねてより特定されていた。すでに1991年の対談で、観光バスが停まり、家族や家が見世物のようになっていた旨、さくらは語っている。[20]友原（2020）も述べているように、さくらの原風景である右岸エリアも公共空間においてさくらにまつわる案内板のようなものは一切ない。[9]何も知らずに通れば、あるいは、知っていてもさくらに関心がなければ、ただの古くからの住宅地である。このように、同じものを見ても「見える人には見え」、「見えない人には見えない」。あるいは「見えるが見たくない」ことも場合によってはあろう。後期近代的であり、街区をマンガのキャラクターで埋め尽くし、テーマパークと化すような町とはまったく異なる。そうした仕方ではクリエイティブクラスの者は訪れにくくなる。見える人に見に来てもらい、わかる人にわかってもらう。清水は成熟した町であると言えよう。

(19) さくらももこ（2007）『さくら横丁』集英社。

(20) さくらももこ（2001）『もものかんづめ』集英社文庫。

● 入江地区

さて、右岸の中で特にさくらももこにかかるのが入江地区だ。左岸の商店街を道なりに歩き、川を渡れば着く。駅もある。静岡鉄道の入江岡駅である。同駅の出口は同鉄道線を跨ぐ高架橋の上であり、そこを渡ると「こくぞうさん」がある。さくらが幼少時代に遊んだ神社であり、大きなクスの木が植わっている。大人になったさくらはここでタバコを吸い、子ども時代に思いを馳せた(21)。

こくぞうさんから入江地区を北へ縦断すると巴川に着く。巴川に沿って東に進むと河畔に建つのが父ヒロシの行き着け（サードプレイス）であり、またさくら（まる子）たちも連れて家族でも通った「かね田食堂」だ。さくらは幼少期にここでエビ天やキス天を食べ、三ツ矢サイダーを飲み、店のテレビで「笑点」や「サザエさん」を観ていた(21)。清水の郷土料理も揃っているため、ここで昼や夜の食事を採りたい。店内にはさくらの1999年8月19日付の色紙も飾られている。巴川に吹く風も心地よい。

かね田食堂は三叉路に建つが、その中で巴川を離れる道を歩き、西に進むと東海道に出る。さらに西進するとさくらが通った入江小学校へ着く。小学校の手前には歩道橋がある。欧州の都市にはほぼなく、歩行者が優先され、尊重される後期近代にはそぐわない歩道橋ではあるが、さくらが幼少期だった前期近代の日本では普通の存在であった。さくらは「いつもたまちゃんと一緒に渡ってたんだ。この上から見る景色が好きだったよ」、「普通の町の景色なんだけどね」、「(前略) ずっと道がまっすぐ見えて、人や車が通るのが見えて」、「人が生きてることとか生活を感じるよね」などと述べている(22)。

さて、入江小学校である。友原は2021年3月1日に同校を訪れ、幹部に聞き取り調査を行なった。それによると校区については、新興住宅地ではなく、昔からの住民が暮らしており、三世帯同居の家庭もある。保護者は学校の教育に関してとても協力的であり、モンスターペアレントはいない、

(21) さくらももこ編集長（2000）「新潮45　1月号別冊富士山」新潮社。

(22) さくらももこ編集長（2000）「新潮ムック　富士山　第2号」新潮社。

という特徴があるという。同校では図書室に「ちびまる子ちゃん」のコーナーを設けたり、児童が暖簾にまる子の絵を描き、それをトイレ入口に掛けたりしている。新型コロナウイルスの感染拡大前の２０１９年までは観光者が学校付近を散策することが見られ、中には校内に入ってくる中国人もいたなどインバウンドの観光資源でもあった。同校近辺を訪れる観光者はカップルや女性同士が多かったという。校舎は補修されながらも、さくらがまる子時代を過ごした１９７２年からの建物が使用されている。校区の自治会からはさくらにかかるモニュメントを設置する案も出ているというが、話は進んでいない。以上のようなことが明らかになった。

同校の校舎はさくらが過ごした１９７０年代の教育建築物として、文化財としての価値を強く放っている。同校を出て左に少し進んだところには、さくらの好物の羊羹を売る「追分羊かん」の本店がある。

◉ 巴川

本章では2節、３節と巴川下流域を左岸と右岸に分けて取り上げてきたが、最後に巴川自体も取り上げてみよう。

まずは巴川の歴史において大きな爪痕を残し、「ちびまる子ちゃん」の11話目「まるちゃんの町は大洪水の巻[23]」にも取り上げられた「七夕豪雨」が挙げられる。七夕豪雨は１９７４年の七夕に静岡県を襲った豪雨で、巴川が氾濫するなどした清水市の被害がとりわけ大きく、死者27名を出した。「まるちゃんの町は大洪水の巻」では、大雨の翌朝、「町中をあげて〝洪水〟というイベントをたのしんでいるよう」な市民が氾濫した巴川流域に集まり、「良い記念だ」ということで8ミリビデオを回したり、大歓声を上げたりしていた（『ちびまる子ちゃん①』p.131）。小学校３年生のときのさくら自

(23) さくらももこ（２００３）『ちびまる子ちゃん①』集英社文庫（「まるちゃんの町は大洪水の巻」掲載分の初刊は１９８８年）。

身を投影したまる子も、1、2階が浸かった家々を背景に写真を撮ってもらうということで「ばんざーい　ばんざーい」と喜び、ポーズをキメて笑顔で写った（同）。同作品からは被害に遭った人々も落ち着いており、呑気な様子すら窺える。さくらが「おおらかでのん気な静岡市」（静岡市職員の名刺＝2020年3月入手＝の裏にも転写されているさくらの直筆メッセージ）と言うように、大災害にも動じず気ままに過ごす清水の人々の様子が矛盾なく示されている。

そうした天災に晒された巴川であるが、普段は穏やかに清水の町を流れている。祭りの会場としても用いられてきた。さくらは『おはなしちびまる子ちゃん』で「『巴川の花火大会』の巻」[24]と「『まる子　灯ろう流しを見に行く』の巻」[25]を書いた。花火大会の方は「かね田食堂」の脇の「大正橋」から左岸に渡り、川下へ進み、JRと静岡鉄道の鉄橋を越えた先の「千歳橋」がメインの会場である。ちなみにこの橋と大正橋から上流に進んだ一つめの「柳橋」は駐車場が併設されており、幅が広い。川の上に車が停まっている景観となっているが、活気があった前期近代の清水はモータリゼーションに際し、陸域においてそのための空間が十分でなかったのであろう。「『まる子　灯ろう流しを見に行く』の巻」においてまる子は「美人になれますように」、「モモエちゃんのサインを下さい」、「健康」、「まる子万歳」と灯ろうに書き（pp.110-117）、流した。さくらが「外見」、「尊敬する人」、「健康」、「ハッピーに生きるということ」を重視していたことが読み取れる。

イベントだけでなく、さくらが漫画家になることに絡むエピソードもある。さくらは高3の夏、得意のエッセイを漫画で表現したら、これまでにないジャンルが確立し、おもしろいのではないかと思い立つ。「みんな」と同じジャンルで勝負して、淘汰されていたさくらは、自分の土俵が見つかったことで「人生が変わるかもしれないという予感がした」（さくらももこ『漫画版ひとりずもう下』[26]p.126）。そう思い、画材を買うため、すぐに左岸の文房具店に向かうのだが、その際、巴川に架かる橋の真ん

（24）さくらももこ（1998）『おはなしちびまる子ちゃん③』集英社。

（25）さくらももこ（1999）『おはなしちびまる子ちゃん④』集英社。

（26）さくらももこ（2008）『漫画版ひとりずもう下』小学館。

中で「巴川が光ってる…　きれい…」と思う（同 p.127）。未来が拓ける手応えを感じたことで日常の景色も違って見えたのだが、特に夜空に打ち上げられる壮大で色鮮やかな花火や願いを込めて流す灯ろうにかかる巴川は希望と深く関係している。さくらが、未来が拓ける思いをしたまさにそのとき、日の光が川面を照らし、キラキラ輝いていた。このように巴川はさくらの希望の象徴である。

そして希望のほかにもう一つ、さくらの思いが織り込まれている。さくら晩年の作品『映画原作特別描き下ろし　ちびまる子ちゃん　キミを忘れないよ』[27]を見てみよう。この作品では灯ろう流しと花火は同じ祭りの日に行なわれる。さくら家にホームステイしているイタリア人の男の子アンドレアと懇意になったまる子。友達を超え、恋愛の様相を呈すようになる。2人で巴川を訪れたまる子とアンドレアはお互いに「また会えますように」と書いた灯ろうを流す。再会を「希望」するわけであるが、それには当然「忘れない」ことが欠かせない。まる子が打ち上げ花火を背景に、握った手を離さず「漫画家になりたいんだ」と言う印象的なシーンを経て、翌日、アンドレアを空港に見送りに行く。まる子とアンドレアは互いに「忘れない」ことを誓う。さくらは昔のことをよく覚えており、「ちびまる子ちゃん」もさくらの小学校3年生時代が基調となっている。さくらは「忘れない」ことを作品の端々に書いており、七夕豪雨で氾濫した巴川を見たことについても、まる子に「じいちゃん　わたしね　今日見たこと　大人になっても　ずっと忘れない　と思うよ」と言わせている（『ちびまる子ちゃん①』p.134）。

「希望」と「記憶」の巴川。さくらの人生の新展開が始動したこと、さくらのそのときの気持ちに思いを寄せ、さくらが遺した様々な表現を思い出しながら、ゆっくりと巴川沿いを歩きたい。

(27) さくらももこ（2015）『映画原作特別描き下ろし　ちびまる子ちゃん　キミを忘れないよ』集英社。

４．静岡鉄道に揺られて

◉ 清水と静岡

本章ではこれまで清水について見てきた。最後に旧静岡市についても少し触れよう。清水と静岡は東西で隣接している。清水が東側、静岡が西側に位置する。両者の境界は日本平《にほんだいら》という丘陵地である。南にその日本平、そして北には赤石山脈（南アルプス）が聳えるが、その間も最も狭いところでも３㎞ほど平野がある。そこは草薙《くさなぎ》地区であるが、このように草薙の平野で清水と静岡の両市街地は連続している。これは静岡が西（南西）で接する焼津との関係とは異なる。静岡と焼津の間には急峻な山が海岸まで迫り、両市街地を峻別している。また清水も本来は、東（北東）の由比とは薩埵峠で分かれ、市街地の連続性はない。こうしてほかと比較してみると、清水と静岡は平野で繋がっており、確かに比較的、地形的な一体感はある。しかし、港町の清水と県庁所在地の静岡とは歩んできた産業構造が違い、また第一章で触れたように郡に関しても、歴史を遡れば、清水は庵原郡の存在が大きく、静岡は安倍郡の存在が大きいため、文化も異なる。行政として市は統合されても清水は清水であり、静岡は静岡なのである。

そんな間柄の清水と静岡であるが、さくらはしばしば静岡にも出かけていた。本節では静岡の町についてさくらとの関わりの中で見ていこう。

◉ さくらももこの日本平

ＪＲ東海道線でも静岡鉄道でも清水と静岡の間には「草薙」という駅がある。駅は平野部に置かれているが、この地区と、ここから南側に広がる日本平には清水と静岡の境界が走っている。２つの草薙駅はどちらも清水区であるが、そこから東名高速の方へ歩くと途中で静岡の駿河区に入る。東名高速沿いに南へ歩くと、右手に日本平ＰＡを望む辺りで茶畑が広がるエリアとなる。このエリアにはさくらが通った短大もあるのだが、さくらも「めったに人通りのないその場所は普段から気持ちが悪いと思っていた」（『もものかんづめ』p.78）と言うように、友原が確認しに行った２０２１年5月7日時点でも人気《ひとけ》がなく、さみしいところである。さくらは短大時代にこの辺りで「一緒に死のう」と話しかけてきた40歳くらいの男に遭遇し、涙ぐみながら全速力で走って逃げた（同pp.78-80）。このようなとんでもないことのあったところであるが、さくらの思いを感じることができる。

そこから日本平ＰＡを背にし、バスが走る道路に出て、丘陵を上がって行くと日本平動物園に到着する。さくらが「私も何度も行った。写生大会でフラミンゴを描いた思い出もある」（『さくらももこ編集長おめでとう』p.33）ところである。[28] ほか日本平には、さくらが清水に帰ってくる際に泊まっていた日本平ホテル（清水区馬走）や、さくらが眼下に広がる駿河湾を愛でた久能山《くのうざん》東照宮（駿河区根古屋）、アート繋がりで県立美術館（駿河区谷田）などがある。

（28）さくらももこ特別編集長（２０１４）「さくらももこ編集長おめでとう」集英社。

●さくらももこの静岡（葵区）

静岡鉄道で新清水から21分、草薙から13分で終点の新静岡駅である。新静岡駅はターミナル施設となっており、バスターミナルのほか、駅ビル「セノバ」には各種のテナントが入っている。地下1階には和菓子店「田子の月」（本社：富士市）があり、さくらが「大好きで、（中略）すごく美味しい[29]」と述べた同社の代表的な菓子「富士山頂」を買うことができる。セノバの前には、さくらが亡くなる直前に寄贈したちびまる子ちゃんのマンホールが設置されている。

本項ではこの新静岡付近について見てみよう。ここは区でいえば葵区である。静岡を北から南に流

（29）さくらももこオフィシャルブログ「富士山頂」https://lineblog.me/sakuramomoko/archives/2018-06.html (2018.6.5, 2022.3.27閲覧)。

れる安倍川以東では概ねＪＲ東海道線の北側が葵区、南側が駿河区となっている。これら２区が旧静岡市であり、これに清水区を加え、静岡市の区は３つである。

静岡の町について、さくらの作品でインパクトがあるのは、まる子がこの町で迷子になった話であろう（「まるちゃん遠くのしんせきの家へあそびにいくの巻(30)（前編、後編）」）。

迷子関連でまず着目すべきことは、この話にも取り上げられているが、さくらの空間認識の仕方であろう。この話でさくらは清水と静岡を結ぶ鉄道を電車の絵入りの図で示しているのであるが、その位置関係は清水が左、静岡が右になっている（p.17）。しかし、地理的に清水は東、静岡は西なのであるから、図も清水を右、静岡を左として示すのが自然である。ところがさくらはそうしなかった。これはさくらの暮らした入江地区の実家から鉄道を見てのことであろう。さくら家から鉄道を見ると清水の中心は左に、静岡は右になる。このように、さくらは空間を捉え、また、説明する際に、自身を基軸としていたことが窺える。但し、方位がぐるぐるして安定しないと迷いやすくなる。頭の中の地図を北に固定して方向を考えた方が迷うことは少なくなるであろう。

静岡に住むおばあちゃんに会いにいくため、鉄道をクリアして、バスに乗り換えるまる子。しかし、行先の異なるバスに乗ってしまった。「七間町」とアナウンスされたところで「おかしいな」と思い、「両替町」とアナウンスされたところで「まちがえた」と確信する（p.24）。その後、町をふらつき、呉服町に出、そこで公衆電話から母に電話するも「呉」の字が読めず、説明に手間取ったところで料金切れとなり、通話が断たれた。この辺りは静岡の繁華街であり、短大時代にデパートでアルバイトをしていたさくらもよく知っていた。七間町は静岡市庁舎から南西に伸びる緑道「青葉シンボルロード」に東で接する地区で、オシャレなブティックなども並ぶ。デパートの静岡伊勢丹にも接している。両替町はその七間町が間に入る形になり、東西に分断されている。西側や、東側でも青葉シンボルロー

（30）さくらももこ（2003）『ちびまる子ちゃん②』集英社文庫（「まるちゃん遠くのしんせきの家へあそびにいくの巻［前編、後編］」掲載分の初刊は1988年）。

ドに接する辺りは七間町と連続した様相を呈するが、それ以東は歓楽街となっている。呉服町は東海道や青葉シンボルロードを内包する。区域には静岡伊勢丹や静岡銀行本店があり、静岡市庁舎とも接する。このように3町いずれも緑道「青葉シンボルロード」界隈で、空に開いた空間を有する、静岡のＣＢＤである。なお、これら3町を経て、520ｍの青葉シンボルロードの終点が常磐町である。ここは「青葉横丁」、「青葉おでん街」というおでん屋が集中するエリアを持つ。青葉横丁のおでん屋「三河屋」にはさくらが遺したサイン入り色紙がある（日付：2015.5.26）。

◉ さくらももこの静岡（駿河区）

さて、先ほどの「おばあちゃんち」である。ちなみに、この話での「おばあちゃん」はさくらから見て母の父の妹にあたり、大叔母《おおおば》である[31]（なお、血族では6親等までの親族のうち、祖母は2親等であるが、大叔母は4親等となる）。

おばあちゃんちの最寄りのバス停は八幡3丁目（原文：やわた3丁目）である。葵区側が静岡駅の北口方面なのに対し、当該地区は南口方面で駿河区となる。駿河区は駿河湾に面した区であり、登呂遺跡がある。静岡駅の周辺など一部を除き、住宅街の様相を呈している。八幡3丁目も古くからの住宅街である。1万2000㎡の森下公園と6万4000㎡の八幡山公園に挟まれた形の立地であり、静岡の中心部でありながら緑に親しめる環境である。清水の入江地区同様、さくらのことを知らなければ「普通の」住宅街であるが、まる子の「一人旅」の目的地である八幡3丁目を静岡駅から歩いてみよう。さくらももこの静岡の日常に触れてみよう。

(31) さくらももこ（2003）『さくらめーる』集英社：p.8.

◉ さくらももこの静岡県

静岡鉄道とは離れるが、本章の最後に少しさくらと静岡県についても触れ、締め括ろう。静岡県は令制国でいえば伊豆国の大部分（伊豆半島をメインとする地域）と駿河国、遠江国から成り立っている。清水や静岡は駿河国に含まれるので、まず駿河国の地域から見てみよう。

富士市は清水区に東で接する町であり、前述の「田子の月」の本社もある。新幹線の車窓から林立する煙突が見えるように、製紙業を中心とした工業都市である。ここには田子《たご》の浦という港があるが、さくらは5歳か6歳の頃（１９７０年代初頭）、父ヒロシに連れられてヘドロにまみれた田子の浦を見に行っている。(32)　１９６０年代前後は日本で環境災害が深刻になった時期であるが、現在の田子の浦には釣り人の姿も見られる（友原２０２１年5月5日確認）。港に造成された公園は広々として眺望性も良い。

富士宮市も清水区に東で接している。富士山もあるのだが、食べ物としては焼きそばが有名である。『焼きそばうえだ』によると、さくらは同市に友人と焼きそばの話を聞きに行ったのだが、眠気に襲われ、ほとんど聞いていなかった（pp.47-48）。但し、食べた焼きそばは「おいしくておいしくて感動した」（p.44）。

沼津市の中心地域は駿河国の東部に位置する。清水とは駿河湾を挟んで対岸に位置するが、港町であり、人口も19万（２０２２年3月）と、清水に似た雰囲気を持つ。さくらは沼津に友達のレストランを訪れた（「さくらももこ編集長おめでとう」p.37）。同施設は２０１７年に運営元や業態が変わったが、立地する千本浜公園を歩き、さくらと同じ目線で沼津からの駿河湾を望みたい。

伊豆国については熱海が様々な作品で言及されているが、ここでは賀茂《かも》郡河津町《かわづちょう》を取り上げよう。ここにはさくらが飼っていた亀を引き取ったテラリウムがある。亀はビルマホシガメの「カメミ」で

(32) さくらももこ（２００４）『ももこの70年代手帖』幻冬舎：p.16.

あるが、さくらがどのような亀に魅力を感じ、どのようなまなざしをカメミに向けていたのか、知り、考え、推察することで創造性は高まるだろう。

最後に県西部の遠江国であるが、この地域については特筆すべき描写は見られない。しかし、浜松市出身の作家・鈴木光司とはクリエイティブな者同士、波長が合ったようで、懇意にしていた（たとえばクルージングをともにするなど）。

さくらももこと静岡県の関わりは、その一部を本書で見た以外にももちろんたくさんある。ぜひ、作品を通して、さくらと同じ景色をみて、自身がどう感じたか味わい、クリエイティビティを高めて欲しい。当地で自身がこれまでどう生きてきて今があるのか、これからどう生きていくのか、再帰的に考えるのもクリエイティビティの向上に役立つ。気に入った中で、できれば何度も訪れ、清水ほか静岡県がサードエリアとして自身の心の安全基地となれば、あなたにとって幸いであり、そして地域の側にとってもクリエイティビティ溢れるあなたに関わってもらうことは、魅力が高まり、すてきなことである。

★考えてみよう

1. さくらももこはなぜ清水が好きなのだろうか。
2. あなたは故郷をどのように捉えているだろうか。

第4章　小泉凡　ラフカディオ・ハーンの松江に生きる

三成　清香

その時、目から鱗《うろこ》が落ちた。自分が中学校から大学院まで、柳田国男《やなぎたくにお》の蔵書を保管する民俗学研究所がある成城《せいじょう》学園に通い、何の迷いもなく民俗学を専攻したのは、もしかすると先祖が敷いたレールだったのかもしれないと。つまりその時まで、ハーンという人は日本で何をしたのか、日本文化の理解と発信にどんな役割を果たしたのか、ほとんど知らなかったわけだ(1)。

民俗学者、小泉凡氏のことばである。彼は、ラフカディオ・ハーン（小泉八雲）の曾孫として生まれながらも「『耳なし芳一』や『雪女』などを断片的には絵本で読んで知っていたが、とくに関心は抱かなかった(2)」とあるように、その存在を意識することなく育った。その氏が今、長年にわたり精力的に活動しているのがハーンゆかりの地、松江なのだ。本章は小泉凡氏が松江で何をなしているか、その地でどのような存在になっているかを垣間見、考察するものである。

２０２２年1月31日は非常に実りのある一日であった。それは本章を書くという口実で、題材である小泉凡氏を訪ね、大学院生時代からの疑問をご本人に直接ぶつけることができた日だからである。筆者はハーンに対する興味と同じ程度に、あるいはそれ以上に小泉凡氏に関心を寄せていた。これは

(1) 小泉凡（２０１４）『怪談四代記―八雲のいたずら―』講談社：pp.8-9.

(2) 前掲（1）『怪談四代記―八雲のいたずら―』：p.8.

ハーンを少しかじったことのある者なら必ず通る道であろう。

筆者が氏と最初に出会ったのは２０１２年である。松江で臨地研究をしていた際に、島根県立大学へ訪問したときのことである。今でもありありと思い出すのは、緊張のあまりノックする手が震え、そのか弱い音に気づいてもらえずうろたえた自分の姿である。

本当に聞きたかったのは、以下の2点である。

「ハーンの子孫として生きるって、どんな気分なんですか」

「ハーンゆかりの地、松江で住むのは嫌ではなかったんですか」

このような疑問を抱かない者はいまい。皆、知りたいはずである。筆者もその一人であった。しかし、もちろんこのような質問はできるはずがなかった。それどころか、緊張のあまり結局一体何の話をしたのかほとんど思い出せない始末である。宍道湖がどうとか、ハーンは目が悪くてあまり見えなかったとか、大体そのようなことを聞いたような気がするが定かではない。

今回、その長年の思いを10年越しに晴らしたわけである。ラフカディオ・ハーンの曾孫という生を生きること、しかも松江に生きるということについて不躾に質問をし、回答を得た。本章は、小泉凡、その人がクリエイティブクラスとしていかに周囲に影響を与えているか、松江にハーンをどう生かしているかを調査し、それに対する考察をまとめたものである。

1．ラフカディオ・ハーンというコンテンツ

マスツーリズムが影をひそめ、ＳＩＴ、すなわち、特に興味がある対象を目的とした観光（Special Interest Tourism）が行なわれるようになった社会においては、特定の対象こそが観光の目的となった。

観光は単に「皆で（一人で）遠くの場所へ行くこと」ではなく、「それぞれが各々の関心にしたがって場所を選び、足を運ぶこと」となり、その回数も必ずしも一度きりということではなくなった。そこは人生における一過性の場ではなく、新たな人との出会いや、関心事の広がりを生み出す場となった。

他章でも指摘されているように、サードプレイスの概念から見ても、観光は単なる娯楽ではなく人が〝息をつく〟、さらにいえば〝息をする〟のに極めて重要な活動である。それは、人がファーストプレイスやセカンドプレイスのみで生きていく時代ではないからである。人はサードプレイス（あるいは友原嘉彦氏の言うサードエリア）に、そこからしか得られない充足感を求め、満たされることを必要としている。コンテンツツーリズムや人物観光とはまさにそうしたニーズによってある種自然発生的に生まれたものであろう。何かのアニメが好きだとか、歴史上の人物が好きだとか、そういった理由で特定の場所へ行くのである。その場所は必ずしも一カ所ではなく、いわゆる聖地巡礼のように転々とする場合もある。

ラフカディオ・ハーンも、人々の足を動かす力を持っている。ゆかりの地（松江、熊本、神戸、東京、焼津など）はいうまでもなく、富山、新潟などもハーン好きなら行かない者はいまい。筆者がかつて下関へ赴任したときは、「芳一の町、下関へようこそ」と言われたものであるし、群馬へ来たときには「『お貞の話』には伊香保がでてきましたね」などと言ってくれる人もいた。このように、ハーンやその著作を一つのコンテンツとして、あるいはハーンを人物観光の対象としてとらえる場合、その「場」は限りなく広がっている。それは日本国内にとどまらず、例えば、生誕の地、レフカダ島（ギリシャ）に始まり、アイルランド、イギリス、フランス、アメリカ、カナダ、マルティニーク島など数多くある。

ここで重要になるのは、いかにハーンをコンテンツとして生かすかという問題である。そもそも、ハーンは何者なのかと言えば、文学者であり、民俗学者であり、新聞記者であり、教育者である。1850年に生まれ、1890年に来日し、1904年に亡くなった。日本では『知られぬ日本の面影』*Glimpses of Unfamiliar Japan*（1894）や『怪談』*Kwaidan*（1904）を書いたりもしたし、東京帝国大学で教鞭を執ったりもした。ここでは、ハーンが何たるかについてこれ以上触れない。ハーンの曾孫として生まれながら、そうした束縛にさほど囚われることなく育った小泉凡氏が、今、ハーンをどう生かそうとしているか、ハーンが一つのコンテンツとしていかに人を引き付けているか、さらにはそうした取り組みが松江をどうサードエリア化しているか、それが問題なのである。

2. クリエイティブクラスとしての小泉凡

リチャード・フロリダは『新クリエイティブ資本論――才能が経済と都市の主役となる――』のなかで、「クリエイティブクラス」を定義している。その厳密な議論から乱暴に抜粋し定義しなおすと「意義のある新しい形態をつくり出す仕事に従事し、社会や実用に転換ができるような、汎用性の高い、有益で新しい形式を生み出す人が属する社会階級[(3)]」とでも言えようか。ここではクラス、すなわち社会的な階級については問題にしていないため、俗にいう「クリエイティブ（創造性のある、創造的）な人」、「何か新しいことを創造する人物」として認識しておいても差し支えない。フロリダのいう「クリエイティブクラスの価値観」には3つがあり、それは個人志向（個性・自己表現の重視）、実力主義（勤勉さ、目標設定や達成感の重視）、多様性と開放性（だれもがなじめ

（3）リチャード・フロリダ（2014）『新クリエイティブ資本論―才能が経済と都市の主役となる―』ダイヤモンド社：pp.56-57. なお、ここでフロリダは「私が『スーパー・クリエイティブ・コア』と呼ぶ階層には、科学者、技術者、大学教授、詩人、小説家、芸術家、エンタテイナー、俳優、デザイナー、建築家の他に、現代社会の思潮をリードする人、例えばノンフィクション作家、編集者、文化人、シンクタンク研究員、アナリスト、オピニオンリーダーなどが含まれる」と述べているが、ラフカディオ・ハーンがこれらの複数に当てはまっているのは極めて興味深いことである。実際、ハーンはクリエイティブクラスの人間であった。その創造力は周囲にも多大な影響を与えた。松江の生徒たちをクリエイティブにし、東京大学の学生たちをクリエイティブにした。最たる例は妻セツであろう。彼はセツをクリエイティブにし、その創造性の恩恵によって、多数の著作が生み出されたと言っても過言ではない。また、ハーンが松江の彫刻家荒川亀斎に惚れ込み、彼がシカゴ万博で優等賞を獲得し、彫刻家として不動の地位を築くまで支援し続けたことはよく知られた話である。彼は19世紀〜20世紀を生きた「スーパー・クリエイティブ・コア」な人物であったのだ。

て成功できると感じられる環境の支持）である。なかでも「多様性」はクリエイティブクラスの価値観の基本として、繰り返し強調される。

筆者はここで、本章で注目する小泉凡氏をクリエイティブクラスに属する人、あるいはクリエイティブな人として捉える。そしてそのクリエイティブクラスの人間が、いかに松江の地に働きかけているかという視点から考えてみたいのである。

> 現在までのぼくの活動は、たぶん、自分が八雲の子孫として生まれついたこと、根が怠け者で優れた研究者でなかったこと、「文化資源」という考え方と出会ったこと、もともと乗り物と旅（観光という視点）が大好きだったこと、定年前に大学を辞したこと、などの種々の理由によっておのずと導かれものと考えています。

これは、小泉凡氏から筆者に宛てられたメールの一部である。まず注目したいのは、「文化資源」という考え方である。彼は、「文化を地域や社会を元気にする宝として再評価し、それを創造的に活用する行為を『文化資源的活用』と呼ぶ(4)」とし、様々な活動を行なってきた。後述する「松江ゴーストツアー」、「子ども塾 ― スーパーヘルンさん講座 ―」、造形美術展 The Open Mind of Lafcadio Hearn、「松江怪談談義」、「小泉八雲　朗読のしらべ」などがそれである。これらは、それまで「ハーンが約1年間住んでいた松江」を完全に新たな切り口から捉えなおし、現代社会に「意義のある新しい形」として生み出しているものである。

また、フロリダは「クリエイティブクラスは流動性が高く全国各地を移動する傾向がある(5)」と言っているが、放浪癖があり、一人旅中に警察に連れて行かれそうになった小泉凡(6)少年は還暦を迎えた今

（4）小泉凡（2016）「文化資源としての人と文学：小泉八雲をめぐって」尾道市立大学日本文学論叢12（尾道市立大学日本文学会）：p.1.

（5）前掲（3）『新クリエイティブ資本論―才能が経済と都市の主役となる』：p.75.

（6）前掲（1）『怪談四代記―八雲のいたずら―』：p.9.

でも日本各地、世界各地を歩きまわっている。これもまた、経験を重視するクリエイティブクラスの特徴である。

◉ ハーンというコンテンツの広がり

クリエイティブクラスの人間は、クリエイティブでいられるための場を求める。そこに何があり、誰がおり、何が起こっているのか。そして自分はその場にどう関わっていけるのかを考える。したがって、クリエイティブクラスの人間は自然にクリエイティブクラスの人間を引き寄せる。また、意図せず周囲の人間をクリエイティブにしていくものなのである。ここからは、小泉凡氏の行なってきた活動の一部を見ながら、そこにどのような人が集まっているのかを見ていこう。

◉ 小泉八雲　朗読のしらべ

「小泉八雲　朗読のしらべ」（図1）は、俳優佐野史郎、ギタリスト山本恭司、そして小泉凡が出演するイベントである。「朗読と対談の夕べ」として2007年9月23日に行なわれたのを皮切りに、2022年現在まで続いている。[7]当初は150人ほどの動員数であったが、多いときで1200人、2020年にオンラインで開催されたときには1万人を

図1　「小泉八雲朗読のしらべ」のポスター　提供：松江市.

（7）公演は夜だけではないということから、「夕べ」から「しらべ」へと改名された（2017年）。

動員するに至った人気のイベントである。海外で催される際は「Lafcadio Hearn Reading Performance」となり、２０１４年にギリシャで、２０１５年にはアイルランドで、２０１９年には米国でそれぞれ８００人、４５０人、５００人を動員する形で行なわれた。さらに、佐野史郎氏と山本恭司氏だけで行なうイベントとして、「Soul Switch」(8)、「小泉八雲リーディングLIVE」もある。

◉「松江怪喜宴」「松江怪談談義」

これは、「怪談のふるさと」松江で、マルチメディアプランナー木原浩勝氏と小泉凡氏が怪談について談義し、聴衆は座布団に座ってそれを聞くという集いである。２０１３年に始まり、現在まで続いている。図2は「松江怪喜宴7」「松江怪談談義8」のポスターである。自らマラリアや腸チフスに倒れ、天然痘やコレラについても記したハーンを「負の歴史」から多くを考えた人物であるとし、妖怪・感染症・人間の共生について語れる予定であった。

これは昨今の社会状況に合わせたものであることは言うまでもない。ここで、しばし本題を離れ、小泉凡氏が今の状況についてどのように述べているかを見てみよう。以下は、加藤重孝「人類は感染症といかに戦ってきたか」(『潮』２０２０年５月号)にある「人類と感染症の歴史は、見る角度を変えると、人々

図2「松江怪談談義」
「松江怪喜宴」のポスター(脚注9).

(8) 銀座YAMAHAが主催し、２００８年にスタートした。２０１０年、銀座YAMAHAビルの完成とともに「小泉八雲の世界」へ改名された。

(9) デザイン：石川陽春(なお、このデザイナー石川陽春氏について紙数の関係上詳細に触れることができないのが極めて残念である。彼は小泉八雲記念館や八雲会などに深く関わり、ハーンに関連する様々なもののデザインを手がける人物である。彼のデザインにより様々なイベントがさらに魅力的になっていることは明記しておかねばなるまい)。このポスターは告知用に作成されていたものだが、新型コロナウイルス感染症拡大の影響により公演は中止となった。

の不安や恐怖の歴史」であり、人々がそれに恐怖を感じるのは「ウィルスが肉眼では見えないものだから」という文に対する、氏の見解である。


その時、ならば「妖怪や怪談も不安や恐怖の歴史だ」と直感しました。

東大寺の大仏がつくられたのは、７３７年に平城京に蔓延した感染症による混乱を鎮めるためだったと言われますし、「妖怪」という言葉が日本で初めて現れるのが、やはり８世紀末の『続日本紀』で、「宮中にしきりと妖怪が現れるので大祓をした」というものです。われわれの祖先が、人間の制御が激しい目に見えない相手を怖れてきたことの証でしょう。でも、そんな不安や恐怖の歴史から学んだことも少なくなかったはずです。

八雲は、生涯関心を持ち続けた怪談や妖怪の存在が、自然を畏怖することを人々に教え、脱人間中心主義をもたらすと考えていました。そしてアニミズムや闊達な神々を抱く古代ギリシャや古代日本には「幸福感とやさしさ」があったが、今の人間の思考は人生を暗くする方向ばかりに働いていると批判します（「虫とギリシャの詩」"*Insects and Greek Poetry*"）。

伝染病や感染症についても、記者になりたてのシンシナティでは「流行病の兆し」（"*Epidemic in Embryo*"）を、ニューオーリンズでは「目に見えない毒」（"*Invisible Poisons*"）、マルティニークでは「天然痘」（"*La Vérette*"）、神戸では「コレラ流行期に」（"*In Cholera-Time*"）を執筆。自らも35歳の時、フロリダでマラリアに感染し一時は危うい状況に。

でもそんな危機に八雲が見出だしたものは、感染者をバッシングする人々の姿ではなく、家族や血縁を超えて救いの手を差し伸べ、底抜けのやさしさを発揮する人間の姿と行動の方でした。いまは、やさしさを発揮できるときなのかもしれません。[10]

（傍線は筆者）

（10）島根大学ラフカディオ・ハーン研究会（２０２０）ニューズレター12号：p.1.

ハーンの「古代日本には『幸福感とやさしさ』があったが、今の人間の思考は人生を暗くする方向ばかりに働いている」という批判や、「怪談や妖怪の存在」（目には見えないものの存在）が、「自然を畏怖することを人々に教え、脱人間中心主義をもたらす」といった指摘は19世紀終わりにされたものであるが、これらは２０２２年を生きる私たちにも大きな気づきを与えてくれる。私たちは東大寺を建立したときから、あるいは宮中にしきりと現れる妖怪に大祓をしたときから、変わることなく目に見えないものに不安を感じ続けてきたが、ふとそれを忘れ傲慢になった途端、そうした存在を否応なく感じさせられてしまうのである。しかし、ハーンが「感染者をバッシングする人々の姿」ではなく、「家族や血縁を超えて救いの手を差し伸べ、底抜けのやさしさを発揮する人間の姿と行動」に目を向けて発信したように、また小泉凡氏が「いまは、やさしさを発揮できるとき」と述べるように、そうした恐怖にしぶとく立ち向かう人間の姿もまた真実である。

小泉凡氏のこうした主張に常に通奏低音として流れているのは、前述した文化資源的活用である。すなわち、ハーンという人物とその考えを、現在につなげる形で受容し、発信しているのだ。氏の定義通り、過去のヒトやモノを過去のものとして置き去りにせず、現在にまで持ち込んだうえで論じるのである。氏は、「それ（文化）を創造的に活用する行為」と述べたが、例えば、こうした「目に見えないものについて、ハーンはどう考えていたか」を、今、目に見えないものに不安を感じる人々に示すことこそ、彼ならではのクリエイティブな活動だと言えるだろう。そして、こうした話を聞けるのが松江の地であり、現代の怪談作家木原浩勝氏と小泉凡氏からなのである。

◉「酒林堂　八雲」

酒林堂のホームページによると、これは「声優茶風林の主宰する、旨い日本酒を舐めながら朗読を楽しむ会」であり「厳かなお寺を会場とし、選りすぐりの日本酒と肴をお楽しみ頂く、『大人が楽しむ朗読会』」とされている。「酒林堂」は、したがって、様々なテーマによって行なわれるもので、「酒林堂　八雲」はそのうち、ハーンに関する朗読会となるわけだ。茶風林(11)の企画・演出で、伊藤美紀、山口勝平、中原麻衣、肘岡拓朗、岡田康平、鶴岡聡といった、有名な声優たちが出演する。

ここで注目したいのは、これまで挙げた3つの活動のいずれもが、耳を介したものであるということである。朗読される「怪談」と一流のギターの音との融合を耳で聞き、現代の怪談作家が古典怪談を語るのを耳で聞く。我々が抱く「怖さ」とは何かを耳で聞く。声優の演じる「怪談」を聞き、酒に酔い、「怖さ」を楽しむのだ。この耳を介して受容することは、殊ハーン文学においては極めて重要な意味を持つ。それは、ハーンの「怪談」それ自体において、耳が極めて重要な役割を果たしているからである。これについて、西成彦氏は以下のように述べている。

> 「怪談」は、生者と死者とが遭遇する物語のことである。物語こそが、生者と死者とを言語的に結びつける。ハーンの耳は、生きた人間の声に向けて開かれているだけではない。生きた人間の声にひそむ死者の声、死者の執念、ハーンは他者の訴えかけに向けて耳を全開に押し開く。(12)

図3　酒林堂　八雲」のポスター
イラスト：大谷津竜介 © 酒林堂.

(11)〈目暮警部〉『名探偵コナン』、〈永沢くん〉、〈ヒデじい〉『ちびまる子ちゃん』、〈磯野波平〉『サザエさん』などの声で知られている。

(12) 西成彦（2004）『耳の悦楽―ラフカディオ・ハーンと女たち』紀伊國屋書店：pp.2-3.

ハーンが耳を介して物語を紡ぎ出したのは日本においてだけではない。彼の創作の多くは「聞く」ことから始まっている。そして、それらは再び耳を介して受容される。生きている我々がそうではない者の声に耳を傾けること、それこそが「怪談」であり、そういった意味で本来の怪談が松江で実践されているのだ。西成彦氏はハーンについて以下のようにも指摘している。

ラフカディオ・ハーンの耳が明治中期の日本で十四年かけておこなったフィールドワークの中で最もかけがえのない部分は、この聴覚を介した作業であった。松江時代には書斎にこもりきるよりはフットワークのよさを発揮したハーンだが、熊本から神戸、そして東京に至るにつれて、彼は職場と自宅を往復するだけのサラリーマンと化した。この点では、民俗学者として、彼はどんどん堕落していったのである。しかし、怪談を語って聞かせるセツの側で耳の孔をおしひろげながら、ハーンは盲目の琵琶法師へと変身し、後に柳田が仮説としてたてることになるような口承文芸の本質的特徴を、推理力によってではなく、身体感覚を通してつかみとった。明治期の日本人が、急速に摩滅させ始めていた身体性のレベルにおいてである。[13]

すなわち、それまで耳を介してフィールドワークを行なっていた民俗学者ハーンは、それを行なわなくなった後も妻セツの語りを耳で聞き続けたわけである。セツがハーンに物語を語って聞かせるとき、彼女はハーンに「本を見る、いけません。ただあなたの話、あなたの言葉、あなたの考えでなければいけません」[14]と言われたという。つまり、ハーンはセツに本を見ながら語ることを禁じ、セツに物語の筋を暗記させ、「へるんさん言葉」で語らせたのである。これは、語り部セツの中に描かれた世界が、文字を追うことによってではなく、音として伝えられることに、意義を感じていたからであるといえよう。

(13) 西成彦（1998）『ラフカディオ・ハーンの耳』岩波書店：p.202.

(14) 小泉節子「思い出の記」（1989）『小泉八雲』恒文社：pp.21-22.

こうした意味において、私たちは、他者の語りをどう聞くか（セツの語りをハーンがどう聞いたか）を追体験しているともいえる。私たちは目で読むのではなく、聞こえてくる恐怖に耳を澄ますのである。ハーンがセツに語らせ始めたのは、松江時代である。松江で語られた物語が、再び松江で語られ、松江で共有されているのである。

◉小泉凡に集まる人々

ここまで見てきたように、松江には小泉凡がおり、そこに多くのクリエイティブクラスの人間が集まっている。ハーンという一つのコンテンツが現在につながる形で提示されることによって、様々な分野の人が彼を生かす方法を思いつき、遊ぼうとする。そこに巻き込まれる形で多くの聴衆が松江でハーンを楽しむに至っている。

今回、松江での臨地調査では、小泉凡氏の周辺の人々にも話を聞いた。錦織裕司氏（松江観光協会常務理事）もその一人である。彼は「凡先生がおってごされることで、様々な事業をやろう、ということになる。市民も行政もおのずと集まってくる」と話してくれたが、同様のことは内田融氏（八雲会事務局長）からも聞かれた。小泉凡氏のごく身近な人が氏について「いい人だけん」「みんなが好きだけん」と口を揃えるのは心地の良い驚きであった。

こうして行なわれたのが前述の活動である。「小泉八雲　朗読のしらべ」には、佐野史郎、山本恭司が関わっている。彼らは松江南高校の同級生だが、東京で第一線を走り続ける両者が、クリエイターとして「怪談」を奏でるとき、聴衆は二人のフィルターを通じて新たな「怪談」を味わうことになる。重要なのは、「朗読のしらべ」、「松江怪喜宴」、「松江怪談談義」、「酒林堂　八雲」といった活動がそれまでハーンに関心のなかった人々をも惹きつけているという事実である。これらに参加する人の中には、例えば、佐野史郎、山本恭司、木原浩勝、茶風林をはじめとする錚々たる声優陣のファンたちが少なからず含まれる。ラフカディオ・ハーンに全く興味のなかった人々が、思いもよらない経路で松江に導かれ、知らぬ間にこうしたイベントの常連となっているというケースもある。佐野史郎、山本恭司のライブに訪れた人が後に、怪談談義を楽しむようになることもある。ハーンは今、そうした人々によっても受容・消費されているのだ。ハーンに集う人々、松江に集う人々は、したがって、ますます広がりをみせている。そして、その求心力となっているのがクリエイティブな人、小泉凡というわけである。

3．その地域の人への働きかけ ―― 内的・自発的な興味関心の喚起 ――

ここまで小泉凡氏を中心とした松江における活動を見てきた。小泉凡氏へ集まったクリエイティブクラスの人間がユニークな活動を実施し、それが外部からの人々を集め、松江が特別な地になっていることがわかった。ここからは視点を変えて、内的・自発的な部分に焦点を当てた取り組みをみてみたい。

◉ 松江ゴーストツアー

「松江ゴーストツアー」は、小泉凡氏がダブリン（アイルランド）へ訪れた際に見たゴーストバスに着想を得て、松江で実施されるに至った取り組みである。

帰国後、松江でも「ゴーストバス」によるツアーを実践してみたいという思いに駆られた。松江は城下町ということもあり、築城にまつわる人柱伝説や城下の周縁部には普門院の橋姫伝説、大雄寺の子育て幽霊譚、清光院の遊女松風の怨霊譚、月照寺の大亀の碑が市中を歩くといった都市伝説など、多くの怪異譚に恵まれている。それに加え、ハーンが『知られぬ日本の面影』Glimpses of Unfamiliar Japan（1894）にその多くの怪談を紹介したことから、ダブリンに劣らぬ怪異・文学の資源が存在する町といえるのだ。また、夜間を利用したツアーはまだ日本では馴染みがないことから、斬新なナイトツアーという面での期待感もあった[15]。

図４　ツアー参加者が歩く経路
デザイン：石川陽春.

はたしてこの目論見は当たり、現在にまで続く人気の催しとなっている。点在する恐ろしいスポットをバスに乗って巡るのではなく、歩いて見るツアーである。そこには、月照寺、清光院、大雄寺も含まれる。

注目すべきは、参加者数と居住地である。２００８年に始まった際、１回当たりの参加者数は25人

（15）小泉凡（２０１０）「ラフカディオ・ハーンの文化資源的活用に関する実践報告」島根県立大学短期大学部松江キャンパス研究紀要（島根県立大学短期大学部）：p.38.

で、県外者の割合は33％であった。その後も参加者数は10～20人程度を維持しているが、２０１１年から県外からの参加者の割合が急激に伸び、74％となった。２０１６年のデータでは、県外者の割合が平均62％となっている。[16] これは松江の交流人口の増加に大きく貢献していることを示している。

そして、ここで最も重要なのは、ガイドの養成である。

> 最も大きな問題はガイド養成だった。この種のツアーは、ガイドの魅力に負うところが大きい。（……）面接にパスした24名のガイドに、早速、講習を開始した。まずは、座学による講習で、「小泉八雲」「松江の郷土史」「口承文芸」という３つの観点から専門家が講義を行なった。さらに、日を改めて実地研修を行ない、３人の講師が、ゴーストツアーで訪問する場所ごとに、語るべき内容を整理してガイドに伝えた。その後、数回にわたって、ガイドは自主的に模擬ツアーを実施し練習を重ねた。さらに、元アナウンサーだったプロの語り部を講師に迎え、徹底的に語りの訓練も行なった。こうして極めて限られた準備期間の中でガイド養成を行ない、ツアー実施日直前に松江ゴーストツアーの専門ガイドが誕生した。[17]

氏は、ゴーストツアーを企画し参加者を集め実施するだけではなく、そこに携わる人間の養成から着手した。つまり、ツアーを「実施する側」を公募し、彼らを広く巻き込む形で行なったのである。前述のように、このツアーには、「小泉八雲」「松江の郷土史」「口承文芸」という3つの観点から論じる専門家と、元アナウンサーだったプロの語り部と、ガイドを志す人々が関わってきた。参加者側の好奇心を満たすために、ガイドは学び、失敗し、工夫しなければならない。それは、ガイド自身が自発的に学ぶことを意味する。[18] 発案者が多様な人々に仕事を任せ、それぞれの成長に任せる形で実施

(16) 前掲（4）文化資源としての人と文学：小泉八雲をめぐって：p.9.

(17) 前掲（15）ラフカディオ・ハーンの文化資源的活用に関する実践報告：p.39.

(18) ２０２１年には、島根県立大学短期大学部に所属する学生による「学生ガイド」も誕生した。

するのは、それを持続可能なものにするために極めて重要な態度である。つまり、小泉凡氏のアイデアを地域の人々が自由に面白く発展させていくこと、氏の手を離れたところでも実現されていくことが目指されるべきであろう。

◉ 子ども塾　スーパーへるんさん講座

小泉八雲没後１００年の年、２００４年に「子ども塾」は誕生した。「学会招聘とパフォーマンスだけでなく、未来の松江を担う子どもたちに、現代社会の中でも輝きを失わない小泉八雲の意味を継承する企画を！」という声にこたえるものであった[19]。

これもまたハーンを地域資源として活用するユニークな事例である。面白いのは、ハーンそのものは対象にしない「へるんさん講座」だということである。ハーンの著作を読むとか、ハーンの人生について説明を受けるといったことではない。ハーンが明治の松江で五感を研ぎ澄ませて観察した行為を現代の松江で追体験し、地域の自然や文化の魅力を発見することが目指された。具体的には、下駄を履いて橋を歩く、洞光寺の鐘の音を聞く、クレオール料理を作る、機織り体験、虫の音の聞き分け、ゴーストツアーでの暗闇体験などである。

こうした体験は、ハーンの著作を読まされたり、感想文を書かされたりすることよりもハーンへの関心を呼び起こすものであろう。またハーンそのものだけではなく､松江という地への思いも深まる。ハーンを共通認識として根付かせている子どもたちが新たなクリエイターとして松江へ集うことになる。さらにいえば、ハーンとは無関係な分野でも、松江とは無関係な場所でも、子どもたちの創造性を解放する。すなわち、クリエイティブな経験の仕方があるのだと体験的に知っている者が違うヒトやモノに興味を持ったときに、全く異なる分野で実践することでハーンや松江に限定せずその創造性

(19) 小泉凡（２０１４）「地域教育と五感力―「子ども塾」10年を振り返って―」子ども塾　スーパーへるんさん講座の10年(スーパーへるんさん講座実行委員会)：p.2.

を波及させていくことが期待できるのである。

クリエイティブクラスの人間は、意図せず周囲の人間をクリエイティブにしていくものであることはすでに指摘した通りだが、この「スーパーへるんさん講座」は、それを何十年のスパンで実施するものであると言えよう。

◉造形美術展から始まったThe Open Mind of Lafcadio Hearnプロジェクト

「ハーンをイエに持ち込まないように」と小泉凡氏に念を押していた妻祥子氏は、今や凡氏に「優れたプロデューサー」と言わしめる人物である。彼女がハーンに夢中になるきっかけになったのが、このThe Open Mind of Lafcadio Hearnプロジェクトである。これは、タキス・エフスタシウ氏の「八雲の精神性の根幹を『オープン・マインド』ととらえ、民族・宗教紛争の拡大する21世紀に必要な思考として、世界中の人がわかりやすいアートを通して広めよう[20]」という提案から、造形美術展として始まった。２０１２年以降はそのコンセプトを汲みつつ、さらなるOpen Mindの共有と文化資源的活用を目指して、海外でのシンポジウムやパフォーマンス、展覧会などに発展させていった。造形美術展において、アート作品は世界のアーティストへウェブ上で呼びかけ、共感するアーティストからハーンの精神性や生き方をテーマとした造形作品を募るという方法をとった。２００９年、ギリシャ・アテネのアメリカン・カレッジで開催されたのを皮切りに、ハーンゆかりの地でそれぞれ開催された。アメリカン・カレッジでの様子は、以下のように述べられている。

（20）小泉凡（２０１６）「小泉八雲（ラフカディオ・ハーン）の文化資源的活用に関する考察」島根県立大学短期大学部松江キャンパス研究紀要54：p.75.

表1　The Open Mind of Lafcadio Hearn の実施時期と地域

2009年	ギリシャ・アテネ市
2010年	ギリシャ・レフカダ市
2010年	島根県松江市
2011年	アメリカ・ニューヨーク市
2012年	アメリカ・ニューオーリンズ市
2014年	ギリシャ・レフカダ市，コルフ市
2015年	アイルランド・ダブリン市，ウォーターフォード市，ゴールウェイ市
2019年	アメリカ・ニューヨーク市，シンシナティ市，ニューオーリンズ市

二〇〇九年十月にギリシャ・アテネのアメリカン・カレッジで第一回目の造形美術展 *"The Open Mind of Lafcadio Hearn"* が実現。世界十か国のアーティストから寄贈された作品四十七点とともに、八雲のオープン・マインドをうかがわせる文章を、「偏見のない美意識」「人間中心主義への警告」「偏見のない人種観」「開かれた耳と音楽観」などキーワード毎に選び、抜粋して壁面に紹介した。オープニングの会場は五〇〇人もの来訪者でごった返し、大きな反響が見られた(21)。

ここにあるように、Open Mindとは、偏見を持たないこと、人間中心主義に危機感を抱くこと、自分とは異なる存在(すなわち、あらゆるヒトやモノ)に対して、開かれた心で耳を傾ける姿勢のことを言う。分断ではなく融合を目指すことなのである。異が異のまま受け入れられる場があれば、そこで自由で新しい創造性が生み出される。こうしたハーンの態度を、アート展として表現しようとするのが、このイベントであった。

ここで、改めてフロリダのいう「クリエイティブクラスの価値観」を振り返ってみよう。前述のとおり、「個人志向」「実力主義」「多様性と開放性」がその価値観の中枢に置かれている。すなわち、誰もが情熱を傾けられることを見つけ、思うままにその力を注ぐこと、それらを排他せず支持しようとする環境を整えることこそが、クリエイティブな人を育む土壌となる。このThe Open Mind of Lafcadio Hearnプロジェクトにおける造形美術展は、したがって、クリエイティブクラスの小泉凡が、多くのクリエイティブクラスの人を集め、アートによってその重要性を示すものであったと評することができるだろう。

この取り組みにおいて、注目すべきは次の二点である。まず、ラフカディオ・ハーンという存在の

(21) 前掲(4)文化資源としての人と文学：小泉八雲をめぐって：p.10.

周知である。ハーンは海外において日本国内ほどの知名度はない。したがって彼の生まれ故郷であるギリシャ・レフカダ島でもかつてはその存在はほとんど知られていなかった。ところがこのイベント以降、次第に注目が集まり史料室まで開室した。すなわちレフカダ市にハーンの地域資源的価値を示したことになる。ハーンが育ったアイルランドでも、その知名度は同様である。これについて、小泉凡氏は、「アイルランドは文筆家の宝庫だという事情がある」とし、ジョサン・スウィフト、ウィリアム・バトラー・イェーツ、ブラム・ストーカー、オスカー・ワイルドなどを挙げている[22]。そのアイルランドで、2012年、小泉凡氏が訪れたことをきっかけに「小泉八雲庭園」の構想が持ち上がり、その後2年半で完成した。小泉凡氏が「八雲の開かれた精神性（オープン・マインド）をトラモアの地から発信しようとするコンセプトが感じられる[23]」と評するこの庭園は、いわゆる日本庭園ではなく、ハーンの人生を9つの庭で表現するものである。「旅のはじまり―トラモアとの縁」、「船出：未来への予感」、「アメリカへの旅」、「ギリシャの庭」、「日本への到着」、「せせらぎの庭」、「森林」、「平和と調和の庭」、「生き神様の伝説」である。このようなユニークな取り組みが草の根的に行なわれることで、ハーンゆかりの地に新たな魅力を生む。重要なのは、これらがハーンを文学の巨匠たちに名を連ねさせようとするものではない、ということである。彼が生きた時代にもそうであったように、異彩を放つ存在として、多様な楽しみ方を示そうとしているのである。

二つ目は、小泉祥子という存在である。ここで、氏へのインタビューの際に語られた言葉の一部を見てみよう。

10年間、八雲に関わるイベントに裏方として携わってきて、変わらず目的としてあるのは、今までハーンを全く知りもしなかった人にとって、ハーンを「私たちの町のヘルンさん」にすること。

（22）前掲（15）ラフカディオ・ハーンの文化資源的活用に関する実践考察：p.77.

（23）前掲（15）ラフカディオ・ハーンの文化資源的活用に関する実践考察：p.78.

ハーンゆかりの地でハーンに関するイベントをすることは、そのきっかけを作ることだと思います。重要なのは私たちの手を離れてから、それらがどう維持・発展されていくかということです。それぞれの地元で、そこの人たちが関わり、彼ら自身の手で喜びを見いだしていく。そのきっかけ作りは、2019年で一区切りがつきました。今後、小泉八雲記念館が果たす役割は、まだ模索しているところです。私は研究者でもなんでもないので[24]、私ができることは、研究者の先方が明らかにされたハーンをどう私たち庶民に戻していくかだと思っています。

プロデューサー小泉祥子のこうした目的意識からも明確にわかるように、それぞれのイベントは、種蒔きの意義をもっている。ギリシャ、アイルランド、米国でそれぞれが根を張り、そこが「ハーンの地」として育っていくことが目指されているのである。ハーンが多くの場所にゆかりをもつ人物であるということ、そして、そのゆかりがそれぞれの場所で異なっているという特質上、その場所場所での自発的な興味関心から生み出されるハーンの生かし方が多様なものになることが期待される。ハーンとは何たるかが大いに議論されている日本国内では、決して思いもつかないハーンの遊び方がその土地に根付いていくこと、そしてそれを体験すべく多くの人がそこへ足を運ぶことが、種蒔き師小泉祥子[25]が思い描く未来図である。そして、最後に述べておきたいのは、セツがハーンを支えたのとは異なった形で、祥子が凡を支えているという図式の面白さである。

4. 七光りの逆転

今回の調査で、小泉凡氏へインタビューをしたのは約3時間であった。いろいろと質問をし、最後

(24) こうした謙遜の言葉は、小泉セツがハーンに向けて言った「妾が、女子大学でも卒業した学問のある女だったら、もっともっとお役に立つでしょうのに……」(小泉一雄(1950)『父小泉八雲』小山書店：p.166)を彷彿とさせる。

(25) 小泉祥子氏はInstagram, Facebook, Twitterなどで盛んに情報発信を行なっている。こうした取り組みは、人の流れが制限されている昨今において、松江を感じたり体験したりするための貴重な手段となっている。新たなハーン受容に結びつくものであるといえよう。

の最後、一番聞きたかった言葉を氏の口から聞くことができた。

若い頃、八雲について積極的に知ろうとしなかったのは、やはり、七光りだと思われたくなかったからかもしれませんね。今でもそう思われているかもしれないけれど……。

これこそ、ラフカディオ・ハーンの曾孫でなければ抱けない感情である。自然と、つぶやくように、さほど重要なことではないかのように言われたのが印象的であった。こうした思いをしなやかに吐露する氏の強さには、これまで氏が取り組んできたいろいろが、その境遇を昇華させてきたとみることができるのではないだろうか。

インタビューのために伺ったのは島根県立大学の小泉八雲研究室で、氏はそこを片付けられている最中であった。たくさんあったはずの資料は別の部屋へと移動され、がらんとしていた。インタビューをしている途中で、「あ、差し上げたらいいと思っていた資料、もう段ボールに入れてしまったので、ちょっと待っていてください」と言って、わざわざ探しに行ってくださった。その資料の一つが、ここで紹介するものである。

2018年に発行された、フジドリームエアラインズ機内誌『DREAM3776』では「凡さんの島根あるき」という特集が組まれた（図5）。「小泉八雲の曾孫」などという添え書きはない。「小泉凡さんのこと」には、次のように書かれる。

気むつかしい人なのだろうと思っていた。何しろ小泉さんは民俗学の学者さんなのだ。（……）そして今は大学で講義をし、『小泉八雲記念館』の館長を務める。畏れて当たり前だと思いませんか？でも違った。（……）そして、いかにも学者的で研究テーマ以外は興味を持たず一途に生きる狷介な人でもなかった。（……）小泉さんは、例えば、ハーンについて触れるとき、こちらに教え示すのではなく、まるで知人の話題を交わすときのように話す。出雲のことも松江のこともそうだ。穏やかに柔らかく静かに。（……）会って半時間も経たぬうち、そんな風に分かったのである。その時からこの人は小泉凡という〝ラフカディオ・ハーンの血を引く民俗学の学者さま〟ではなく、たまさか知り合った優しい〝凡さん〟になった(26)。

図**5**　フジドリームエアラインズ機内誌『**DREAM3776**』の表紙
© フジドリームエアラインズ.

この文（この特集自体）が、今の小泉凡氏のありようと存在意義を如実に示している。ここでは小泉凡という人物自体に焦点が当てられているのである。すなわち、ハーンの光に照らされているはずの人間がその光の先で注目を集めだしているということだ。そればかりか本章で見てきた通り、小泉凡はハーンを照らす側にすらなっている。ハーンは当然、否応なく小泉凡を照らす。しかし、ある点において小泉凡がハーンを照らしているのである。

２０２２年現在、どれだけの人がラフカディオ・ハーンに興味を持ち、その人物と作品を求めているだろうか。もちろんハーン研究者や愛好家は除いての話である。現代社会を平凡に生きる若者がど

（26）小泉凡さんのこと、「FDA機内誌DREAM3776」フジドリームエアラインズ、2018：p.8.

れだけハーンに関心を持っているか。残念な程度であることは否めまい。

しかし、こうした現状は小泉凡氏にとって「地域資源」として示すべき魅力が山積しているということを意味するだろう。小泉凡氏は「『また小泉八雲？もうやり尽くしたでしょ！』という言葉を時々耳にするが、そういった閉塞感を捨て、常在の文化の表現方法を変え、それを資源化するアイデアを発想することが大切だ(27)」と述べているが、彼自身が今後もクリエイティビティを発揮し、あらゆる角度からハーンを照らしていかなければならないのである。小泉凡氏がハーンを「文化資源的」に活用しようとする姿勢が、松江の地にとっていかに重要か、以下の文を見てみよう。

> 文化資源的活用とは言い換えれば、本来とは違う新しい意味づけをして生かす、二次的活用ということである。冒頭にも触れたように、文学作品や作家は、愛読者がじっくりとその作品を鑑賞したり、研究者が研究対象として作品論や作家論を展開するというのが本来の活用法だと考えられる。地域資源の創造や観光といった社会的な活用を目的としている点において、従来の文学的活用や顕彰活動との差異が見いだされるのである(28)。（傍線は筆者）

曾孫である小泉凡氏が、本来の活用法と異なる「二次的活用」を担っているのである。それは、「作品論や作家論を展開する」本流ではないかもしれないが、決して亜流ではない。最も中核にいる人物が周辺的な取り組みを一手に引き受けているのだ。それらはすべてラフカディオ・ハーンの哲学から決して外れず、かつ、人々を惹きつける方法によって行なわれる。

今や、小泉凡からハーンを見ようとする者も少なくない。あるいは、小泉凡に集まったクリエイティブクラスの人間に興味があり、彼らからハーンを見る者もいる。小泉凡氏が、クリエイティブクラス

(27) 前掲(15)ラフカディオ・ハーンの文化資源的活用に関する実践報告：p.45.

(28) 前掲(20)ラフカディオ・ハーンの文化資源的活用に関する実践考察：p.79.

の人間として松江に生き、それに様々な人が集っている限り、松江は、訪れる者にとってのサードエリアになるだろう。彼こそが直接的に、間接的に旅する目的となり、松江が特別で居心地の良い場所としてとらえられるようになるのである。

★考えてみよう

1．あなたの町で「ゴーストツアー」をするとしたら、どこを選び、どう演出しますか。

2．あなたの町で「文化資源」として活用できるものには何がありますか。どのようにおもしろく活用することが可能だと考えますか。

第❸部

歴史ある地元に吹くクリエイティブな風

第5章　アートとまち
―― 黄金町のアーティストたち ――

崔　瑛

本章では地域とアートの関わり方とアーティストの滞在によって生まれる地域への影響について考察する。近年、多くの地域でアートイベントが開催されるようになった。公共事業として始まった越後妻有《えちごつまり》地域の「大地の芸術祭」のようなアートイベントは、経済的な波及効果だけではなく、人と人のつながりを作るという面でも成功を収めている。このようなアートに関わる取り組みが各地で急増した背景には、アートの力を借りて地域イメージを改善することや地域資源のコンバージョンによって固有資源の価値を見直したいという期待が存在する。そこには当然のことながら経済的な恩恵も含まれる。アートはアーティストにとって自己表現の手段であるが、社会問題の解決や地域を楽しくする形式としての機能の面において可能性を感じる人が増えている。アーティストの活躍の場を設け、地域再生の切り札とするための取り組みが多くなったといえよう。さらに、アートによって得られる効用が地域文化に根付くこと、つまりアートが地域に住む人々の生活を潤す意義にも注目が集まっている。もしそれが実現するならば、数値では表せない社会的価値がアートによって生まれるであろう。しかし、アートの力に対する期待が大きくなる一方で、アートを地域づくりに活用することに対する様々な疑問や懸念の声も存在する。

本章はアートと地域の関係性について論じるための事例として、横浜市の創造都市政策の一環として進められてきた同市中区の黄金町《こがねちょう》におけるアートプロジェクト「黄金町バザール」とそれによって形成されたアーティストの居場所、および活動に注目した。創造的な活動を行なう人々がまちに滞在しながら、人と場所との関わりを持つことによって、まちはどのように変化してきたのか。また、アーティストたちはどのような立場でまちに関与してきたのか。アートのまちづくりにおいて最も重要なことは何だろうか。本章では黄金町の現状を通して、アートとまちの関わりがもたらすものを探ることとした。

1. 横浜市の創造都市政策

◉ 横浜市の創造都市政策の経緯

黄金町の取り組みは住民の自発的な活動がその始まりだったが、アートのまちになった背景には横浜市の創造都市政策が深く関わっている。黄金町の現状を整理する前に、横浜市の歴史と創造都市政策について概観していきたい。横浜市は２００４年から「創造都市」を都市戦略として掲げてきた。まずは横浜市企画調整局が１９８１年に発行した『港町横浜の都市形成史』の内容を中心に、横浜の歴史について簡単にまとめる。

１８５９年に開港した横浜は、西洋文化をいち早く取り入れた場であると同時に、日本文化を海外に発信する場でもあった。幕末の横浜のまちや外国人の風俗を題材に描いた浮世絵は「横浜絵」と呼ばれ、今も数多く残っている。来日した外国人から、写真技術やパン、アイスクリームなどの西洋文化が伝えられ、横浜の各所はその発祥の地としても知られている。横浜は日本の近代の歴史から強い影響を受けてきた。外国人居留地が存在したことで西欧流の近代的都市計画が導入された(1)。明治初期には技術の導入によってガス灯、鉄道、上下水道などが整備された。明治中期には貿易の進展とともに、鉄桟橋が完成するなど港湾関連の整備が進んだ。明治後期には工場の招致や生活基盤の整備が進み、「工業地区」「衛生地区」が設置された。また、元町《もとまち》、馬車道《ばしゃみち》、伊勢佐木町《いせざきちょう》のようなまちが特徴を持った形で発展するようになった。このように横浜では、日本において近代的でほかの都市にはない都市づくりが進められたが、1923年の関東大震災によって市街地の大半が焼失する被害を受け、その後の戦災によって再び壊滅的な打撃を受けた。戦後は市内中心部の関内《かんない》・関外《かんがい》地区の多くが米軍によって長期間接収され、ほかの都市に比べて復興が遅れた。都市の基盤整備を十分に進められない状況が続いてしまった。

　1960年代に入ると、横浜は大きな変化を迎える。高度経済成長期に入り、横浜の郊外部が東京のベッドタウン化し、急激な都市化と人口の流入、住宅地の乱開発や公害問題などを抱えるようになった。そうした中で横浜は常に東京の影響を受けながらも、横浜式ともいわれる独自の都市づくりのビジョンを設定し、1960年代から1970年代にかけて都市の基本的な骨格を作った。官民パートナーシップによるみなとみらい21地区の開発、金沢地先《かなざわちさき》埋立事業、港北《こうほく》ニュータウンの開発が進み、横浜アリーナ、赤レンガ倉庫の整備などの事業も行なわれた。このような成果は横浜市が誇る都市デザインの歴史として市内各地に残っている。2000年代に入ると、培ってきた都市デザインの基盤の上に、ソフト面の活用法を模索する段階に入る。その背景には、関内・関外地区の業務・商業機能の衰退があった。旧市街地の就業人口の減少、オフィスの空室率の増加、市内に残る明治・大正期に建てられた銀行建築や倉庫などの歴史的建造物が取り壊されるといった問題に際し、歴史的景観の保存と活用について検討する必要があった。

(1) 横浜市企画調整局（1981）『港町横浜の都市形成史』横浜市企画調整局：p.5.

　そのような中、横浜市はＥＵ諸国の事例を参考にしながら、[2]創造都市政策の立案に乗り出す。２００２年には外部有識者による「文化芸術と観光振興による都心部活性化検討委員会」が設置された。委員長であった北沢猛は建築家で都市計画の専門家であり、横浜市の都市デザイン室長を歴任した人物である。彼自身がクリエイターの一人であったため、創造的な活動をする人々のことをよく理解していたという。同委員会は２００４年に都心部の再生に向けた「文化芸術創造都市―クリエイティブシティ・ヨコハマの形成に向けた提言」を当時の市長に提出した。提言の内容をみると、横浜市が目指すべき都市像として「文化芸術創造都市」を設定した上で、「アーティストやクリエイターが住みたくなるような創造環境の実現」「創造産業の集積による経済の活性化」「魅力ある地域資源の活用」「市民が主導する文化芸術創造都市づくり」の４つの目標を提示している。これらの目標には「アーティストやクリエイターを５０００人までに増やす」「創造的産業従業者数を３万人まで増やす」のように、具体的な数値目標が示されていた。これに基づき、創造的な活動をする人材を市内に誘致・育成するための取り組みが始まるようになった。東京芸術大学大学院映像研究科の誘致や関内・関外地区の空きオフィスをアトリエやギャラリーに転用する芸術不動産事業がこの基盤づくりに該当する。ほかにも「都心部の文化・観光集客装置（博物館・美術館・ホール・観光スポットなど）を１００カ所まで増やす」「文化鑑賞者を３５０万人まで増やす」という文化関連施設の整備、一般市民の文化鑑賞やボランティア（サポーター）活動を推奨することが掲げられた。具体的なプロジェクトとしては「創造界隈区域（クリエイティブ・コア）」「ナショナルアートパーク構想」「映像文化都市」「横浜トリエンナーレ」などが挙げられる。２００４年４月には市の組織が改編され、文化芸術都市創造事業本部が設置された。横浜市の創造都市政策は都心再生のために行政がリーダーシップをとって都市のハードウェアをつくる施策とともに文化芸術の積極的な活用を選択した戦略的取り組みだった。

（２）吉本光宏・国際交流基金（２００６）『アート戦略都市―ＥＵ・日本のクリエイティブシティ―』鹿島出版社：p.48.

創造都市政策が始まってから8年が経った２０１１年。横浜の将来について議論するためのプロジェクトとして立ち上がった「これからどうなる?横浜研究会」が合計8回分の議論内容をまとめ、発行した書籍(3)の中には、参加者が創造都市政策について発言した内容が次のように書かれている。

「創造都市政策は、アーティストではなく、街の文脈がまずあり、アートは後付けと言っていい。（中略）横浜の創造都市政策は、アート活動に行政のような公が関わることによって、よりアートが開かれる可能性を、実践的に示していると思う」

（3）これからどうなる？ヨコハマ研究会事務局（２０１１）『これからどうなるヨコハマ』BankART1929：p.24.

さらに、このような記述も見られる。

「多くの横浜市民がこれまで横浜が培った創造都市等の横浜の魅力を体感するに至っていない」

この書籍が出版されてから、さらに10年の歳月が経った。その間も横浜市では創造都市政策に関する様々な取り組みが続けられた。創造都市政策は都心部にアーティストやクリエイターが居住して創作活動をすることで、市民と創造的活動をする人々との交流が生まれることと、市民生活の中で文化を享受する機会を作ること、さらには創造的産業による経済的活性化をも目指すものである。その展開の中で、横浜市は「市民主導の都市づくり」の実現を目指してきた。行政主導で始まったが、市民の力による展開こそが大事であると認識してきた。ところで、市民は創造都市づくりにおいて、どのような役割を果たし、どのような関わり方を持ってきたのか。創造都市の取り組みは市民の生活をどのように豊かにしたのか。これらの問いに基づき、長年の取り組みを振り返ることは大切な意味がある。

◉創造都市論について

創造都市に関わる概念について簡単に整理しておこう。創造都市に関する理論は、欧米ではチャールズ・ランドリー（Charles Landry）やリチャード・フロリダ（Richard L. Florida）らを中心に議論され、世界的に広まった[4]。日本では佐々木雅幸が代表的な研究者である。ランドリーら[5]は創造性について、難しい問題を扱う際に、状況を柔軟に理解し、解決するプロセスの中で発揮できる人間の能力・考え方としており、イノベーションや新たな可能性を生産するものとして述べた。ランドリーのいう創造性は、状況への対応と解決力、変化を起こす力を意味するものであろう。佐々木は、創造的（creative）という用語には、独創的、革新的という一般的意味と、それに関連する生産、人間の作る能力の意味がある点指摘した[6]。また、創造都市を「人間の創造活動の自由な発揮に基づいて、文化と産業における創造性に富み、同時に脱大量生産の革新的で柔軟な都市経済システムを備えた都市」と定義した[7]。すなわち創造都市とは芸術における創造性はもちろん、技術革新に富んだ、人間が起こすイノベーションによって、産業が発達する都市[8]を意味する。

◉創造界隈の形成 ―BankART1929―

ここでは横浜市の創造都市政策の中で「創造界隈の形成」の取り組みについて整理しておきたい。創造界隈の形成事業は、アーティストやクリエイターが創造的活動を行なうための環境形成と、新たなコミュニティづくりを目指すものである。市内に複数の拠点があるが、その代表的な事例としてBankART1929が挙げられる。リーダー役であった池田修によると、活動を始めた拠点が銀行（旧横浜銀行本店別館、旧富士銀行横浜支店）であったことと、両建物とも１９２９年に竣工されたことが、このプロジェクト名の由来という。横浜市は両行の建物を市の財産として取得し、非営利によ

（4）横浜市・鈴木伸治（２０１０）『創造性が都市を変える：クリエイティブシティ横浜からの発信』学芸出版社：p.10.

（5）Charles Landry & Franco Bianchini（1995）"The Creative city" Demos.

（6）佐々木雅幸（２００１）『創造都市への挑戦』岩波書店：p.26.

（7）前掲（6）『創造都市への挑戦』：pp.40-41.

（8）佐々木雅幸（１９９７）『創造都市の経済学』勁草書房：p.11.

る文化・芸術活動の具体的な事業運営などを条件にして、運営団体の公募を行なった。両行の建物に関わる事業は、都心部にあるほかの歴史的建造物の活用において、今後の行方を占いうるスタート地点のようだった。(9)「クリエイティブシティ・センター事業」として公募し、審査を経て「YCCプロジェクト」と「STスポット横浜」という団体が選定された。両団体が結束し、2004年3月にBankART1929として事業をスタートした。池田の言葉を借りると、このプロジェクトは「アートのためのアートではなく、まちづくりの起点としてのプロジェクト」(10)を目指すものだった。**BankART1929 YOKOHAMA**（旧横浜銀行本店別館）、**BankART1929** 馬車道（旧富士銀行横浜支店）として、多目的スペースやパブ、ショップなどで運営されたが、**BankART1929** 馬車道は、すぐに東京芸術大学大学院映像研究科に場所を譲り、2005年2月からは日本郵船海岸通倉庫に移転、**BankART Studio NYK** として、新たな拠点で運営を再開した。その後何度も場所を移転し、また、サテライト拠点を作りながら、展示などの主催、コーディネート事業、スクール運営などの活動を続けてきた。2006年6月には中区の黄金町にも**BankART** 桜荘がオープンした。かつての違法風俗店舗を借り、その一階部分に見まわりの拠点「ステップワン」とオープンスペースを設置し、二階部分にはアーティストが滞在するレジデンスを設けた。また、定期的なオープンミーティングやフリーマーケットをするスペースとしても使われた。アーティストの制作活動がみられるようになり、アーティストと住民の接点ができたことで、まちの人々がアーティストの活動に少しずつ馴染むようになったという。(11) **BankART** 桜荘

図1　**BankART** 桜荘
提供：黄金町エリアマネジメントセンター．

(9) 野田邦弘（2008）『創造都市横浜の戦略―クリエイティブシティへの挑戦―』学芸出版社：p.92.

(10) BankART1929（2015）「なぜ BankART 1929 が生まれたか?-」City Living BankART 1929's Activities（BankART 1929）：p.180.

(11) 山田秀樹（2018）『黄金町夜曲』エムジェーアーツ：p.36.

は２０１０年に解体・撤去されたが、当施設のオープンをもって創造都市政策の年表に黄金町が登場した(12)。

２．黄金町でアートのまちづくりが始まった経緯

◉黄金町の歴史

それでは、本格的に黄金町の歴史を辿っていこう。横浜市中区の初黄《はつこう》・日ノ出町《ひのでちょう》地区は、初音町《はつねちょう》、黄金町、日ノ出町の三町からなる。本章では京浜急行電鉄の日ノ出町駅から黄金町駅までの高架沿線に位置する大岡川沿いの地区一帯を「黄金町」と称する。『中区地区沿革外史』(13)には、この地域の歴史に関する記述があるので、その内容をまとめていこう。現在の日ノ出町一丁目辺り（幕末期の太田村《おおたむら》）は、越前《えちぜん》福井藩によって太田陣屋が設けられ、横浜地区の警備をする防衛の拠点であった。明治期に入ると太田陣屋跡は陸軍省の用地となった。１８７０年代前半には太田村に、日ノ出、初音などの町名がつけられ、その地名が今に至る。その後、陸軍用地は民間に払い下げられ、住宅地化した。震災前の初音町通りは賑やかだった。また、日ノ出町は「病院町」といわれるほど、病院が多く静かなまちだったという。しかし、１９２３年の関東大震災によって起こった火災で、まちは甚大な被害を受けた。復興のための土地区画整理、１９３０年代の京浜急行電鉄の敷設によって黄金町と日ノ出町の駅が設置されたことで、現在に近いまちの形が作られた。その後の戦災中の横浜大空襲は、まちに再び大きな被害を与えた。終戦後は米軍の接収による影響も受けた。関内・関外地区の米軍接収によって立ち退いた人たちがこの地に移り住むことが多かった。また、その人たちは、京浜急行の高架下を借りて商売を始めた(14)。戦後のまちの状況について、『中区地区沿革外史』には次のような証言も

(12) 山野真悟・鈴木伸治（２０２１）『アートとコミュニティ』春風社：P.73.

(13) 中区役所（１９８６）『中区わが街：中区地区沿革外史』〝中区わが街〟刊行委員会：p.103

(14) 前掲（11）『黄金町夜曲』：p.31.

残っている。(15)

「この界隈には青線が一時、ありましたね。ガード下と駅の川っぷちですね。まあ、いやな名物だったですね。それとね、麻薬の巣があったんです。（中略）電信柱の割れ目に人が何かをはさむんです。そのあとすぐ、ほかの人が来てそれを持ってゆく、前もって金を渡して売るんですね。今は飲食街がたくさんありますが、麻薬はもうないです」

この記述から、大岡川スラムと呼ばれた黄金町の状況を想像できる。ここでいう「青線」とは、裏口で売春を行う私娼街のことである。黄金町一帯では、かつて麻薬密売や売春が行なわれていた。黒澤明監督は『天国と地獄』という1968年に公開された作品で、黄金町の様子を描いている。その状況は続き、景気がよくなると外国人女性による不法売春はさらに拡大した。組織的な形での売春業が続けられるようになった。この状況に変化が生じたのは、1995年の阪神淡路大震災後である。京浜急行が高架橋の耐震補強工事のために高架下の店舗をすべて立ち退かせたことで、高架下のみに集中していた売春を行なっていた風俗店舗が地区内に拡散するようになった。店の数も急増した。地域内に拡散した店の形は特徴的だった。二階建ての一階は飲食店で、二階にある部屋で売春が行なわれた。テント看板、狭い構造の木造長屋が軒を連ねていた。高架下で違法風俗店の営業が行なわれていた時は、業界の組合があり、町内会とのコミュニケーションがとれて、なんとか共存ができていたという。地域に迷惑をかけないという暗黙のルールのようなものがあったというが、周辺地域にこのような店が拡散してからは地域組織と違法風俗店業界との関わりがなくなった(16)。また、この売春産業には暴力団系が関わっており、不動産の貸し借りの権利関係が複雑に絡み合っていた。治安はます

(15) 前掲（13）『中区わが街：中区地区沿革外史』: p.110.

(16) 鈴木伸治（2008）「創造都市の新たな展開—旧特殊飲食店街初黄・日ノ出町地区の再生へ向けて—」、調査季報 vol.163: p.66.

ます悪くなったのだが、この変化はここで住み続けることをあきらめる住民を次々と出してしまう結果を招いた。そして、状況を変えるために地域の人々が動き出すことになった。２００３年に「初黄・日ノ出町環境浄化推進協議会」という地域の団体が発足し、中区から国へ要請書が提出され、神奈川県警の「歓楽街総合対策現地指揮本部」が設置された[17]。05年1月に警察が一斉摘発「売春宿バイバイ作戦（県警24時間警備体制）」を始めた。同年7月に「まちづくり推進部会」が発足し、8月にはすべての違法風俗店が閉店した。06年に入ってからは「初黄・日ノ出町まちづくり宣言」が策定された。その宣言のビジョンの一つとして、「にぎわい（アーティストやマイスターが集い、横浜を訪れる人々が回遊してくるまち）」というのが示された。アーティストらを介した人々の交流による活気のあるまちの姿を将来像として位置づけたことがわかる。それまでとは違う形で「にぎわいのあるまち」をつくることは黄金町を生業の拠点とする住民にとって重要な目標だった。ところで、当時の黄金町の住民たちはどのような心境だったのだろうか。それを理解するために、２０１４年に横浜市立大学のまちづくりコースの学生たちが行なった住民インタビューの内容の一部を記しておきたい[18]。

「やはり自分の住むまちへの愛着ですかね。自分の住むまちが風俗街に変わっていくのは嫌じゃないですか。我々も含めて、残った者たちの間にこのまちを捨てきれない思いがあったのだと思いますね。だからこそ当時の日ノ出町町内会長の小林さんらを中心に地域が立ち上がり、バイバイ作戦を行い、初黄・日ノ出町環境浄化推進協議会というのが生まれたのだと思います」

この記述には、風俗街となったまちの環境悪化に対する住民の率直な気持ちが表れている。また、住民たちが立ち上げた組織的活動があったことが記されている。さらに、バイバイ作戦が終わってか

(17) 警察政策学会市民生活と地域の安全創造研究部会（2016）「講演　3町からのメッセージ　まちは生き物（黄金町復活の秘訣）」「危機と平時」併進時代の「市民安全のかたち」地球・人・まちからのメッセージ、公開フォーラム（フォーラム記録集）: p.38.

(18) 横浜市立大学まちづくりコース都市デザインゼミ（2014）『黄金町読本2014』、横浜市立大学国際総合科学部鈴木伸治ゼミ：pp.42-43.

らの展開については、次のような記述が残っていた[19]。

「風俗が撤退してからは空き店舗の増加が問題になりました。そこで、店舗の利用ができないかという話になり、そこから現在に続くアート展開が始まりました。一度ゼロに戻したこのまちをどのようにしたら良くしていけるか、ということをワークショップなど通して皆で真剣に話しました。自分たちの発案でまちをつくっていくというのは責任があると同時に楽しさがあると思います。こういうまちづくりに参加できるまちってなかなかないじゃないですか」

この語りから、住民らが風俗のまちを変えていく活動に深く関わっていたことが読み取れる。長い間、黄金町に住み、活動に関わってきた住民の声から、自らの発案でまちを変えることへの責任感、これからのまちの変化に対する期待感が伝わってくる。閉鎖された250あまりの店舗をどうするかは大きな問題だった。当時のまちの様子についてほかの住民からは、次のような証言も残っている[20]。

「結局、町内3分の1つぶしたわけだから。この町の住民登録が1000人いて、プラス女の人が500人以上いた。その人たちが、周辺のマンションに住んで、ここで働いていたわけだから、その経済活動はすごかった。そして、なくなった後の近隣の店への打撃も相当だった。だから、浄化作戦をしたときには、どんな仕返しをされるか、本当に危険だった」

まちの「浄化作戦」を快く思わない人たちがいたことがわかる。「浄化作戦」のために歩いていると、暴力団の組員に怒鳴られたこともあったようだ[21]。一部の人にとって売春は、まちのにぎわいづくり

(19) 前掲 (18)『黄金町読本2014』: p.43.

(20) 蔭山ヅル (2010)「黄金町と若葉町〜大岡川を挟んだふたつの町のそれぞれの『アートとまち』」、住宅 59-7 : pp.54-60.

(21) 松本茂章 (2015)『日本の文化施設を歩く : 官民協働のまちづくり』水曜社 : p.59.

の手段として受け入れられていた。一方では、空き家や空き店舗だらけのゴーストタウンになってしまうのではないかという危機感を持つ住民も多かった[22]。そんな中、空っぽになったまちで、空き店舗の活用とまちのイメージの変化を図り、にぎわいのあるまちの姿を作り出そうとした住民らの選択によって、黄金町は「アートのまち」という新たなステージを迎えることになった。地域が先に動き出し、行政が後から支援する形で、黄金町をアートのまちにしていく取り組みが展開された。

（22）横浜市政策局政策課政策支援センター編（２０１３）「横浜市民生活白書２０１３」（アートによる安全・安心のまちづくり初黄・日ノ出町地区（中区））：p.85.

◉黄金町エリアマネジメントセンターの設立と展開

山野真悟は黄金町エリアマネジメントセンターの長年の活動における中心人物である。彼は福岡出身で元々アーティストとして活動していた。「ミュージアム・シティプロジェクト」の運営委員長などを経ており、横浜に来る前からアートを都市と関係づけるプロジェクトの経験があった。山野は著作『アートとコミュニティ』の中で「２０００年代に入ってから、アートが都市のシステムにどのように介入できるかに強い感心を持つようになった」と述べている。05年の横浜トリエンナーレのキュレーターとして横浜に滞在するようになり、トリエンナーレの仕事でもアートとコミュニティ、都市の結びつきについて追求する企画を行なった。山野のこのようなアートと社会の関係性に対する探究は、その後、黄金町バザールを通して様々な展開をみせるようになる。07年には翌年に黄金町で開催されるアートフェスティバル（黄金町バザール２００８）のディレクターを任された。最初の黄金町の印象について山野は「何よりも、まちが不法投棄されたゴミの山になっていたことが印象に残ります」と回顧している。

この時も黄金町バザールの事務所や施設の一部が破壊されたことがあり、安心できる状況ではなかった[23]。また、現代アートをまちに取り入れることに対して、賛同しない人もいた。山野は、初回

（23）前掲（11）『黄金町夜曲』：p.37.

のアートフェスティバルでは、アートになじみのない住民にもわかりやすくし、また、説明や勉強の必要がない飲食などの店を誘致し、アートではないものも取り入れた形で企画することを心がけた。黄金町バザール２００８は来場者が10万人を超える盛況だった。田宮奈呂のディスプレイとともにme ISSEY MIYAKE の期間限定の店舗がオープンするなど、一般人にも名の知れたブランドとのコラボレーションで、興味を引くコンテンツを構成に入れた。横浜市によると、黄金町バザール実施後は地元の理解が進み、「会場として利用しても良い」という地権者が出るようになった。

黄金町には地権者が特定できない物件も多くあったが、横浜市は空き店舗を借り上げる作業を続け、転用物件を増やして改修を行なっていった。また、黄金町バザール２００８が終わったあとも継続して活動（毎年開催される黄金町バザールの運営とその他の事業）を行なうために住民と黄金町バザール実行委員会とでＮＰＯ法人黄金町エリアマネジメントセンター（以下、事務局）を設立した。高架下に活動の基盤整備が進み、08年に「日ノ出スタジオ」と「黄金スタジオ」が建てられ、11年には集会場やかいだん広場が、12年には物販・飲食テナント、工房などが整備された。これらの施設は横浜市の要請によって京急電鉄が整備し、市が借り上げる形をとって運営することになった。現在、事務局が管理する施設は「高架下スタジオ（集会場・工房・ギャラリー）」、アートブックバザール（古書店）がある「日ノ出スタジオ」、アーティストのスタジオがある「黄金スタジオ」「初音スタジオ」などがある。また、「八番館」や「山本アパート」といった比較的大型の建物を展示施設として使っている。高架下通りのまちなかには、アーティストが使うアトリエやレジデンスが点在している。事務局の主な取り組みとしてはアーティスト・イン・レジデンス事業（以下、ＡＩＲ）、黄金町バザールの開催、黄金町芸術学校の運営などがあり、アートと地域にまたがって幅広く担当している。

3．黄金町に関する研究の論点

本節ではこれまで述べてきた黄金町の歴史やまちづくり活動、黄金町エリアマネジメントセンターの現状と課題について、既往研究の中で議論された内容を中心に、まちとアートの関わりに関する論点を整理していこう。

◉ 負の歴史との向き合い方に関する議論

まず、戦後の黄金町の歴史とどう向き合うかに関する議論についてみていこう。越智[24]はアートが地区再生に活用される中で、排除と包摂がどのように構築されたかを問うた。越智は売春を行なっていた女性たちを排除した黄金町には暗い歴史を想起させる作品を除く「排除の構造」があるとし、売春街の痕跡をどのように取り扱っていくかについて、作品とそのキューレーションによって地域史を問い直すことを提案した。

斉藤[25]によれば、黄金町バザール２０１２にて、ショーケースに生身の人間（日雇い労働者）を展示する企画があったという。しかしながら、黄金町エリアマネジメントセンターによると、この展示は実際には行なわれなかったという。斉藤はこの事例を取り上げながら、黄金町バザールで「なかったこと」にされているものを問うた。それは、まちの暗い過去（歴史）であった。歴史の一部がなかったことにされる場では、アートと場所性の関連がなくなり、アートがもつ「歴史を掘り起こす力」や「空間の重層化による物語の重層化」の力が失われることを斉藤は懸念した。この論点について、黄金町の住民感情はどのようなものだろうか。既往研究に示された住民の言葉から覗いてみよう。

(24) 越智郁乃（２０１６）「都市の社会的包摂／排除に向かうアートマネジメント：横浜市黄金町の事例を通じて」市大都市研究の最前線：公募型共同研究による連携講座２０１５（大阪市立大学都市研究プラザ）：pp.84-90.

(25) 斉藤誠（２０１３）「安心・安全・お洒落空間の排除の構造」、太湯雅晴編『まちづくりのためのプロジェクト／黄金町』：p.12.

「風俗街だった特殊なところをアーティストたちが変にデフォルメした作品やパフォーマンスで地域の人の反感を買ってしまうのではないかとの心配もありました[26]」

「地域のこども達が、ここに15年くらい前まではそういう違法風俗店があったっていうことで、世間から引け目に感じちゃかわいそうだなって思って。（中略）子ども達にとって地域に誇りを持てるようにすることが大事[27]」

黄金町バザールで作品にピンク色の光を使っただけで、売春宿のネオンを連想させるとして住民から変更を求められたことがあった[25]ように、まちの歴史に対する住民の思いは複雑である。取り組みの初期の頃は性的な表現や売春を連想させるものをやめてほしいという住民の強い要望があった。しかし事務局は時間の経過とともにそうした作品を完全に排除するのではなく、負の歴史と関連付けられる作品も取り入れる方向に変わってきたという立場を取る[27]。住民にとっては苦しみの記憶なのかもしれず、しかも負の歴史が完全に断たれたわけではないという。地区内には今も暴力団関係の事務所があり、近年、新しく建てられたワンルームマンションが違法風俗に使われ、摘発されたこともあった。今も住民側には昔に戻るのではないかという警戒心が残っている。しかしながら、時間とともにまちの歴史は変化している。越智の言うように、多様なまちの歴史を排除せず、語りなおすことと、負の歴史から今に至る流れを様々な形で問う意味については、今後も議論を続ける必要がある。

◉アーティストの地域滞在の誘因と地域活動参加に関する議論

吉田・室田[28]はアーティストの地域交流を如何に促進させるかを問う立場から、分析結果を提示した。事務局へのインタビューを通して、事務局がＡＩＲに入居するアーティストの選定において、「地域

（26）前掲（12）『アートとコミュニティ』: p.117.

（27）坂井晃介（２０１９）「地域再編におけるアートと歴史―横浜市中区黄金町における実践者の語りから―」相関社会科学28 : pp.57-63.

（28）吉田早希・室田昌子（２０１４）「滞在型芸術活動による地域活性化の取り組みと芸術家の滞在促進に関する研究」日本都市計画学会都市計画報告書 : pp.148-151.

との関わりを持つことを条件としている」と記す。また、短期滞在で制作をする人が長期滞在の人に比べて、「活動が活発で積極的に交流する傾向」があるとした。事務局が抱える課題としては、バザール終了後に来場者が減少する問題と導入店舗の経営難、バザール時の案内表示がわかりにくい点、来場者が少ない時間帯には入りにくい印象を与える点などを挙げている。吉田らは滞在制作をしているアーティスト向けのアンケートも実施し、22部の回答を得た。アーティストたちは家賃の安さと近隣・アーティスト間の交流、交通の便のよさ、事務局のサポートがある点を滞在の理由として挙げていた。ここに示されたアーティストの黄金町に滞在するメリットは、筆者がインタビューした黄金町のアーティストの声とも一致する。アーティストは芸術作品の制作だけで生計を立てる人は少数であり、複数の職業を持つ人が多い。生業とアートは区別される場合が多いため、滞在にかかる費用は制作の拠点を選択する大きな要因である。また、アーティストコミュニティの中で交流できることも魅力的な要因であろう。アーティストが外部からの刺激を作品制作のリソースにすることを考えると、アーティスト間のみならず、住民や地域社会との交流はアーティストを引き込む力になりうる。アーティストたちは地域住民との交流についてどのように回答したのだろうか。吉田らの調査によると、20～30歳代の若いアーティストの方がより地域活動に積極的な姿勢を示していた。アーティストと住民の交流活動というのは、「挨拶やお話」「家に訪問する」「一緒に食事をする」など、日常の生活者同士の関係構築であった。また、地域活動としては、大岡川桜まつり、近隣地域での作品展示など、地域住民団体が主催する祭りや意見交換会への参加が挙げられた。吉田らはアーティストが多様な側面から地域環境に馴染むことの重要性を強調している。特に事務局が主催する芸術学校の講師を勤めることは、専門性を活かした地域との交流促進につながると述べた。黄金町芸術学校の教育プログラムを履修した人々の意見について、筆者が調査した結果は、節を改めて述べることとする。

◉住民とアーティスト、その間の調整者の視点

黄金町の住民、アーティスト、事務局、行政の各アクターが持つ考え方の違いについて考察した複数の研究がある。坂井[27]は住民、アーティスト、事務局にインタビューを行ない、各アクターのアートと地域の歴史に対するイメージの相違を指摘した。特に「まちづくりという性質を帯びる」場合、「アートの自由が制限される」点に関するそれぞれの立場について述べた。坂井によると、住民にとって現代アートは理解しにくいものだとされる。重要なのは芸術作品そのものではなく、空洞化する地域を活性化する役割をアートが担えるかであった。事務局の役割はアートディレクションよりも、まちづくりにおける中心的な役割を担うところにあった。住民から委託された担い手であるため、住民の関心が向いている方向へ役割が調整される。ただ、坂井が把握した内容によると、事務局側は「アートによるまちづくりは、行政や地域住民による地域像と強く結びついているが、アーティストとアート作品の自律性は制御できない」という。一方で、アーティスト側はどう考えているだろうか。坂井の記述からはアーティストがまちの変化の様子やこれからの可能性を楽しんでいるようにみえる。アーティストにとって大事なことは作品を作り続けることである。それぞれのアーティストの考え方、事情、経験によって、黄金町への思いや活動の方向性、まちとの関わり方は異なるだろう。

菅沼[29]はアートと社会の関係性を論じた先行研究の論点を整理した上で、黄金町を事例に政策的なアートの活用に対するアクター間の立場の違いを示した。菅沼がまとめた既往研究では、アートが地域と関わりを持つことのプラスの側面（多様性の保証、地域再生への寄与、公共性のある空間をつくること）とその反対側にある側面（ジェントリフィケーションにつながる可能性、潜在的な権力関係［参加したくない人々を巻き込む危険性］）が指摘されている。これらは黄金町の現状について議論する時にも重要な論点である。菅沼は黄金町において、まちの治安改善と子どもの増加をアートの導入

(29) 菅沼若菜（2019）「交差するアートの公共性—横浜黄金町『アートのまち』のその後に着目して—」、社会学論考 40：pp.69-92.

によって得られた効果として挙げながら、住民や地域からアートが必要とされ、アートが地域の中に根付くことをこれからの課題として挙げた。さらに、行政・住民間に「アートのまち」に対する見解の相違があることを指摘した。行政側にとっては「アートのまち」として定着したことが成果とされているが、住民にとって重要なことは経済的活性化であり、住民はアートに対してあまり関心がなく、アートのまちに居住している意識が薄いとした。住民側にとって、アートは「よくわからない」もので、どこを共有すればよいかが掴みにくいとのことである。アートにかかわる行事が住民の負担になっている側面もあるという。菅沼は次の2点を強調する。住民とアーティストの距離感の克服と両者の協働が生まれること、そして、アートが経済活性化につながることである。菅沼の論文が書かれた2019年以前と、コロナ禍にある2022年の現在は大きく状況が異なる。住民は一貫してまちの経済活性化を望んでいるが、にぎわいの面でいうと状況はさらに悪くなった。筆者が把握した最近の住民の声からも、アートに対する心理的距離感、すなわち、アートを理解することの難しさが感じられた。また、住民らは自分たちとアーティストたちの間に距離感があることを指摘していた。アーティストの存在はまちにとってプラスであり、うれしくも感じるのだが、アーティストとどのような連携ができるかが「アートのまち」を発展させる上での課題だという。黄金町における住民のアートとの距離感や関係性については、次節からアーティストの取り組みなどを確認しながら考察したい。

4. 黄金町のアーティストたちが作り出すもの

◉ まちとの関わりと作品づくり

アーティストになるための条件があるのだろうか。小山[30]は、自分の意志を持ち、自分の生きてい

（30）美術手帳（2013）『アーティストになる基礎知識』美術出版社：p.53.

る時代を掴んでおり、それを作品と言葉で表現できるかがアーティストにとって大事なことだという。換言すると、社会を理解する力があるか、また、「新たな概念」を作ること[31]ができるかがアーティストに問われるだろう。作品の制作ではアーティストのモノの見方や独自の表現方法が用いられる。その意味づくりの過程で価値が生まれる。ここでは黄金町のアーティストたちの語りと作品制作活動を中心に、アーティストの存在が生み出すものについて考えていきたい。

　近あづきは編み物の手法を用いた立体作品の制作と並行して、ファッションブランドに技術を提供する造形作家である。彼女は２０１４年から黄金町のスタジオに滞在しながら制作をしており、黄金町芸術学校の「あみもの講座」の講師でもある。その土地でしか生まれない造形の表現、空間と環境の影響を受けて形を変える事物に注目してきた。黄金町バザール２０２０に展示された《bio topos》は普段ギャラリーに来ることのない一般人に届けたい、アーティストのアイデアを形にした作品であった。日ノ出町駅前のそば処「辰巳庵」（図２）を展示場として、ショーケースの見本を包む形の

（31）村上隆（２００６）『芸術起業論』幻冬舎：p.147.

図 **2**　そば処「辰巳庵」の外観
提供：近あづき.

図 **3**　近あづき作
《bio topos》（2020）

品を作った（図３）。植物を生やすようなイメージを表現した作品だった。近は作品を介してまちと関わること、来店者の行動に作品の影響が及ぶことを楽しく感じたという。店にとってもアートの展示にはうれしい点が多かった。《bio topos》の展示を通して、マスコミの取材や作品に興味を持った来店者が増加した。ＳＮＳの投稿でも肯定的な反響が得られた。日常的な場所と物にアーティストが手を加えたことで、人々はその場所に興味を注ぎ、その場所の持つ可能性を発見できる。価値を作り出す力は、このような形で発揮できるのであろう。美術館ではなく、まちなかを表現の舞台とするアーティストはまちにとって貴重な存在である。地域住民や商店との距離が近い事務局が間に立つため、まちとアーティストのコラボレーションは黄金町において多く見られる。

竹本真紀はコミュニティと関わりながら制作活動をする黄金町のアーティストの代表格である。青森県出身の彼女は横浜トリエンナーレ２００５のスタッフとして働いたことから、横浜市の黄金町や寿町のような複雑な事情のある地域の取り組みに関わるようになった。２０１０年には黄金町周辺の活性化に向けた取り組みとして、初音町にあった呉服屋の空き店舗にアーティストグッズを販売する「ギャラリー＊ショップちりめんや」（図４）を立ち上げ、店舗を経営した。彼女のオリジナルキャラクター「トビヲちゃん」をまちなかで探すように仕掛けるアートプロジェクト「トビヲちゃんを探せ」（図５）を黄金町で企画・運営し

図４　「ギャラリー＊ショップちりめんや」の外観
提供：竹本真紀.

図５　「トビヲちゃんを探せ」プロジェクトの開催時の様子
撮影：川名マッキー.

たのも同年のことだった。竹本は長い間まちの人々と協力しながら試行錯誤を経て、アートを取り入れてまちに変化を起こす方法論を探ってきた。まちの魅力や店舗を可視化するマップやサインづくりをしたこともあるという。最近の活動としては日ノ出桟橋をホームポートとして大岡川に浮かぶ小型クルーズ船ベネチア号の船体のビジュアルデザイン（図６）や「黄金町まちづくりニュース」（初黄・日ノ出町環境浄化推進協議会発行）１３３号の表紙の原画作成が挙げられる（図７）。どちらも地域の人々との共同作業だった。これまでの活動内容から竹本とまちの近い距離感が看取される。必要と

図 6 「クルーズ船ベネチア号」
提供：竹本真紀.

図 7 「黄金町まちづくりニュース」
の表紙
提供：竹本真紀.

されるところで才能を発揮し、コミュニティの中で頼られる存在となっている。竹本はアーティストでありながら、自ら課題を見つけ、まちづくり活動を実践してきた当事者であり、黄金町で生活してきた一人でもある。住民の視点を理解しているため、まちの人々の信頼も厚い。

◉まちに居場所を作るアーティスト

黄金町でアートに触れ合える場を作り出したアーティストがいる。彫刻家の山田裕介がその人である。彼は2012年にスタジオを借りて黄金町に入った。その後、住民の紹介で初音町の空き家をアトリエとして改造し、現在も周辺に居住しながら活動している。19年からは美術の習い事ができる教室として「アトリエ日ノ出町」を運営している。「アトリエ日ノ出町」は黄金町以外の地域から人を呼び込むために始めたという。ほかにも、16年から地元の子どもたちが集まり、工作するための「子どもたちの居場所」として「黄金町 BASE」（図8）を運営している。そこでは教えるというより、アーティストと子どもたちが空間を共有しながら交流する。子どもたちは廃材などを使って自由にものづくりができる。かいだん広場の近くにある山田のアトリエに子どもたちがいつの間にか集まるようになったことで「黄金町 BASE」の運営が始まった。アトリエには作業用道具が多く、大人数への対応をするには安全面で懸念があり、別の空間が必要になった。他方で山田には、まちの子どもたちのために何かをしたいという思いがあった。その考えに共感したほかのアーティストたちと意気投合し、形になった場所が「黄金町 BASE」だった。無料であるため、運営資金の工面には苦労しているが、今はやめることは考えていない。山田は子どもたちと交流しながら、彼らが抱える家庭内の問題など、様々なまちの状況に直面して

図8　「黄金町 **BASE**」での
アーティストと子どもたち
提供：山田裕介.

きた。彼はアートを学べる場所や子どもたちのたまり場を運営する活動を続けることで、アートを身近に感じる黄金町の住民を増やし、子どもたちのまちに対する記憶を少しでも楽しいものに変えたいと語る。山田はそれを「まちの歴史を更新すること」と語っていた。

このように黄金町のアーティストたちは、まちとの関わりを持つ中で、才能を活かした活動を展開していた。それぞれの事例から、アートを介して、人と場所、人と人のつながりをより楽しく、生産的なものに変えられる可能性が見えてくる。アーティストたちはなぜこのような変化を引き起こせるのか。アーティストの一般的ではない発想の力は大きいだろう。平林享子編のアーティストインタビュー集[32]に書かれているようにアーティストには行動力がある。その行動力はアートの持つ可能性を本気で信じているから発揮できるのであろう。黄金町のアーティストたちの取り組みは、黄金町に物語を宿している。複数のアーティストの事例から、アートの創り手がまちに起こす変化を確認することができた。

(32) 会田誠ほか（2005）『太陽レクチャー・ブック004 アートの仕事』平凡社：pp.226-227.

◉ 作品の中で黄金町はどのように表現されているか

アーティストは社会から様々な要素を自分の中に取り入れて表現する。我々は作品を通してアーティストの目に映った社会現象や問題に気付くことがあり、今までとは違った見方を獲得する。それがアーティストとの関わりによって我々に得られるものの一つである。アーティストがある地域を表現対象とした場合、我々は作品を通してその地域ならではの雰囲気やストーリーを体験できる。本項では二人のアーティストが黄金町で滞在・制作した結果、まちがどう表現されたかに注目していきたい。

山本千愛は２０１６年から始めた「12フィートの木材を持ってあるく」プロジェクトの新作を黄金

町バザール2021で発表した。これは12フィートの長い木材を持って全国を歩くことで、移動と身体性の変化に着目、そしてそうした状況下での交流を追求してきた取り組みである。その移動の過程をビデオや写真撮影、メモで記録として残す。山本は明確な答えが提示されない曖昧で不安定な、余白の残るテーマに向き合う存在であり続けたいという。移動中に出会った人々との相互作用も作品の一部として記録する。そして、訪れる場所の特徴を作品の中で表現することを大事にしている。黄金町バザール2021に参加した際は、市の郷土資料館で黄金町の歴史を調べながら、まちから受けたインスピレーションを作品に取り入れた。黄金町のレジデンスに2カ月間滞在し、木材を持って高架下周辺を繰り返し往復したり、展示場所内で木材を削ったりする作業を続けて記録に残した（図9）。《repetition-Inside》は黄金町の違法風俗店で働いていた女性たちの労働や身体の不自由さを、木材を削る作業に例え、追体験するコンセプトとなった。山本がアーティストとして追及してきた制作スタイルに黄金町の場所性が加わり、今までとは異なる新たな展開ができた。彼女は毎日、黄金町で木材を持って移動しながら、住民とコミュニケーションをとり、その瞬間に感じた自分の感情を手書きの日記や写真で残した。他者との出会いや相互作用までが作品の一部として、まちの記録となった。

もう一人のアーティストは長年に亘って黄金町を記録してきた映像作家である。2013年から黄金町に滞在している吉本直紀である。彼はインディペンデント映画や舞台映像などの作業をしながら、目に映った黄金町の

図9　山本千愛《repetition-Inside》2021年
撮影：水津拓海.

図 10　吉本直紀作《黄金町夕暮れ》
二眼カメラ海鷗 4B1 で 2019 年撮影.
提供：吉本直紀.

図 11　吉本直紀作《チカチカする
ハルの川》映画ポスター
提供：吉本直紀.

人々や風景を撮影してきた（図10）。最初は黄金町エリアマネジメントセンターのスタッフとしてコーディネーターの仕事につき、黄金町との関わりを持った。事務局が管理する「長者町アートプラネット」に住むようになってから、黄金町が制作の拠点となり、黄金町バザールが作品を発表する場となった。今では黄金町でのネットワークが広がり、頼まれる仕事の量が増えている。また、黄金町で過ごした時間が長くなるにつれ、黄金町で出会った人々と地域の色が作品に投影されるようになった。たとえば２０１５年からの黄金町のアーティストと住民の協働プロジェクトがある。阿川大樹の小説『横浜黄金町パフィー通り』をテーマに、演劇の舞台化が進んだ。吉本は劇中の映像制作を担当した。黄金町を舞台とした小説に、黄金町に滞在する多様なジャンルのアーティストが集い、役割を分担して各自の手法で黄金町のアイデンティティを表現した。黄金町バザール２０１９で発表された映画「チカチカするハルの川」（図11）は吉本が監督を務めた作品である。吉本は横浜大空襲と現在のまちの姿を題材に、韓国人留学生を主人公として、記憶と日常の狭間をさまよう不可思議な時空体験を描いた。黄金町をロケ地としており、黄金町の韓国人アーティストであるキム・ガウンをはじめ、まちのアーティストや住民が出演した。このまちでの滞在と出会いによって、アーティストの世界観と作品は影響を受けている。その結果は、様々な形で作品に表現される。吉本はアーティストの特徴によって、まちとの関わりや距離感が異なるという。彼にとって、まちとの関わり方は一つの大きなテーマだった。このまちのために何ができるかを悩んだ時期もあったと振り返る。時間が経つにつれて、黄金町を居場所として映像関連の制作活動を続けることが、この地域への貢献になると考えるようになった。

黄金町には、まちとアーティスト、アーティスト同士の出会いがあり、その出会いの中に新たな創作の可能性が内包されている。まちとして理想的なのはアーティストに制作の拠点と居場所を提供するだけで終わらせないことである。個性的なアーティストが集い、刺激し合う場があれば、そこで斬新な取り組みが生まれる可能性は高い。大事なことはアーティストが自らまちのことを考え、動ける雰囲気が生成されることである。その土台が作られ、アーティストがモチベーションを失うことなく、新たな取り組みを続けていけるか。その中でアーティスト以外にも、まちに興味を持つアクターが増え、そのスパイラルが持続できるか。アートのまちが停滞しないためのカギはそこにある。

5. 黄金町芸術学校の運営 ― アートとつながる学びの場 ―

黄金町芸術学校は2012年に黄金町エリアマネジメントセンターが運営をスタートしたアートの教育プログラムである。最初はアートマネジメントのクラスをメインにしていたが、その後、ワークショップやアーティストによる講座、市民協働プログラムなど、アート関連の講座が拡充された。

2020年に入り、新型コロナウイルスの影響で講座の規模が縮小された。筆者が調査を始めた21年冬には、美術評論家の村田真による「美術の話」、陶芸家さかもとゆりの「陶芸体験」、近あづきの「あみもの講座」が開講されていた。黄金町芸術学校は事務局とアーティストがプログラムを企画し、一般の受講生を募集するシステムである。少額の受講料なため、誰もが手軽にアートに接することができる。講座による収益はアーティストと事務局が分配し、アーティストは経済的な利益が得られる。

ここでは2022年3月に筆者が黄金町芸術学校の講座参加者（9名）の意見を把握した結果をまとめておきたい。10代から60代までの多様な年齢層から意見を聞いた。まず、受講料が非常に安いことについて、参加者の満足度が高かった。新たな知識や非日常の体験を得ることが満足につながっていた。芸術学校の講座で「得たもの」については、「黄金町への理解」「美術の知識（知らなかったことを知った）」「自分の考えやイメージを作品にする楽しさ」が挙げられた。

芸術学校の講座に参加したことによる変化としては、「黄金町や日ノ出町に親近感や愛着を持った」「まちが良いイメージに変わった」「アートに根ざしたまちのイメージはあったが、アーティストのためのアートという印象だった。講座に参加したことで、アートがアーティストのものだけでなく住民にも近い存在となるように取り組まれているまちなのだと感じた」などの声があった。芸術学校がアートをより身近に感じさせる仕掛けとして機能していることがわかる。

ただし、履修者の声の中には、アートや表現方法を学ぶ経験にはなるが、受講者同士のつながりや地域（黄金町・日ノ出町）への深い理解には及ばないという声もあった。ほかにも、履修者から改善のための提案があったため、それらをまとめておきたい。

「気軽に借りることができて、自由に時間を過ごせる工房・スタジオがあると、人が集まるの習工房とか」

ではないか。たとえば、版画・印刷工房、写真・製本工房、デッサン研究工房。演劇ダンス練

「大きなイベント時も、いつどこで何をやっているのかわかりにくい。ウエルカム感がなく、会場に入ってもいいのか迷ってしまう。集客のためには、手法や内容について考える必要がある。現代アートはわかりにくいので、一般人でも楽しめることを盛り込んだイベントにしないと発展がない。身内で盛り上がっている印象を受ける。高架下という珍しい場所が使えるので、それをもっと生かし、リピーターだけでなく新しい人を呼び込める企画を期待したい」

「より多くの人に知ってもらえるとよい。情報発信を積極的にしてほしい」

芸術学校の講座が一般の参加者にとって、アートの世界に触れられ、表現の楽しさを体験できる機会を提供していることは確かである。講座に参加したことで、まちやアーティストへの興味、親近感、期待を抱いたという声があるからだ。講座だけではなく、黄金町界隈のリノベーションと今までの取り組みによって、まちが変化したことを評価する受講生もいた。一方で、講座を含む黄金町エリアマネジメントセンターの取り組みの全般について、積極的な情報発信の必要性を指摘する人が多かった。より多くの人に知ってもらえるよう、情報発信の方法に改善を要望する声が多いことを確認した。芸術学校の講座内容の多様化に関するニーズがあることも把握した。

6．黄金町の課題とこれからの取り組み

本章では横浜市の創造界隈の拠点である黄金町を取り上げ、今に至るまちの歩みを振り返り、黄金

町を分析した既往研究の論点を整理した。また、黄金町エリアマネジメントセンターとまちに関わってきたアーティストたちの事例から、アーティストの滞在の意味とアートとまちの関わりがどのような変化を引き起こせるか考えた。その中で、黄金町における取り組みの成果と課題に関する多面的な視点を得ることを試みた。これからの黄金町において大切なことは、今までの地域づくりの活動をどのような方向に持っていき、暮らしやすく持続可能なまちにしていくかである。また、住民にとって大事な焦点である「地区の活性化」をいかに図るかが問われている。人々の交流が制限されたコロナ禍において、黄金町では行なわれるはずの事業が縮小され、アーティストの動きが見えにくくなってしまった。地域が被った経済的な打撃は大きかった。この状況から再スタートする黄金町のまちづくりは大きな転換点を迎えるだろう。この先の数年後には京急高架下の利用契約が満了を迎える予定だ。まちではすでに新たな動きが始まっている。住民団体は、まちの活性化に向け、まちの入口の空間をリデザインし、広場とする計画に着手した。壁面をアートでシンボル化し、まちの印象をより明るくすることを目的とした取り組みである。黄金町エリアマネジメントセンターもアートだけではない経済的発展の必要性を強く感じているようだ。事務局は今後の取り組みとして、黄金町周辺地域との連携による観光と交流の促進を掲げている。長い間、黄金町の取り組みの中心的な存在であり続けた事務局は今までの役割を見直し、新たなチャレンジが必要な時期に来ていると認識している[33]。今後どのような形で、様々なプレイヤーとコミュニティを戦略的につなぎ、アートとエリアマネジメントという性格の異なる別々の仕事を調和していくのか、情報発信力をどのように担保するのかが黄金町のまちづくりにおける課題である。その役目を担う人材の確保と組織の効率的管理・運営が、事務局が抱える大きな任務であろう。まちを支える人材の育成と輩出、役割の分担がスムーズに行なわれるシステムづくりが必要である。ただし、このまちの望ましい姿は事務局だけが尽力するものではない。

(33) 前掲 (12)『アートとコミュニティ』: p.190.

まちのステークホルダーたちが愛着を持ってまちを支え、関われるかが重要である。アートのまちを維持していくのは人々の輪による力である。たとえば、ボランティア団体の「黄金町バザールサポーター」のような自発的な情報発信、まちの清掃活動を行なう人々の存在である。

「アートとの距離感をどう埋めるか」も追求する意義のある問いである。住民とアーティストの交流の形について、黄金町のまちづくり活動に関わる住民の一人は次のように話す。

「黄金町のアーティストの武器と能力がまちに還元され、住民側はアーティストを全力で応援する。それが出来れば、まちはより発展するでしょう。その仕組みができれば良いと思うんです。また、一過性のイベントだけではなく、継続的なまちのコンテンツとして、アートが成り立つことを望みます」

アートを他人事として考える住民がほとんどであるなら、そこは真の意味での「アートのまち」とは言い難い。宮本結佳は、地域社会は「アートであるから可能なことは何か」を考え、アートを制作する側は「地域社会に表現者として関わることを望むのか」を考える視点がその地域にしかない独自の取り組みが成り立つために大事だと述べる[34]。地域社会はアートについて考え、アーティストは地域のことを考える中で、丁寧な相互作用を続けることの大切さを強調する。さらに宮本は自分たちの地域がアートのまちとして、何を目指すのかを考えることの重要性についても指摘する。アートを通して、住民たちが何を望み、何を実現していくかであろう。

まずは、住民たちの生活の中にアートがあり、鑑賞や表現の喜びを感じる人が増えることが大事ではないか。そこから理解者が増え、サポーターとなっていく。そうした文化がまちに根付くことがアー

(34) 宮本結佳（2018）『アートと地域づくりの社会学』昭和堂：pp.211-212.

トのまちになるために大切であろう。それは「人はだれもが芸術家である」といったヨーゼフ・ボイスの言葉(35)を実践できる場づくりなのであろう。住民が「アートは私のような素人とは関係ないもの」と考えず、自らアートを楽しみ、まちの方向性を考えていく。そのようなまちの姿を目指していく上で黄金町には手つかずの問題が多くある。今までの取り組みを継続していくためには、アートと住民が乖離しないための拠点として「黄金町芸術学校」や「アトリエ日ノ出町」、子どもたちの居場所である「黄金町 BASE」における「アートとの接点」の役割は今後も大事であろう。

(35) 岡林洋(２０１６)『すべての人は芸術家である—見巧者が主役の美学』晃洋書房：p.116.

★考えてみよう

1. 横浜市の創造都市政策における創造界隈形成に関わる取り組みとして、ほかにどのような拠点づくりが進められたか。他事例の情報を調べて、黄金町と比較してみよう。
2. アートをまちづくりに活かしている国内外の事例を調べ、各取り組みの特徴や課題について考え、議論してみよう。

謝辞
本章は、JSPS 科研費 JP22K12624「観光地マネジメントにおけるDMO とエリアマネジメント組織の役割と協働のあり方」の助成を受けたものです。また、映像作家の吉本直紀様より本書 viii 頁に作品「夕刻、桜桟橋」をご提供いただきました。

第6章　下関市におけるゲストハウスの新展開
―クリエイティブツーリズムのポテンシャルを探る―

高橋　克典

米国のベストセラー作家であるトーマス・フリードマンは「経済活動が世界中に広がり、世界はフラットになった」と述べている。[1] ソフトウェア開発やコールセンターなどオフショア・アウトソーシングや製造業の海外移転など、経済機能が国を跨いで地理的に「拡散」することで、我々の仕事が奪われているとフリードマンは主張する。実際にインド南部のＩＴ都市、ベンガルールに現地取材し著した『フラット化する世界』は、グローバリゼーションによる世界の変化を端的に表す名著である。

しかしながらその見方は半面でしかない。米国の社会経済学者リチャード・フロリダは、世界の変化を別の角度から解き明かしている。フロリダは、グローバル化により、イノベーション、デザイン、金融、メディアといった、よりレベルの高い経済活動が比較的少数の地域に集中する傾向にあるという。フリードマンがグローバル化で、経済活動が「拡散」すると主張したが、フロリダは逆に「集積」する事実もあるという。フロリダは「世界はフラットであると同時にスパイキーである」と述べている。[2] すなわち、世界には「メガ地域」というスパイキー（尖った、でこぼこ）な塊があり、世界は20～30のメガ地域でできたスパイキーな世界が重なりあっているというのだ。「メガ地域」とはたとえば東京を中心とした首都圏など経済活動が盛んな地域を指す。フロリダは「メガ地域」に関して言え

（1）トーマス・フリードマン著、伏見威蕃訳（２００６）『フラット化する世界（上）（下）』日本経済新聞社。

（2）リチャード・フロリダ著、井口典夫訳（２０１４）『クリエイティブ資本論』ダイヤモンド社：p.203.

ば、日本はスパイキーな世界の頂点に立っていて、メガ地域上位5つのうち2つを有しているとする。「広域東京圏」の経済規模は世界最大の2・5兆ドル、「大阪―名古屋」の経済活動は世界第5位の1・4兆ドルであり、ロンドンを含むメガ地域「ロン―リード―チェスター」をも上回る。「九州北部」や「広域札幌圏」も世界の主要メガ地域に名を連ねている。このメガ地域に居住する人口は世界の約半分であり、生産の2／3、イノベーションの8割を生み出している。フロリダは、グローバル化で今後最も必要とされる資質はクリエイティビティ（創造性）であり、創造性がどこで生まれ、どこに集積されるかが、競争における優位に必須と考える。そして、創造性を武器に報酬を得る特定の職業の人々を「クリエイティブクラス」と定義した。彼の定義する特定の職業とは、たとえば、コンピューター科学者、エンジニア、ビジネスプロフェッショナルやアナリストで、さらにアーティスト、エンターティナーなど文化創造に携わっている人々も指す。(3) それらは知識労働に従事する人たちであり、「クリエイティブクラス」は同類の人を引きつけ、彼らの集まる都市こそ競争力を獲得していくのだ。フロリダの研究の多くは米国の都市の詳細な比較や分析から「クリエイティブクラス」が都市に果たす役割を解き明かしているが、日本においても同様の現象を観察できるのではないだろうか。

　日本において「クリエイティブクラス」が惹きつけられるクリエイティブエリアとしてのポテンシャルある都市の例として、本州最西端の街、山口県下関《しものせき》市を取り上げたい。下関は長い歴史を持ち、過去には繁栄していたが、この30年間ほどで急速に活力が衰退している。しかし実はこの街にこそ新しい時代を担う「クリエイティブクラス」を集積し、再生産する可能性が秘められていると考える。下関が「九州北部」というメガ地域に隣接しているというのもあるが、ほかにも様々な要素があると考える。本章ではまず下関という街について概観し、次に筆者の体感的な経験を述べたい。その上でゲストハウスに注目したい。そしてこのゲストハウスが下関の「クリエイティブツーリズム」に果た

(3) リチャード・フロリダ「〈産業革命に匹敵する大変化が始まっている〉『クリエイティブクラス』とは何か」ハーバード・ビジネス・レビュー、2007年5月号（ダイヤモンド社）。

している役割と、さらに下関という街が持つクリエイティブエリアとしてのポテンシャルを論じたい。

１．栄華を極めた過去の下関と、活力衰退に悩む今の下関

多くの歴史遺産を有する下関は、古代より交通・海運の要衝として栄えてきた。北前船の寄港地として賑わい、陸上交通は山陽道の起終点となっていた。明治後期から昭和にかけて、大陸・朝鮮半島を結ぶ連絡船や、九州門司《もじ》を結ぶ関門《かんもん》連絡船が行き交う一大国際都市であった。今では想像もつかないが、下関駅は東京駅に次ぐ日本で二番目に大きい駅であり、旧下関駅前通りは西日本随一の繁華街だったという。交通の要衝であり、年間水揚量日本一であった下関に、人が溢れ、経済的な繁栄を極めたであろうことは容易に想像できる。

筆者が所属する下関の梅光学院大学は、元々は長崎の地で１８７２（明治５）年、米国人宣教師夫妻によりその前身がスタートした歴史と伝統のあるミッションスクールだ。１９１４（大正３）年に下関の女学校と合弁し、この地で梅光女学院として誕生した経緯がある。[4] その梅光学院は、ここ下関で多くの人材を輩出し、昔も今もこの地域に貢献している。本学が下関の地を選んだのも、当時の下関が東アジアの玄関口として重要な位置にあったことも大きな要因であろう。

◉ 衰退が進行する下関の今

下関の今の状況はどうだろうか。第二次世界大戦後の人口（２０２０年現在の市域）は、１９５０（昭和25）年に28万人だったのが、１９８０（昭和55）年に32万5千人と、30年間で約4・5万人増加した。しかし同年をピークに減少に転じ、２０１５（平成27）年に26万8千人と、１９４５（昭和20）年の

（４）梅光学院大学「建学の精神・沿革」https://www.baiko.ac.jp/university/outline/idea/

水準まで落ち込み、２０２１（令和３）年には25万人と、ピーク時より7万5千人減少している。前述のように、下関は九州や東アジアへの玄関口として人や物が交流する拠点として栄えていた。しかし、戦後の関門国道トンネルや関門橋、山陽新幹線全線開通により、人や物が下関を通過するようになったのだ。さらに航空交通網の整備による海上輸送拠点としての、また遠洋漁業基地としての優位性の低下、造船不況による基幹産業の停滞などから、都市としての活力が低下した。今の下関は労働人口の減少と少子高齢化の急速な進展に悩まされているのが現実である(5)。

　下関駅から徒歩圏の豊前田通りは、下関一の歓楽街と言われている。しかし、今の豊前田は金曜夜でも人通りが少ない。週末に観光者で賑わう唐戸市場も、道を挟んで一歩奥まった唐戸商店街では

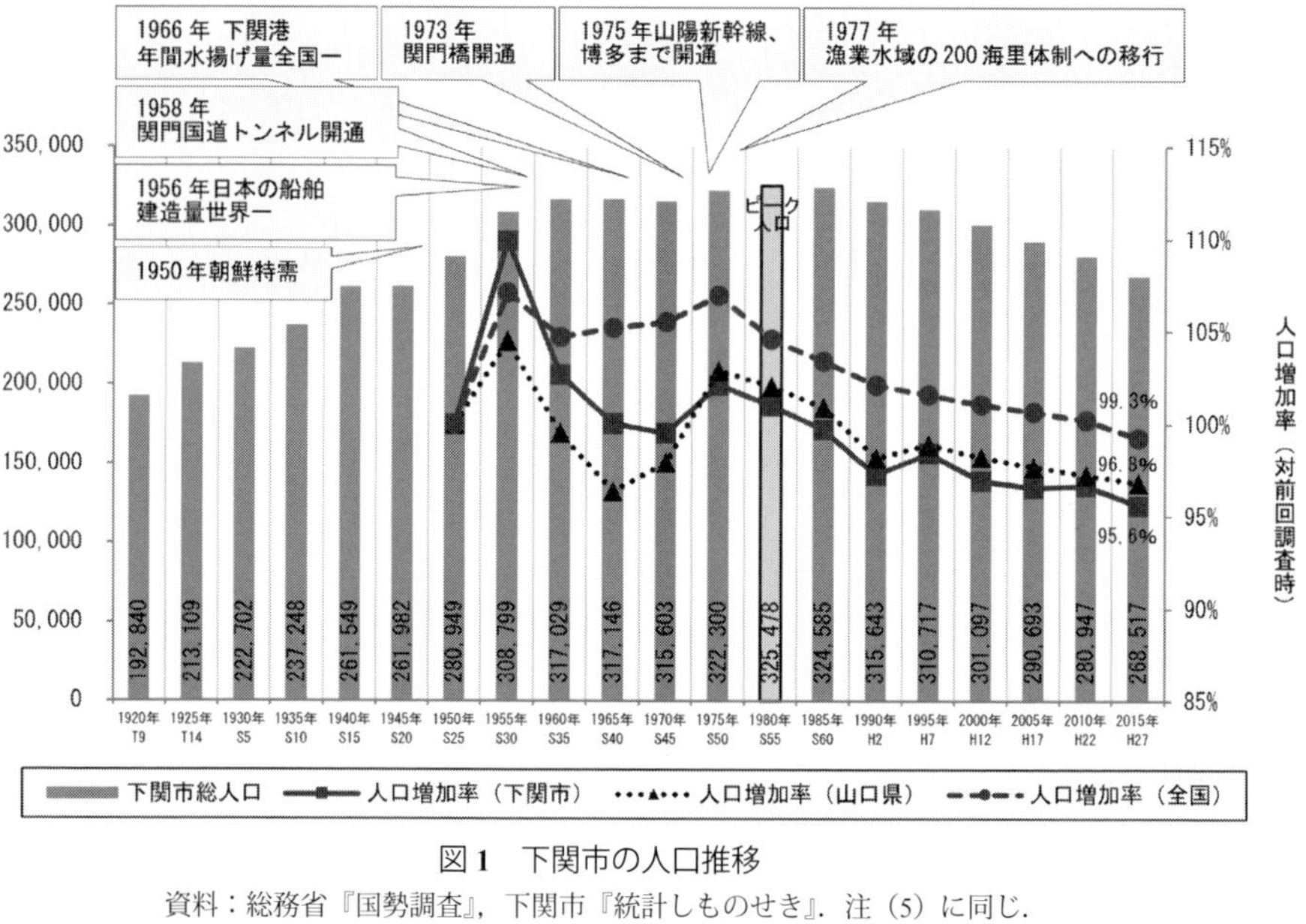

図１　下関市の人口推移

資料：総務省『国勢調査』，下関市『統計しものせき』．注（5）に同じ．

(5)下関市人口ビジョン(令和元年度改訂版)２０２０年３月。

多くの店のシャッターが下り、実に寂しい。筆者は最近の下関しか知らないが、以前は豊前田も唐戸商店街も人が溢れ、活気があったそうだ。2021年夏、人気アニメ「幽遊白書」の実写ドラマ化の撮影が下関で行なわれた。下関駅近くの寂れたシャッター商店街に、大がかりなセットを組んでの撮影だった。昭和の商店街を忠実に再現し、多くの出演者や見学する若者でごった返す現場を見た知人は、「自分が子どもの頃の下関はまさにこうだった」と昔を懐かしんでいたのが印象的だった。

2. 筆者と下関の関わり ── 自ら実感した下関の良さ ──

なぜ筆者が下関を「クリエイティブクラス」を惹きつけるポテンシャルがある都市と考えるのか、その背景を知っていただくために筆者と下関との関わりや体験を書きたいと思う。

筆者は東京をベースに、自営でビジネスコンサルタントとして活動を行なっている。顧客は東京が中心で、海外顧客とのプロジェクトも行なっている。縁あって2018年から週に3日、実務家教員として下関の梅光学院大学で国際ビジネスを教えている。下関には学生時代、フェリーで釜山に渡航するのに一度下車しただけだ。愛知出身の自分が、まさか下関で仕事を持つなんて想像すらしていなかった。当初は自宅のある千葉と下関を毎週往復する生活であった。学期期間中、火曜の深夜に下関のホテルに入り、水木金と大学で講義や教授会など学内の会議に出席、金曜深夜に千葉の自宅に戻るというスケジュールだ。下関ではホテルと大学を往復し、ホテルでは翌日の授業の準備や、ビジネスでの顧客対応などを行ない、実に慌ただしい滞在であった。しかし、大学への通勤途中、バスから眺める関門海峡にホッと心癒され、いつかゆっくりと街を楽しみたいと思っていた。しかし仕事が終わればそのまま自宅に帰らなくてはならないので残念だった。

◉ コロナ禍で東京と下関のデュアルライフが始まる

自宅のある千葉と下関を毎週往復する生活は、２０２０年のコロナ禍をきっかけに一変した。定期的な長距離移動にリスクを感じたため、下関に部屋を借り、移動の頻度をかなり少なくしたのだ。顧客との会議はオンラインに変わったが、結局、下関にいても筆者のビジネスは継続できることがわかった。

毎週の長距離移動が減ったメリットは大きかった。下関で過ごす時間が長くなることで、私生活での充実感が高まったと感じた。関門海峡の近くに部屋を借りた筆者は、朝の散歩が日課となった。早朝の新鮮な空気を吸い、海峡の先から昇る朝日を眺める気分は何ものにも代えがたい幸福感を感じた（図２）。地元スーパーでの買い物も素晴らしい体験だ。九州出身の友人が、よく東京のスーパーは魚の種類が少ないと嘆いていたが、その意味がわかった。ここではとにかく魚の種類が多く、新鮮なのだ。

sake bar 北市屋という角打ち（図３）では、東京では考えられない価格で山口の地酒と肴が楽しめる。オーナーは海外経験もある知識人だが、家業の酒屋を継ぐために下関に戻られ、地元の日本酒の

図 **2**　早朝の関門海峡の風景

筆者撮影（以下，特に記載ない場合は筆者撮影）.

図 **3**　**Sake bar** 北市屋の店内の様子

素晴らしさを発信したいと角打ちをされている。そこで経営者、研究者、ミュージシャンなどと出会い、地元のクリエイティブクラスな友人が増えてきた。彼らの紹介で、さらに新しい交友が広がった。仕事で往復するだけの生活では決して得られない貴重なローカル体験だ。

◉ 下関にいることで創造性が刺激されるのを体感する

下関に滞在する時間が多くなり、あるとき自分の仕事の成果が上がっているのではと気が付いた。たとえばビジネスの成果物や専門分野の研究活動などのクオリティが上がっているのではと感じるのだ。長距離移動による思考の中断や、疲労が軽減したことも要因であろう。実際、金曜に授業を終え、その足で帰っても自宅に着くのは深夜だった。正直、翌日もなんとなく疲れが取れなかった。それ以上に、この街にいることでクリエイティビティが刺激されていると感じたのだ。

筆者は、ここ下関には創造性を高める要素があるのではないかと仮説を持つようになり、その意識で下関を観察するようになった。その検証の意味でも、本章では下関にあるウズハウスというゲストハウスを主に注目し、同施設が下関で果たしている役割を考えたいと思う。

3. クリエイティブツーリズムを刺激するゲストハウス「Uzuhouse（ウズハウス）」

『Uzuhouse（ウズハウス）』（以下ウズハウス：図４）は、２０１６年下関市阿弥陀寺町に開業したゲストハウス・カフェ＆バー・イベントスペース・シェアオフィスの４つの機能が融合した施設である。平家ゆかりの赤間神宮の前、関門海峡を目前に臨むロケーションに位置する。同建物はその開業より43年前に割烹旅館として建てられた。直近の10年間は使われることなく、老朽化し廃墟となっていたが、フルリノベーションすることでウズハウスは誕生した。費用の一部はクラウドファンディングで調達したそうだ。

ウズハウスは複合的な施設である。ゲストハウスは、相部屋のドミトリータイプから、デラックスな個室まで様々なタイプがあり、若者や学生でもリーズナブルに滞在でき、また家族連れも滞在できる。ほかにカフェ＆バーやイベントスペースがあるが、特筆すべきはシェアオフィスであろう。4階のシェアオフィスは会社登記が可能で、さらにドロップイン（一時利用）できるフリーデスクがある。契約していない方でもふらっと立ち寄り、海峡を行き交う船舶を見ながら仕事をすることができるのだ。このような職場環境はほかでは得難いのではないだろうか。

図4　ウズハウス外観

◉ 〝人〟との接点を増やすことを目的にゲストハウスを設立

「ウズハウス」という名称には、関門海峡の大きな渦のように渦巻き、交差する場所になるように、という意味が込めている。ウズハウス運営会社のプレスリリースに設立した背景が書かれている。以下に引用したい[(6)]。

図5　ウズハウス屋上からの風景

（6）株式会社トルビのプレスリリース「山口県下関市に複合型ゲストハウス『uzuhouse』が正式オープン！ 赤間神宮と関門海峡に挟まれた最高のロケーションに新たな地域交流の拠点が誕生しました。」（2016.11.3）

ほかの地方と同じく人口減少や高齢化が進む山口県下関市ですが、食・観光地・自然・歴史・人など地域資源が多く魅力に溢れているにもかかわらず、訪れたことのある人は多くありません。そこで実際に訪れて泊まってもらい、それらの魅力に直接触れることで下関のファンを増やすことを目的としてウズハウスはつくられました。ただのゲストハウスではなく複合型とした理由としては、地域の住民が普段利用するカフェ＆バー・イベントスペース・シェアオフィスのある建物にゲストハウスを組み込むことで、下関の最大の魅力のひとつである〝人〟との接点を増やすことが挙げられます。下関に訪れた人がファンとなり、ＳＮＳなどによる情報の拡散によって新たなファンをつくるといった幸せな連鎖が生まれることを企んでいます。またその情報が移住希望者に伝わり、少しでもたくさんの人が下関市に移住をしてくれることを望んでいます。

このプレスリリースでわかるのは、ウズハウスが「下関のファンを増やし、その結果下関への移住者を増やすこと」を設立の目的にしているということだ。そのためデザインの思想は、単に観光地に宿泊施設を作るというよりは、「人々との接点ができる施設をつくり、そこに宿泊施設を組み込む」という発想である。この設立背景やデザイン思想にこそ、「クリエイティブクラス」をその土地に魅了させるヒントが隠されていると考える。

◉ 郷里への想いからスタートしたゲストハウスプロジェクト

ウズハウスがなぜ下関の地に設立されたのか、そこにはウズハウス代表、沖野充和氏（図6）の東京での体験に原点がある。１９７５年生まれの沖野氏は、高校まで下関で過ごし、東京の大学に進学する。東京で沖野氏は、下関や山口のことがあまりに知られていないのに驚いた。あるとき、大学の仲間と入った居酒屋で、冷凍の刺身が出てきたことがあった。そのとき、普通に新鮮な刺身が食べられる下関での生活が、東京では必ずしも普通ではないことを知った。大学では建築を学び、後に独立、TVのリフォーム番組に出演するなど、建築家として東京で活躍するようになった。しかし、彼は人口が減り活気を失いつつある郷里に何か貢献できないかと常に考えていた。東京で出会った下関出身の経営者仲間も同様のことを考えていることがわかり、そんな仲間たちと下関でのゲストハウスプロジェクトを立ち上げることにした。なぜゲストハウスなのか言うと、以前大阪の古い銭湯をリフォームしゲストハウスを併設する仕事をしたことがあり、そのときのコンセプトが人と出会いつながる場所だった。それ以来、人が出会う場としてのゲストハウスが、下関の活性化に必要ではないかと考えるようになったとのことだ(7)。

実際ウズハウスでは、日頃から何らかのイベントや試みをしており、県外、地元に限らず様々な人が出会う場となっている。その結果、下関という土地と、ウズハウスという人が交わる「場」が化学反応し、そのアウトプットとして新しいプロジェクトが始まったり、下関に移住する人が出てきたりと、新しい「渦」が生まれているのだ。

ウズハウスの主要な発起人でもある有吉勝昭氏(図7)も、郷里への想いからその設立に関わった一人だ。有吉氏は1969年に下関に生まれ、高校卒業まで下関で育った。小学校では下関の輝かしい歴史を学び、地元を誇りに思う気持ちになったそうだ。大学から県外に進学し、今は東京で会社を経営し、実業家として活躍している。仕事があまりにも多忙で、何年も下関に帰る機会がない時期があった。その頃はとくに強く故郷への想いが募ったという。東京での事業が順調になるに従い、衰退

図6　ウズハウス代表・沖野充和氏

(7) 沖野充和氏へのインタビューから(2021.7, 2022.1 実施)。

しつつある故郷をなんとかしたいと思うようになってきた。その後、東京の山口出身者の会で一緒に活動していた沖野氏のゲストハウス計画に共感し、発起人の一人となった。「まずは下関を好きになってほしい、そして何度でも来てほしい。最後は移住をしてほしい」と、有吉氏は郷里への切なる願いを語った(8)。

ウズハウスの研究をするにあたり、筆者は、代表の沖野氏とは下関のウズハウスで、有吉氏とは東京の事務所でお話を伺った。二人に共通していたのは、遠く離れた東京にいたからこそ抱いた下関への望郷と、自分を育ててくれた故郷へ何か貢献したいという強い想いだ。

図7 ウズハウス発起人の一人・有吉勝昭氏

ところで筆者は愛知県の出身である。仕事や留学で海外にいた時期もあるが、基本大学から関東で暮らしている。筆者も愛知への望郷の想いはあるが、正直、沖野氏や有吉氏のそれとは異なっていると思う。東京から愛知へは、下関に比べたら費用も時間の面も、比較的気楽に帰ることができる。また愛知には名古屋という大都市や、日本有数の自動車産業があり、決して衰退しているとは感じられない。それに対し、沖野氏も有吉氏も幼少の頃の活気のある下関や、過去の歴史を知っている分、活力を失いつつある下関を、遠く東京から見るのは何とも歯がゆく思ったはずだ。人々の下関に対する理解度の低さもそうであろう。正直東京で下関というとふぐ、といったステレオタイプ的なことしか知らない人が多いのだ。

(8) 有吉勝昭氏へのインタビューから(2022.1 実施)。

◉ 下関に移住し、ウズハウスのシェアオフィスを拠点に仕事する起業家の事例

実際に仕事の拠点を移し、下関に移住した方のケースを取り上げたい。川嶋 光太郎氏(図8)は、２０１９年に下関に移住され、ウズハウスのシェアオフィスを拠点に、ホームページなどの制作を自

営でされている。川嶋氏は出身地でもある神奈川県で仕事をされていた。仕事柄どうしても煮詰まるので、定期的に日本各地の名所を訪れリフレッシュしていたそうだ。２０１７年、初めて下関を訪れ関門海峡を見たとき、ここに住みたいと強烈に思ったそうだ。そこで、まずは下関で仕事ができるか確かめようと翌年下関のマンスリーマンションで一か月の生活体験をした。昼間はウズハウスのシェアオフィスに通いドロップインで仕事をしたそうだ。その結果、下関にいても業務にはとくに支障がなかったとのことだ。近所にはスーパー、コンビニ、ファミレスなどが普通にあり、とくに生活に困ることもなかった。この体験を経て、翌２０１９年に神奈川から移住したのだ。

　移住し借りたのは海峡が見える部屋だ。仕事場のあるウズハウスの自分のデスクからも海峡が間近に臨める（図９）。仕事に煮詰まったら近くの公園からぼーっと関門海峡を眺めるだけでリフレッシュできる。よって以前のように旅に出る必要がなくなった。手軽に新鮮な魚介が入手できるので、食生活も満足している。当初は時々東京での打ち合わせが必要かとも考えていたが、その必要もなかったと、川嶋氏は満足そうに語られた。[9]

図**8**　川嶋光太郎氏

図**9**　川嶋氏の仕事場

4．都市と海峡が一体化するアーバンリゾート、下関

下関は都市として必要な機能がコンパクトに整い、街と関門海峡が一体化した、全国でも類まれなるアーバンリゾートと言っても過言ではない。図10に示す関門海峡地区の地図をみていただきたい。海峡を挟んで左側が下関の市街地だ。地図の下部にある下関駅から、真ん中位に位置する唐戸市場まで海峡を間近に見ながら徒歩で30分程度だ。その間、デパート、スーパー、カフェ、ファミレス、居

（9）川嶋光太郎氏へのインタビューから（2021.7, 2022.1 実施）。

酒屋、バー、オフィス、マンションなど、都市での生活や仕事に必要なインフラが揃っている。さらに歴史建造物も市街地の至るところに存在する。関門海峡を望む、海峡ゆめタワーの地上１４３ｍの展望台から見渡す景色はまさに絶景だ。下関の街や関門海峡だけでなく、瀬戸内海や日本海、そして九州や遠くの島々まで見渡せる。

筆者は下関に赴任し、最初に海峡ゆめタワーに昇った時の感動を今でも忘れることができない。これだけ自然と都市が一体化しているところはなかなかほかにはないだろうと個人的に思っている。

図10　関門海峡・浪漫マップ
関門海峡 Navi https://kanmon.gr.jp/

◉ 実際に滞在してわかる下関の良さ

筆者の個人的な体験から、下関はいるだけで実に居心地が良く、また創造性が刺激される不思議な魅力があると感じている。この良さは、実際にこの地を訪れ滞在しないとわからない。

実は最近、筆者以外の人も同様のことを感じるのではないかと思うような体験をした。先だって筆者の企業経営者仲間８名が東京から下関を訪れ、地元企業や酒蔵、観光地などを周り、夜は地元の経営者たちと交流し懇親を深めた。興味深いことにこのうちの２名が下関に拠点を持ちたいと言われたのだ。彼らが経営する会社は、一社は米国などにも拠点を持つＩＴベンチャー、もう一社は有名企業にクライアントを持つ戦略コンサルティングファームだ。どちらも創造性が鍵となる業種である。彼らからは事前に拠点をつくりたいと聞いていなかったので正直驚いた。今やリモートで、どこでも仕事ができるということもあるであろう。しかし今回、彼らは自然とインフラが同時に整う下関の良さを直接肌で感じ、地元のベンチャー経営者と交流したことで、ここで仕事をするイメージが沸いたというのが大きな理由ではないだろうか。言い換えれば、アーバンリゾート都市としての魅力に、人との交わりという要素が掛け合わさった結果とも言える。

今後彼らのような「クリエイティブクラス」の経営者が下関で活動することで、近い将来新たな雇用が創出されるであろう。そして更なる「クリエイティブクラス」がこの地域に集積するのだ。当然のこととして、その周辺には飲食など各種サービスが生まれるはずだ。結果として都市としての優位性が向上することにつながらないだろうか。まさに正のスパイラルだ。前出したウズハウス設立の背景である「〝人〟との接点を増やすことで下関のファンを増やし、その結果下関への移住者を増やす」という思想にも相通じるのではないだろうか。

5．下関におけるゲストハウスのニューウエーブ「Bridge（ブリッジ）」

２０１７年に開設したウズハウスは、旅行者に下関の良さを体感してもらうといった機能を果たしてきたが、２０２２年4月にも「Bridge（ブリッジ）」という新たなゲストハウス兼シェアハウスが誕生した（図11）。場所は下関市竹崎町、下関駅からは徒歩３分という至近距離である。元々は旅館だった古い2階建ての建物をクラウドファンディングで集めた資金を活用し、仲間たちがＤＩＹで内装などをリノベーションした施設だ。高台に立つ一軒家のようなこの建物には、小さな部屋が30室と、人々が集まれる大きなラウンジがある。2階の個室やドミトリーには短期宿泊だけでなく住むこともできる。特筆すべきは1階のチャレンジルームであろう。チャレンジルームとは自分を表現したい方や実験的に出店したい方が、アトリエ・工房・雑貨屋・マッサージ・ワークショップなどとして利用できる個室スペースのことだ。まずはここで小さく始め、軌道に乗った後、近隣の物件に出店することができるので、初期費用など起業のハードルが低くなるという利点がある。

Bridgeの誕生は、オーナーである木村智史《さとし》氏と下関市役所に勤務する松本勇弥《ゆうや》氏が２０１９年に出会い、意気投合したことにその端を発する(10)。木村氏は普段は沖縄を拠点として活動する起業家である。２０１６年の熊本地震の災害支援活動で出会った方とのご縁で下関の同物件を譲り受ける。しかし木村氏には下関にとくに知り合いがなく、譲り受けた物件をどのように活用しようか思案していたそうだ。そんな時、共通の友人を通じて出会ったのが松本氏だ。二人は意気投合し、Bridgeのアイデアが生まれた。沖縄から下関に通っていた木村氏は、下関の景色と美味しい食に満足していたものの、土地の人と出逢う機会がないことに不満を感じていた。自分のように外から来た人が気楽に泊まれ、地元の方とリアルで繋がれる場所があればと考えていた。一方、松本氏は行政の立場から10年先の下関の街づくりを考える仕事をしているが、プライベートでも建築家などの仲間と一緒に、地元の下関市彦島を活性化する活動を行なっていた。そんな松本氏は下関の将来のためにも、リノベーションまちづくりが必要だと提唱していた。リノベーションまちづくりとは、疲弊した地域再生のために「現

図11　**Bridge**オープニングパーティの様子
Bridge下関シェアハウス&ゲストハウスFacebookページから.

（10）木村智史氏、松本勇弥氏へのインタビューから（2022.4実施）。

代版家守」の手法を用いて、遊休不動産をリノベーションし、都市型産業の集積を行うまちづくりの手法である[11]。家守とは、江戸時代、地主・家主に代わってその土地・家屋を管理し、地代・店賃を取り立て、また、自身は番所に詰めて公用・町用を勤めた者のことだ。ここでいう「現代版家守」とは、遊休不動産をオーナーから借り受け、企画やリノベーションを行ない、それをビジネスオーナーに転貸する立場を指す。リノベーションするのは建物だけでなく、民間や公共が所有している空き地などの革新的な活用も含まれる。すなわち今あるものを活かし、新しい使い方をして、まちをかえることを目的としているのだ。行政は支援するものの、プロジェクトを興し主導するのはあくまで民間という「民間主導の公民連携」という考え方である。

観光などで外から来た人が気楽に泊れて、地元の人と繋がれる場があればと考えていた木村氏と、リノベーションまちづくりで下関を再生したいと考えていた松本氏との思惑が一致した。さらにその想いに賛同した地元の仲間が集結し、このBridgeが誕生したのだ。オープンしたてとはいえ、すでにいくつかのスモールビジネスがチャレンジルームで活動している。2階には住人がいて、旅行者も宿泊している。週末にはBBQなどイベントが開催され、人々の交流がリアルになされているのだ。このBridgeという名称には、本州と九州を繋ぐ関門橋のように、ヒトとヒトを繋ぐ橋渡しをする家という意味がある[12]。その名の通り、ここ下関の地でBridgeが繋ぐこれからの展開が楽しみである。

6．下関はクリエイティブエリアを目指すべき！

下関が、自らが持つ資源を有効活用し「クリエイティブクラス」にとって魅力ある地域、すなわちクリエイティブエリアとしてセルフデザインすることは、都市の活力低下という課題を克服するのみ

(11) 松本勇弥（2020）「竹崎三丁目エリア　リノベーションによるまちづくり資料」。

(12) クラウドファンディング告知「下関駅前に『暮らす人』『訪れる人』が繋がる家をつくりたい」https://camp-fire.jp/projects/view/546046

ならず、今後の発展への起爆剤となる可能性があると言える。なぜなら、前出のリチャード・フロリダは、長年の実証研究の結果、グローバライゼーションが進化する中で、「クリエイティブクラス」すなわち知識労働に従事する人たちは同類の人を引きつけ、彼らの集まる都市こそ競争力を獲得していくと結論付けているからだ。

下関がクリエイティブエリアとしてのポジショニングを確立するためには、そのためのプロセスとして、下関のクリエイティブツーリズムとしての価値をどう高めるかが課題となるであろう。ターゲットとなる層に、まずは下関に来てみようという気持ちを持ってもらう必要があるのだ。そして、ここでの滞在体験から、下関は居心地がよく、創造性を刺激する場所であることを知ってもらうことが大切だ。そのためにも、筆者は「サードエリアとしての下関」というコンセプトを提唱したいと思う。

◉ クリエイティブクラスにおけるサードエリアとは

そもそもサードエリアとはなんであろうか。サードエリアとは、本書の編著者でもある友原嘉彦氏による造語である。これは米国の社会学者、レイ・オルデンバーグのサードプレイス論に影響を受けた考え方だ。サードプレイスとは、家（ファーストプレイス）でも、職場（セカンドプレイス）でもない、居心地の良い第3の場所（サードプレイス）のことである。たとえばカフェや居酒屋などを指し、その場所の存在やその場所での人との交流が人生にとって大切という考え方だ。サードエリアの考え方も同様だ。自宅のあるエリア（地域）をファーストエリア、職場のあるエリア（地域）をセカンドエリアとしたとき、よく行くエリアがサードエリア（第3の地域）という考え方である[13]。

リモートワークが一般化し、ワーケーションという言葉も今では珍しくない。普段生活や仕事をするエリアとは別の居心地よいエリアに滞在することで、仕事を含めた生活を楽しむライフスタイルが

（13）友原嘉彦（2021）「さくらももこのサードエリア」、友原嘉彦編著『ちびまる子ちゃんの社会学』古今書院：p.192-210.

今後ますます注目されるであろう。単に観光や余暇目的の滞在ではなく「仕事を含めた生活」であれば、その対象はある程度限定され、結果として「クリエイティブクラス」とされる層が中心となるだろう。そこでは、景観や食生活などの快適さと同時に、「仕事がしやすい」「仕事の成果につながる」環境も重要である。それらは快適なネット環境やデスクなどだけを指すだけでなく、その地域にいることで、創造性が高まる、刺激されるという意味も含まれる。たとえば普段毎朝慌ただしくオフィスへ通勤する人が、サードエリアでの滞在では、朝日を浴びながら散歩を楽しみ、ゆっくりと朝食をとる時間が持てるかもしれない。そのことで気持ちにゆとりができて「仕事の成果につながる」かもしれない。あるいは、地元の居酒屋で出会い、親しく語った方から刺激を受けることで、自らのアウトプットにつながることもあるだろう。

◉サードエリアとしての下関

筆者にとっての下関は、物理的な仕事場（大学）があるので、厳密な定義からいえばサードエリアではないのかもしれない。しかし、自宅とビジネスがある関東から下関に毎週通うたびにその魅力にはまり、結果として今は関東と下関のデュアルライフを楽しんでいる。その意味で筆者にとって下関は、サードエリア的な存在であるといえよう。神奈川から移住し、ウズハウスに仕事場を持つ川嶋氏も、最初は観光目的で来たかもしれない。その時関門海峡を見てここに住みたいと強く思い、自分にとって居心地の良いサードエリアなのかを一カ月間の体験滞在で実際に確かめ、移住されたのだ。

最初からそこをサードエリアと定めて来る人はまずいない。最初は、観光なり仕事なり、何らかの理由でそのエリアに来て、そこでの居心地の良さなどに魅了され、何度も訪れ、滞在することでサードエリアとなるのだろう。よって、ターゲットとなる人々が一度訪れたいと思わせるような、そして一度来たなら何度でも来て、さらにそこで生活したくなるような、そんな都市づくりや仕組みづくり、あるいは発信といった、クリエイティブツーリズムの価値を高める試みが必要であろう。その意味では、実はこれらプロセスを小さいながらも実践しているのがウズハウスであり、これからのBridgeではないだろうか。滞在者はウズハウスやBridgeでの、あるいは下関での滞在体験を通して、下関が自分にとってのサードエリアと感じるようになるのだ。実際、ウズハウスの利用者には、毎年必ず下関を訪れ滞在する方がおられるそうだ。

一つ事例を挙げよう。先日下関に東京から訪問した筆者の経営者仲間の中に、東京大学に在学中の学生起業家がいた。彼のビジネスは社会性があり、今後伸びていく可能性が期待されている。後で知ったのだが、彼は以前高校の同窓生と下関を訪れ、ウズハウスでの滞在経験があったそうだ。そのときの下関体験の印象が良かったこともあり、改めて今回再訪したそうだ。彼は今後も下関を再訪し、もしかしたらビジネスや生活の拠点として下関を選ぶかもしれない。

◉4Pから4Cの発想の転換

クリエイティブエリアとしての下関を「サードエリア」と認識する人を増やすためには、前述のようにクリエイティブツーリズムの価値をどう高めるかが課題となる。まずは人々に下関に来てもらい、このエリアにいることが居心地よく、創造性を刺激するということを知ってもらうことが大切だ。

下関市が2022年3月に策定した「下関海峡エリアビジョン」は海峡エリアの目指すべき将来像やまちづくりの方向性を示すものだ。労力と時間をかけて策定した素晴らしい内容である。ただ「クリエイティブツーリズム」の価値を上げるという点に絞れば、どのようなターゲットの人に来ていただきたいか明確にするとより良いであろう。マーケティングの世界の考え方でマーケティングミックスがある。伝統的には、製品やサービスの視点から4P[14]、すなわちProduct, Price, Place, Promotionという4つの要素でマーケティングを分析する。しかし、製品やサービスに、以前では考えられないような多様な選択肢のある現代社会では、顧客視点でのCustomer Value, Cost, Convenience, Communicationといった4C[15]の視点からの分析が有効である。「クリエイティブツーリズム」の価値を高めるには、ターゲット層を設定し、そのターゲットの下関での価値体験を4Pというよりは顧客視点の4Cから考える。このことで見えてくる都市デザインの方向性があるのではないだろうか。ターゲットとなる人々が心地良いと感じ、下関をサードエリアとして捉えることで、ここを拠点として仕事する気持ちが生じる。その先に二重拠点化や移住があるのだ。実際には彼らが経済基盤を確保するためのクリエイティブな企業の誘致も必要となってくるであろう。また彼らが新しい知識をアップデートし、地元でのクリエイティブクラス同士の新しい出会いや交流を推進するという意味では、高等教育機関での柔軟なリカレント教育の充実も必要であろう。そこでは、国内外で最先端の仕事などをしている外部講師との対面、もしくはオンラインでのインタラクションが期待できる。そのような価値を提供することで、このエリアに滞在する価値が高まるのだ。このようにクリエイティブエリアとしての下関が活性化してくることで、この地域の新卒も刺激的な仕事や生活を求め地元に留まり、さらに他地域からの人材の流入も期待される。

(14)米国のマーケティング学者エドモンド・マッカーシーが1960年に発表した分析の枠組み。

(15)米国の経済学者ロバート・ラウターボーンにより1993年に定義された。

7．最後に

筆者にとって下関にいる時間というのは、仕事もプライベートも含め、実に居心地の良い体験である。海峡を眺めながら過ごす時間は何事にも代えがたい。Sake bar 北市屋には早い時間に行くことが多い。まだお客さんがいない中、日本酒をちびちびと飲みながら書を読みオーナーと語る。そんな緩やかな下関での時間が好きだ。そのうちに馴染みの客が来て彼らとの会話が始まる。

筆者のビジネスはリモート対応ができるとはいえ、時折は東京のクライアントと直接のコミュニケーションや、ビジネスでの新しい出会いが必要だ。そこでのインプットは大学での国際ビジネスの教育や自身の研究活動にも還元できる。このように今の筆者には二重生活にメリットがあるので、しばらくは関東と下関との二重生活をしていこうと考えている（もし条件さえ整えば、本格的に下関に移住するのもいいかなとも考えている）。自分にとっては、たまたま仕事先が下関であったのが幸いした。しかしフロリダは住む場所は自分で選べると提唱している。当然自分の人生なのだからそのようにあるべきだ。自分にとって居心地のよい場所を自ら選択し、そこで生活し仕事をすることは、只今を充実して生きることにほかならない。実際のところ、仕事の内容にはよるものの、今という時代はそのことが可能な時代なのだ。神奈川から下関に移住した川嶋氏のように、日本や海外の気になる場所を巡ってみて、気に入ったらそこをあなたのサードエリアとして何度も通っても良いのではないだろうか。その際には下関も選択肢の一つとして検討されることをお勧めしたい。

★考えてみよう

1．あなたが今と違う場所を拠点にして、滞在や仕事ができるとしたら、どの場所を選ぶだろうか。また、その理由は何故だろうか。国内外にかかわらず自由な発想で考えてみよう。

第7章　地域活動と岸和田だんじり祭りからの実証

奥　正孝

1．岸和田市の地域文化

◉ 地域文化の概念

文化人類学者の端信行は『文化政策入門――文化の風が社会を変える』[1]に収録した論考で、文化の類型について、「文化の意味する内容が、限定的に狭く、芸術や学術、歴史性に富んだものとして使う例と、極めて広く地域人々の集団が共有する生活スタイルや暮らし方、物の考え方などを意味する例があることがわかる。後者の広い意味で言うならば、たとえばそれらの一部分を取り出して表現する傾向が近年ではみられる」と述べている。その上で、

①狭く限定された意味を持つ例として、文化の日、文化勲章、文化遺産、文化祭など

②広く地域や集団のスタイルを意味する例として、アジア文化、イギリス（人の）文化、地域・都市文化、若者文化、会社文化（社風）、学校文化（校風）、家庭文化（家風）など

③地域や集団のスタイルの一部分を意味する例として、食文化、衣服文化、音楽文化、住文化、政治文化など

(1)端信行(2001)『文化政策入門　文化の風が社会を変える』丸善。

と3つに分けた。これらの類型には大きな共通点がある。文化という言葉には何らかの価値や評価の考え方が入っている。文化を一般的に定義すると価値観の集まり（体系）である。現実の暮らしや社会をみると、あらゆるものが何らかの価値的背景を持って存在しているので、我々を取り巻くあらゆる存在が文化だということである。その中で芸術とか若者とか食とかが取り上げられるというのは、価値的背景の違いによっている。つまり文化を価値観の集まりと考えれば、世の中のすべてが文化であるということができる。

◉ 岸和田市の地域文化

この分け方でいくと岸和田《きしわだ》だんじり祭りは、①の「文化祭」としてとらえられると考えられる。岸和田だんじり祭りは、多様な価値観が集まった祭りだからである。岸和田だんじり祭りという名のもとに実施されているが、実はそこには町内ごとの多様な価値観が表現されているのである。たとえば下野町のだんじり祭りの前日には近くの浜で午前零時に一番潮の海水を汲み、だんじりに潮かけをしてお払いをする。紙屋町の場合、だんじり祭りの前日、だんじりの前方に護摩を焚くための木組みを組む。そして護摩を焚き、山伏数人がご祈祷を始めて、お払いをする。

このように隣りあった町でさえ、だんじり祭りの実施方法（ということは価値観も）が異なる。したがって、岸和田だんじり祭りは各町の価値観が終結し、発表する「岸和田の文化祭」だと言えるのである。

岸和田では、「岸和田文化」「だんじり文化」という言い方をする場合がある。この場合は②の地域・都市文化に相当すると考えられる。教育学者の佐藤一子は『文化協同の時代――文化的享受の復権』(2)の中で、共同性、人情、人とのつながりなどの生活条件の面でも、古さと新しさが調和した活気のあ

(2) 佐藤一子（1990）『文化協同の時代 文化的享受の復権』（第二刷）青木書店。

る町・岸和田を次のように述べている。

町会ごとに祭り運営の自治組織がつくられており、主として江戸時代末期から明治初期に建設された32台（山手の地域も含めると70余台）のだんじりが今日まで町衆の手によって維持されている。江戸時代以降泉州地方の中心としてさかえてきたこの町は、大阪大都市圏域に包摂されているとはいえ、南部の開発が相対的におくれた事情も重なって高度成長期にも地域の伝統を保持しながら推移するという条件のもとにおかれた。結果として、まちづくりの面からみると一般的な大都市近郊のベッドタウンとはかなり異なる特色を備えている。

これを踏まえ、筆者が「自立する町」という観点から岸和田の特性を挙げると次のようになる。

A．岸和田で働く人々のうち73％が市内に在住する職住一体の町であり、繊維産業をはじめ、農業、漁業などの地場産業が活力を持っていること。

B．地域的な団結心があり、伝統的な各町民の共同性が維持されていて、新しい型の市民運動も活発である。

C．岸和田市の原昇・元市長が１９７７年に「地区市民協議会」[3]を立ち上げ、それから20年間で、「市民自治のまちづくり」と「市民参加のまちづくり」を全市24小学校区に創設にされたおかげで自立する町となった。

D．自然が残されていて、歴史的景観が保存されている都市である。

E．岸和田だんじり祭りが行なわれ、多様な文化活動が活発に展開している文化性の高い町である。

（3）１９９０年に各小学校校区別に発足し、地区内の諸問題について自主的に話し合い、関係機関との連絡調整をはかりながら共同活動を推進し、住みよい地区と岸和田市のまちづくりを進めることを目的とする。そして五つの部会に分かれていて環境部会、青少年部会、広報文化・体育部会、部会、人権・啓発部会などがある。

岸和田には自然・文化的環境があり、地場産業がある。２０００年頃だんじり産業として、だんじり祭りに関係したグッズ販売やだんじりの足まわり、ミニだんじりやだんじり関連商品を販売する業者が増え利益をあげて成功している。そこからも前述の通り、地域の共同性、人情、人とのつながりなどの生活条件においても古さと新しさが調和した活気のある町であることがわかるだろう。

佐藤一子は前掲書で「１９８７年に実施された市民意識調査もこの傾向を裏付けている。これによれば83・６％の市民が岸和田を『住みよい』と感じており、69・％が『ずっとすみ続けたい』と答えている。市外に移りたい人は５・６％とわずかであり、大都市近郊の町としては住民の定住志向が極めて高いといえる。岸和田の『特に良いところ』として住民があげているのは『買い物など日常生活に便利』（61・６％）に続いて『自然環境にも恵まれている』（48・９％）、『歴史的な遺産、文化財にも恵まれている』（32・２％）などの点があり、単に生活の利便性だけではなく、自然および文化的環境の良さが高い定住志向を生み出す条件となっていることがわかる」と述べている。

以上のように岸和田市は、大都市近郊にありながら歴史的伝統や自然環境が残っている町である。佐藤一子は前掲書で「しかし岸和田市が真に個性的であるのは上位の経済開発への従属を求めず、むしろこのような客観的な条件を活用して岸和田らしさを活かす町づくりの方策を積極的に模索してきたことであろう」と述べている。

さらに岸和田市民相互の横の連帯、心の絆をつくるのに重要な役割をはたしている祭りとして毎年５月３日に開かれている「市民フェスティバル」[4]にもふれている。その概要を著者が説明すると、前述のＢの「新しい型の市民活動」、Ｃの「市民参加」とは、具体的に地区市民協議会のことを指す。ここに所属する団体は町会三役、老人会、婦人会、青年団、青少年指導員、子ども会指導員、交通指導員、体育指導員、保護司、民生委員、小学校や中学校の校長・教頭・ＰＴＡ役員、校区出身の市会

（4）当時日本青年会議所では「社会開発委員会としてのまちづくりを推進していた」。岸和田市の場合は春木競馬場を廃止して整備された岸和田市立中央公園を会場として１９７８年に始められ２００５年で第27回を迎えた。岸和田青年会議所の呼びかけで開催された「まちづくりシンポジウム」の実行委員会を母体に、初代実行委員長は「本町のまちづくりを考える会」の役員でもあり、本町に在住する職住一体の田村保夫が就いた。田村抜きで本町のまちづくりはありえないキーパーソンの一人である。

議員である。

このように校区市民協議会は、校区内のすべての団体を巻き込んでおり、常に活発に活動している。岸和田だんじり祭りの組織があるからであろう。祭りの組織の一部としては、まず、町会、子ども会指導員、青年団、それに青年団のお手伝いをしている婦人会があり、常にコミュニケーションがうまくとれている。

佐藤一子は前掲書で「市民フェスティバル」が契機となって次のような注目すべき動向が生まれてきたと指摘する。

（A）参加者や参加団体の間で互いに協力すれば新しいことができるという確信
↓まちづくりへの展望を見出す。

（B）参加したことが一つの経験となって各団体でも、いろいろやりはじめたこと
↓秋に教職員組合が開く「子どもまつり」などもその一つだと言える。

（C）参加団体の間で交渉・協力が始まっている
↓ステージ関係の参加団体ではいろいろと協力が進んでいる。

（D）参加することにより、団体や市民から、文化・スポーツ・環境等についての要望や要求が出てきたこと
↓「野外ステージを作ってほしい」「手軽に展示できる建物がほしい」などの要望が出た。

岸和田の市民文化活動のネットワークは、新旧、ジャンル別、目的、理念、組織形態のそれぞれの次元で多種・多彩な団体・グループ・個人の交流と連携があって成り立っており、「地域文化」「文化

環境」を市民自らがはぐくむ主体性と創造性と極めて強靭な力を持っている。

2．本章の課題

本研究は固有の地域文化に富んだ岸和田本町を対象として取り上げ、岸和田だんじり祭りと地域文化によるまちづくりという課題を深めることとする。

岸和田市本町地区に地域文化を活かした伝統ある空間・創造の場を創ることを課題として考えていきたい。従来、50歳から60歳前後の世代の住民が中心になって「本町のまちづくりを考える会」を運営してきた。これまで若い世代の人たちへの引継ぎを計画的に実施してこなかったが、それが次の戦力となる若者たちとの意識のズレを生じさせたようである。このズレを失くして「本町のまちづくりを考える会」を若い世代にうまくバトンタッチすることが課題であり、その具体的な方法論をこの本書で展開できればと考えている。本町にはだんじり祭りの組織があるが、この組織は「縦社会」で、上からの指示には絶対服従である。それが、だんじりの安全曳行のためにもなるからである。だが、「本町のまちづくりを考える会」の組織に若い世代の住民が集まり、その運営の主体になってもらうためには、だんじり祭りに代表されるような伝統的な縦型の組織とは異なる水平的な関係が求められるのではないだろうか。

◉ 新しいまちづくりの組織

城下町や江戸時代のメインストリートの街道に当時を偲ばせる町家や雰囲気を後世に残していこうと「本町のまちづくりを考える会」が１９９４年に発足した。その在籍の殆どは、だんじり祭りに関係している人々であった。そのおかげで話はスムーズに進んでいった。確かに今まではこの組織を活かしながら、まちづくりを進めてきた。しかし、命令系統が一本のだんじり祭りの組織と、各個人のスキルが必要となるまちづくりの組織とでは、根本的に動き方が異なる。そのため、若い世代の創造力を引き出せるような、まちづくりの新しい組織が必要となるのである。

◉ 地域文化再生によるまちづくり ― 紀州街道にぎわい市と夢灯路 ―

紀州街道という昔からの街道筋の軒先に、１９９７年の４月の第１日曜日、「紀州街道にぎわい市」が、フリーマーケットのような感覚で始められた。景観保護のため原色を使用する店には、継続して規制を課した。伝統景観の文化資源が損なわれてしまうためである。伝統景観に気を使い、以後もその雰囲気を壊さないようにしている。

２００２年には紀州街道の軒下を借り、伝統景観と夜景という資源を利用して「灯籠《とうろう》祭り」を始めた。当初はこの灯籠に文字を書いたが、単調なものであった。そこで、より岸和田の歴史や個性を表現するため、灯籠に地元の歴史的資源と新しい文化資源を融合した版画を活用することにした（この版画については後程詳しく紹介する）。

これらについては本町の住民という素人集団の「感覚」と「感性」で、手探りで行なっている面があったと考えられる。「多くの人との出会い、人的ネットワーク形成の中で自らの感性と知性を磨き高めていくことのできる素晴らしい仕事である。経験を積めば積むほどに力量をつけ良い成果を残していける」と高田昇は『地域づくりと住民自治』[5]で述べている。ここでいわれているように、多くの経験を積まなければならないと考えられる。経験不足は、旧世代と若い世代の意識ズレの問題よりも大切である。真正面に立ち向かわなければ「本町のまちづくりを考える会」を継続させることができ

（５）高田昇（１９９３）『地域づくりと住民自治』法律文化社。

ないだろうと思われる。そして「紀州街道にぎわい市」、「夢灯路」といった伝統景観の保全活動を担う催し物も、若い世代抜きでは実行できないと考えられるので、結局、世代間の問題はここにも関連してくる。それだけ、この課題はかなり深刻かつ重要だということである。

六波羅雅一(6)の建築設計プロ集団とは異なり、本町では昔ながらの地域文化資源や過去に存在していた地域文化資源を再生しながら、若い世代の力も借りながら保全活動している。

９月のだんじり祭りや４月に開催される「紀州街道にぎわい市」というイベントが行なわれる時期以外の町は静かである。過去に商売をしている家も多くあったようだが、今は営業をしている店は10軒ほどである。１９５５（昭和30）年から１９６５年頃には岸和田市に繊維関係の工場が多くあり、地方から働きに来た女工さんがいて、商店街の通りにも活気があった。しかし近年、繊維関係の工場が閉鎖され、いくつか残っているだけの状態である。その岸和田の活性化を図るには、この本町地区をいかにして再生するかが鍵である。幸いにもこの本町地区には百年から二百年前の伝統景観が散財するのではなく連続した景観がほぼ残されている。それを保全しながら、その伝統景観の文化を未来にも残しながら、本町地区の紀州街道に活気を取り戻し、本町地区を再生していきたいと考えている。

２０１７（平成29）年、「続日本１００名城」に登録された岸和田城は、和歌山城を護るために徳川家の親戚になる岡部家が城主であった。１８２７（文政10）年、雷火のために消失していた天守閣を１９５４（昭和29）年に図書館として鉄筋コンクリート造りで再建された。岸和田城は大阪城・和歌山城と同様に、近代に再現された城郭であり、岸和田城庭園（八陣の庭）は現代庭園の巨匠・重森玲の作である。他都市には、過去に城郭が存在していたところもあるが、現在では城郭の跡形さえないものも多い。その点、この本町地区には城郭を背景にした伝統景観があるだけでも貴重である。過去には、素晴らしい文化があった。調査の結果、次のことがわかった。

（6）地域に暮らす人たちがまちの魅力に気づき、まちに誇りを持って、まちの未来を考えるきっかけになればと、２００１年に空掘商店街界隈長屋再生プロジェクトが設立された。長屋の改造と事業家、運営方法をまとめ企画書として提案した。

①江戸時代、岸和田藩は、紀州街道を中心として本町地区が栄え、現在の岸和田市から岬町までを統治していた。明治以後、海岸沿いの藩領地で煉瓦を生産していた。この土質は煉瓦や陶器を製作するのに適した粘土質であり、その煉瓦は琵琶湖疏水修理工事や同志社大学彰栄館などに使われていることがわかった（筆者は、その歴史のある岸和田煉瓦を再生したいという夢をもっている）。

②明治初期にキリスト教が布教され、本町地区界隈に教会が建てられた。それと同時に教会に必要なリードオルガンの製作をする辻オルガンが創設された。

③産業が興るとともに明治時代の西洋文化もほかの都市よりも早く浸透し、時代の先端を担う産業を興していったのが岸和田本町地区である。

④建造物に関しては、江戸時代や明治時代から続く町家が連続した街並みを形成している。１９９４年に「本町のまちづくりを考える会」が設立され、町並み保全の趣旨で行政の助成補助を受けている。７００ｍの街道のなかで江戸時代から営業している阪口酒店（図1、図2）、町家風に改造した前河電気店（図3、図4）、１９９５年頃からオープンしていた元気庵（オーガニック野菜の販売

図1　明治時代に描かれた阪口酒店
出口神暁「和泉文化研究所」.

図2　現在の阪口酒店
筆者撮影．以下出典記載ない写真は筆者撮影

図3　修景前の前河電気店
岸和田市都市整備局.

図4　現在（修景後）の前河電気店

所）、２００３年にオープンした光輪庵（アートギャラリー）、２００４年にオープンしたやわらぎ（民芸品店）などが営業をしている。

このように町家を利用して商売をする店が増えることを望む。筆者は２０１１年からノースアジア大学（旧：秋田経済法科大学）の観光学科教授、２０１８年から東京富士大学のイベントプロデュース学科教授に在籍し、「本町のまちづくりを考える会」から離れてしまった。その結果、当時一番若かった筆者は現在前期高齢者になり、筆者より年配の会員は、亡くなったり、後期高齢者になったりで、会員の若返りが急務となり、そうしないと継続不可能になりつつあった。そんなさなかの２０２１年3月に筆者が東京都新宿区高田馬場から大阪府岸和田市に帰ってきてテコ入れ開始となった。先代の息子が若手として入会したが、昔の筆者たちより力不足である。元気を出させるのが筆者の役目でもある。

１９９8年から毎年4月の岸和田城祭りが開催している日曜日に「紀州街道にぎわい市」も開催されており、古い町並みの軒先を借りて「手作りの作品」や「木を使った作品」、「手書きの絵」などが展示販売されている。訪れる客は、毎年約2万人以上にのぼる。

２００3年からは「本町のまちづくりを考える会」の理事の提案で、「夢灯路《ゆめとうじ》」が毎年実施されることになった（１９９3年頃から筆者が当時の本町の会長に提案を勧めていたものである）。この「夢灯路」は街道に４ｍおきに灯篭を配置して「幽玄の世界」を醸し出すものである。「紀州街道にぎわい市」・「夢灯路」を通して住民や地域周辺の人々が本町地区の古い町並みの価値を再発見し、古いものを捨てずに環境を考えることで、物を大切にする心をはぐくみ、感動のできる人々を増やしていきたいと願う。

岸和田市本町地区界隈には昔、繊維関係が景気のよかった時代に建てられた大正時代の建築物の「自泉会館」がある。そのほかにも、だんじり祭り、花火祭り、桜祭り、天性寺《てんしょうじ》、蛸地蔵《たこじぞう》と2カ所のお寺、弁財天、一里塚、レトロな南海蛸地蔵駅（昔、南海電鉄における2代目の社長の住まいが岸和田市の蛸地蔵駅近くにあったので、ここに駅が作られたとされる。通称社長駅と呼ばれた）、同志社大学創設者の新島襄をサポートした高級藩士・山岡尹方の屋敷など、文化資源もたくさんある。

伝統景観の保全活動をしながら、本町地区界隈にある歴史ある文化資源を活かしながら、新しい文化資源も育てて再生を図ることを考えている。この文化資源をどのように連携させればより効果があるかを筆者は課題としている。

3．岸和田市本町のまちづくりの経緯と到達点

まず、岸和田本町地区の伝統景観がいつの時代からどのような経緯で誕生したかを、歴史の上からまず調査する。それと並行して、地域文化もいつの時代から興ったかを整理しながらまとめていく。本町地区のまちづくりは城郭の誕生とともに進んだ。そこで、まず城郭の起源から始め、城郭中心に論を展開していく必要があろう。

◉豊臣時代における城下町としての形成（1334～1615年）

1334（建武元）年に摂河泉守護であった楠正成の一族「岸の和田」と呼ばれていた代官の和田高家[7]は、現在城があるところの東方約400mの照《てる》日山《ひやま》（野田町）に城を築いた。1378（永和4）年に山名氏清が和泉守護となり信濃泰義を岸和田城（現在地）に置く。二の丸は、海につき出た小高

（7）和田高家の子孫で和田奥助が15代・16代と続いた。和田正遠（『大日本史』では和田正隆と同一人物としている）は、高家の父で楠正成の従兄弟に当たるので南朝側である。本姓は橘氏を称す。和田奥助は北朝側の足利氏の追跡を逃れて奥奥助と名乗り農民となる。ここから奥家が誕生する。筆者はその末裔である（和田可孝所蔵の家系図：1991年に松栄出版から出された奥佐『泉州奥一族』による）。

い丘で近くまで潮が差し入っていたそうである。本町界隈に天性寺（蛸地蔵が祭られている、南海本線「蛸地蔵駅」の由来）という名前の寺があり、城中に鎮座していたのを1572（元亀3）年に現在地に移した。1583（天正11）年に豊臣秀吉家臣の中村一氏《かずうじ》が岸和田城主となる。一氏は大阪城の築城に際し、根来《ねごろ》・雑賀《さいが》衆の押さえとしての役割を果たすために城主となった。

1587（天正15）年に小出秀政に六千石が扶助される（事実上一万石となる）。そして城郭の整備にかかり、竣工は1598（慶長3）年である。このときに本町、中町が城下町として形成されている。秀政は城下町岸和田が発展し、地方都市として発展する端緒を開いた城主であった。秀政は1595（文禄4）年に三万石の大名になると、天守閣の造営に着手する。竣工は1597（慶長2）年で、1604年に紀州街道整備のために一里塚を設置する。この時に本町に街道ができた。1615（慶長20）年には大坂夏の陣で豊臣氏が滅ぶ。これ以降は徳川の治世となった。

以上のように、そもそも1334年頃に岸和田に城郭が築かれなければ色々な文化が集まらなかったと思われる。仏壇、美術工芸、和菓子の店、能楽堂が存在するこの岸和田本町にも、商家が立ち並んでいる。仏壇の彫り物・城郭の建築物の関係から「だんじり」という伝統芸術が生まれたのかもしれない。というのも「だんじり」にも細かい彫り物が施されているからで、だんじりが祭りとして興った時期、紀州街道の本町が整備された時期、彫刻職人の左甚五郎の活躍した時期は、いずれも江戸時代初期である。

なお、念のために説明しておくと、「だんじり」とは、もともと祭礼用の山車のことで、関西での呼び名である。だんじり祭りの歴史などについては後述する。だんじり祭りはもともと、岸和田の殿様に観ていただくためのお祭りであった。そのことからも、もし岸和田城が築城されなければだんじり祭りが誕生することもなかっただろう。そうすると岸和田市の成立もなかったと考えられる。この岸和田本町は、岸和田城のお膝元にあるいくつかの町の中で中心的な地位を占めていた。

◉徳川時代初期における紀州街道の整備（1619〜1827年）

1619（元和5）年に丹波篠山《たんばささやま》から松平康重が入封し、五万石を領する。幕府から石垣奉行として三好長直が来て城郭整備、並びに浜の坊潮石垣を造る。これは岸和田城を江戸幕府の出先として和歌山城の徳川家の見張り役としたのだというのは地元ではよく聞かれる話である。そのための軍事用の施設だったのだろう。浜の石垣遺構は本町の紀州街道の一本海側に近い場所に造られている。今でもその一部が残っている（図5）。

1623（元和9）年に紀州街道の整備が終わる。紀州街道は紀州徳川家や岡部家の参勤交代のため整備された。参勤交代という名の「媒体」を通じて岸和田文化は江戸へ伝えられた。そして、江戸から岸和田へも江戸文化が流れてきた。同様に岸和田から和歌山へも岸和田文化が流れ、逆に和歌山から岸和田へも和歌山文化が流れたであろう。その証拠として、岸和田のだんじりの彫り物が、日光東照宮の彫り物と同じ系列のタッチであることが挙げられる。これはだんじりの彫り物が徳川家康を祀る神社に採用されるぐらいに高く評価されていたことの証明にもなるだろう。

紀州街道の整備とともに、岸和田城の堺口門・内町門・伝馬口《てんまぐち》門や一里塚が整備された。また、伏見城が解体されたことで、その櫓《やぐら》・門などが岸和田城の二の丸の北角に移され、三層の伏見櫓が造られた。

1640（寛永17）年、岡部宣勝《のぶかつ》が、六万石の所領とともに高槻城から岸和田城に入った。また、城の周辺には多くの寺があるが、これらも軍事用に建てられたものである。東に光《こう》

図5　浜の石垣遺構

摂庵《しょうあん》十輪寺、西に天性寺、梅渓《ばいけい》寺、高天《たかま》寺、光明寺、心蓮《しんれん》寺、北に正覚《しょうかく》寺、観蔵《かんぞう》院、薬師院、本徳寺（日本で唯一、明智光秀の肖像画が残されているところ）、本昌寺、円教寺、妙法寺、西方寺、浄円寺などがあり、下野町の紀州街道沿いの山手側、春木川のへりに岸和田墓地と加守墓地がある。

　このように、城郭の周辺に寺院を多く配置されているのは、前述の通り、軍事的な意図もあった。いざ戦いが勃発したときには寺を陣屋に、墓石を盾の代用にしようしたのではないかと考えられる。現在の天守閣は三層だが本来は五層であった。それは、幕府に提出した城郭普請絵図に描かれている天守閣が、すべて五層であることからも明らかであろう。特に１６４５（正保２）年に作られた絵図（図６）には、熊本城や松本城のように、天守閣の壁に立派な腰板が張られている姿が描かれている。

　天守閣の大きさは、南北十間五寸（約18・３ｍ）、東西九間五尺六寸（約18・１ｍ）、面積は１０２坪（約３３６㎡）で、岡山城（池田氏31万5千2百石）が１１２坪であるのと比較しても、30万石級の大名の居城だった。

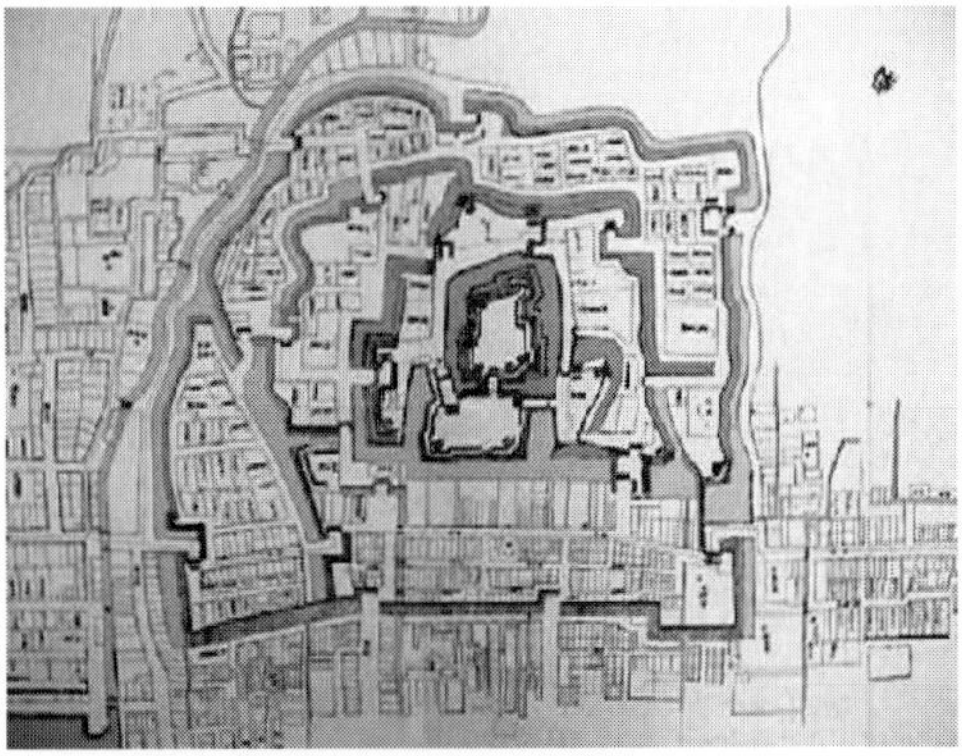

図６　1645年に藩士高林景敏が作成した七十騎陣営城図　高林保氏所蔵.

◉ 本町の敷地・建物の規模・形状および特性分析

　１６５５年（明暦元）年の地図[8]（図７）によると、紀州街道に面して東側の敷地は、おおむね岸和田城側まで一式地となっており、間口も広いところが多い。奥行きも十間から十七間程度あったと見られる。西側は東側に比べ細分化されており、紀州街道から中町筋まで抜けている敷地は少ない。間口も小さいところが多く、おおむね三間程度が中心であったと推測される。石垣筋についても同じく、

（８）楠正成の一族である和田奥助の子孫の庄屋である奥奥助がこの地図に掲載されていることを発見する。

小さな敷地が多く見られる。

　岸和田市の町並みは岸和田城を中心として城下町の雰囲気を留めており、当時の町割り、遺構がよく残されている。江戸時代初期に作成された図７の地図からは、酒屋・絵師・塩屋・材木屋・糸屋・紙屋・油屋・寺（光明寺）・庄屋が存在していたことが見て取れる。この庄屋の場所は、現在の本町派出所辺りに庄屋奥助として記されていた。筆者の先祖である。本町の北側に「奥の町」があったことも記されている。明治時代から昭和の戦前頃までは、本町には、酒屋・薬屋・和菓子・お茶屋・下駄屋・米屋・砂糖屋・傘屋・竹の皮屋・コンニャク屋が存在していた。１６６８（寛文８）年塩屋利右衛門は、赤穂塩屋より岸和田浜町に移り、海運回送諸色問屋を営む。２００６年の現在、紀州街道沿道に残る伝統的建築物のうち、明治以前の様式を示す建物の敷地は、間口三間から十一間、奥行きは約六間半から約十四間となっている。紀州街道東側沿道は、府道堺阪南線（旧国道26号線）の施工時に道路用地として敷地が削られていることや、建築、増改築に伴って隣接敷地との合筆・分筆を繰り返ししたことが推測される。したがって、敷地の形状からだけでは地区の特性を見出すことは難しい。

　１７０３（元禄16）年、城主・岡部長泰《ながやす》の時代に、京都の伏見稲荷社より岸和田城内の三の丸に稲荷神を勧請したことをきっかけに岸和田祭りが始まった。１７５０（寛延３）年に歴史的にも名高い池大雅《いけのたいが》が本町の隣の南町安松屋（薬種商）に滞在する。天性寺の参道入口の左側にある石標に刻まれた「たこぢぞう」の文字は、池大雅の書といわれている。１８２７（文政10）年11月20日に雷が落ちて天守閣が焼失する。１８６５（慶応元）年、藩士高林景敏が七十騎陣営図（図６）を作成した。この陣営図は徳川幕府に届けられている。

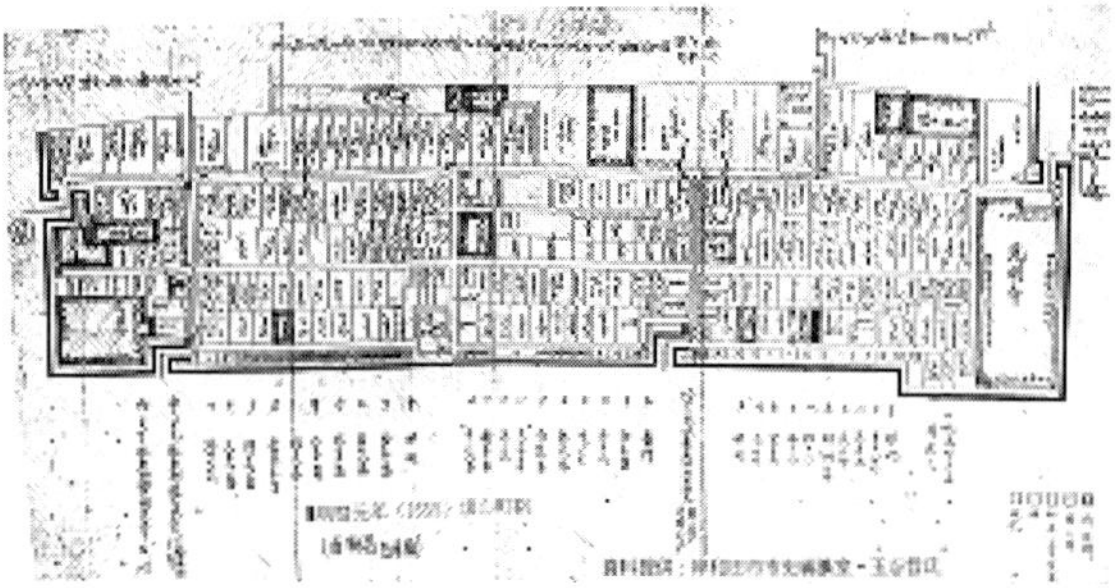

図７　1655（明暦元）年の地図
岸和田市市史編纂室，玉井哲氏所蔵．

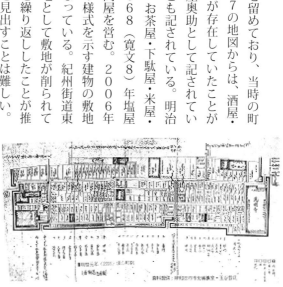

4．伝統景観としての現代の評価

江戸時代の本町の町並みは、前述の通り、岸和田城下で最も賑わっていたと推測される。丸瓦の本葺き屋根・中二階・太い格子を持つ商家などの家並みが今日も残っていることは、非常に意味のあることだろう。今私たちはこれらの建築について学ぶことができるだろう。そして建築上の技術は未来において必要となるだろう。

◉明治時代の煉瓦が当時のまちづくりを担っていた（1870～1894年）

もともと、泉州地方の土質は煉瓦や瓦の製造に適していたのだが、本町界隈の岸城町に住んでいた山岡尹方は、士族授産事業として（明治5）年9月に旧岸和田藩練兵場跡で煉瓦製造を始めた。これが岸和田煉瓦会社の始まりである。社章は十字架で、すべての製品に十字架の刻印が押されていた（図9）。

歴史上の人物としておなじみの新島襄は京都で同志社英学校を1875（明治8）年に開校。この年、元岸和田城主の岡部長職（後に司法大臣）が、米国留学中にアーモスト学院で新島襄と出会った。1878年、岡部長職は洗礼を受け、新島襄に対し岸和田においての伝道を依頼する。同年7月20日に新島襄が岸和田浜町で伝道開始を始める。また、山岡尹方が1880年に浜町に時習舎英学校を設立する。

当時この本町地区界隈に3カ所の教会が存在して、現在も教会は存続している。その宗教音楽を担っていたのが、新島襄の影響で1888（明治21）年に本町に住居していた元岸和田藩士の息子、辻茂治である。辻は、大阪・川口教会の米国宣教師ジョージ・オルチンのもとで音

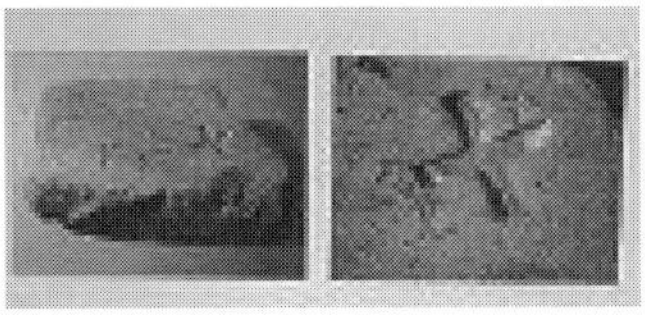

図9　岸和田煉瓦の社章
「十字架」の刻印が入っている．
筆者所蔵．

図8　岸和田の煉瓦
同志社女子大学資料館．

楽を学び、1901(明治34)年に本町でリードオルガン製造販売店を開く(ヤマハ楽器[日本楽器]の創設者の山葉寅楠《やまはとらくす》はこの2年前に山葉風琴製造所を開業していた)。この本町地区界隈には、教会で賛美歌を歌うときに必要なリードオルガンを製造するところがあった。明治時代の本町界隈は、現在の堺市〜和歌山間における近代音楽の発祥の地であると言ってよいだろう。

明治時代に入ると、煉瓦の製造会社の初代社長や歴史的に名を残すような文化人が、この岸和田本町地区を訪れるようになる。後の大阪ガスの社長下村孝太郎、梅花学園の創立者・澤山保羅《ぽうろ》と同志社を創設した新島襄《にいじまじょう》である。新島はキリスト教文化を「布教」するためにやってきた。キリスト教文化が岸和田本町地区に流れこんできた。山岡尹方と新島襄との人間関係により京都の同志社大学が創設された時、その建物の資材として岸和田煉瓦が使用されるようになる(岸和田煉瓦は重要文化財に指定されている)。そしてキリスト教文化が、やがて岸和田本町にリードオルガンという音楽文化の火も灯したと考えられる。調査によると同志社が京都にできる前は大阪も候補地として検討されていたようである。この岸和田本町界隈も候補地になった可能性もあると考えられる。新島襄と岸和田城主の岡部長職、その上級藩士であった山岡尹方(後に岸和田煉瓦の初代社長)が密接な付き合いをしていたことも同志社大学の資料によって明白となっている。

5. 昭和初期に天守閣が復興(1930〜1970年)

◉ 岸和田城に関しての伝統景観の再生

1930(昭和5)年に本丸・二の丸などが千亀利《ちき》公園に指定され、本丸の堀に回遊路と橋(幅約4・8m、長さ約22・7m)が架けられる。1943(昭和18)年に岸和田城跡が、大阪府の指定史跡となる。1954（昭和29）年に天守閣が復興される。1969（昭和44）年に城壁と角櫓《すみやぐら》が造られる。

◉伝統景観の見直し 1 「ふるさと創生」のきっかけで伝統景観保全開始

1988（昭和63）年12月に自治省から「地域づくり事業」である「ふるさと創生一億円事業」の実施が発表されると、岸和田市は使用目的を市民に相談した。それを受けた市民の考えの「歴史的まちなみの保全」という選択で本町の町会に相談をする。これに対して本町の町会は町民の了解を得て岸和田市に伝える。ここから伝統景観の保全活動がスタートをした。

これは「ふるさと創生一億円事業」の実施にかかる西村（1997）による新潟県村上市の城下町の研究事例(9)と同様のケースである。岸和田市本町は、関西圏で「まちづくりの会」をつくって活動を開始した部類では遅い都市の部類に入る。しかし本町では、町民一人一人の心の中に町の保全、再生、景観という意識があったかもしれないが、行政が声をあげてくれたお陰で町民の足並みがとれたと考えられる。町民がリーダーシップをとれなかったのは、単にそれまでの実績や経験が皆無だったので、どのような動きをすればよいかわからなかっただけである。

1989（平成元）年、「歴史的町並みの再生」という基本目標を具体化するため、「岸和田市歴史的まちなみ保全基金条例」が制定される。これを受けて、1992年、当時の本町の町会長西田善次氏が町民の了解をもらったうえで、岸和田市都市企画部都市計画課福本聖《さとし》課長、出原利雄係長、白草信博主幹、西川定男係員の4人が内部資料作成のため紀州街道筋の本町の家々を一軒ごとまわり「家の見取り図」を作成・調査した。1993年8月に岸和田市都市整備部都市計画課の鍋谷佐和子主査が立命館大学の高田昇教授を招く。そして本町の町民が「まちづくりの勉強会」に参加する。岸和田市が「歴史的まちなみ保全要綱　第3条1項」を制定する「本町地区保全計画」を策定し、その保存、

(9) 西村幸夫（1997）『町並みまちづくり物語』古今書院。

整備の取り組みを実施する。

町会から誕生した「まちづくり」組織であるが、1994（平成6）年4月に「岸和田市都市景観条例」が施行され、本町の町会中心に「本町のまちづくりを考える会」が設立された。1994〜1998年にかけて国の事業で「岸和田本町地区まちなみ環境整備事業」が実施された。これは、地区の現況の調査と歴史的な町並みの学術的評価および地区の特性にあった物件詳細調査を専門委員会が設置して実施をしたものである。1994〜2004年にかけ「まちなみ環境整備事業」として町民の希望者の19軒の町家修景整備をした（図10、図11。なお同整備事業の対象にはポケットパークとまちづくりの館を含む）。

◉ 伝統景観の見直し 2　本格化するまちづくり

1994（平成6）年から始まった国の事業の「街なみ環境整備事業」により町家の「保全」と「整備」が行なわれた。同年度から2004（平成16）年度まで19件の町家修景整備が行なわれた。1998（平成10）年頃から本町地区で春爛漫の紀州街道沿いで、年に一回だけのお祭りが開催されるようになる。本町の町民が独自に主催、泉州地域を始め、城下町や江戸時代のメインストリートの街道筋から大阪府下に向けて、当時を偲ばせる町家および郷土の味、城下町の伝統文化を感じていただく目的で始まったものである。

こうして「文化をめざしたまちづくり」という位置づけで、推進するイベントとして「紀州街道にぎわい市」が開催されることになった。「本町のまちづくりを考える会」

図 10　門だけの町家修景

図 11　伝統景観にマッチした建造物

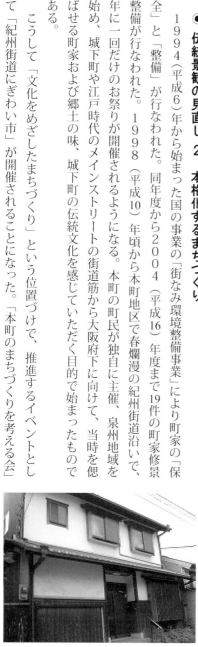

が発足する以前の１９９１年頃に本町の田村保夫氏にこの街道筋で灯篭を置くイベント実施の相談をした。その後「本町のまちづくりを考える会」が発足されてからも灯篭を置くイベント実施を促したが、実らなかった。京都では灯篭を設置するイベント「花灯路《はなとうろ》」、神戸では「ルミナリエ」など灯りを用いたイベントが開催されていた。ほかに元市会議員の〆野久寿喜氏、文化芸術活動をしている吉野裕子氏らの熱意と各地の灯りのイベントの影響もあって２００３年から「夢灯路《ゆめとうろ》」というネーミングの灯篭のイベントが開催された。

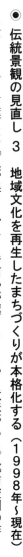

このネーミングの名付け親は当初は、田村保夫氏である。今も熱心な協力者となっている。２００３年の「夢灯路」は広報することもなく実施された。というのは、その時にもし、ろうそくが倒れたことが原因で火災やたくさんのお客が押し寄せることによるトラブルが発生しても大惨事にならないように小規模で実施した。そして本町地区内の人々だけでろうそくの明かりによる癒しを楽しんだ。その結果トラブルゼロ、ノウハウをつかめて翌年に臨んだ。初年度は灯篭の和紙に田村保夫氏・吉野裕子氏の毛筆で好きな文字一文字を書き込んだ。３年目はイベントを実施する1年前からアマチュア日本画家鈴木ヒロ子さん（82歳）にお願いして、「和尚とわらべ」の日本画の絵を灯篭の和紙に描いてもらった（図12）。

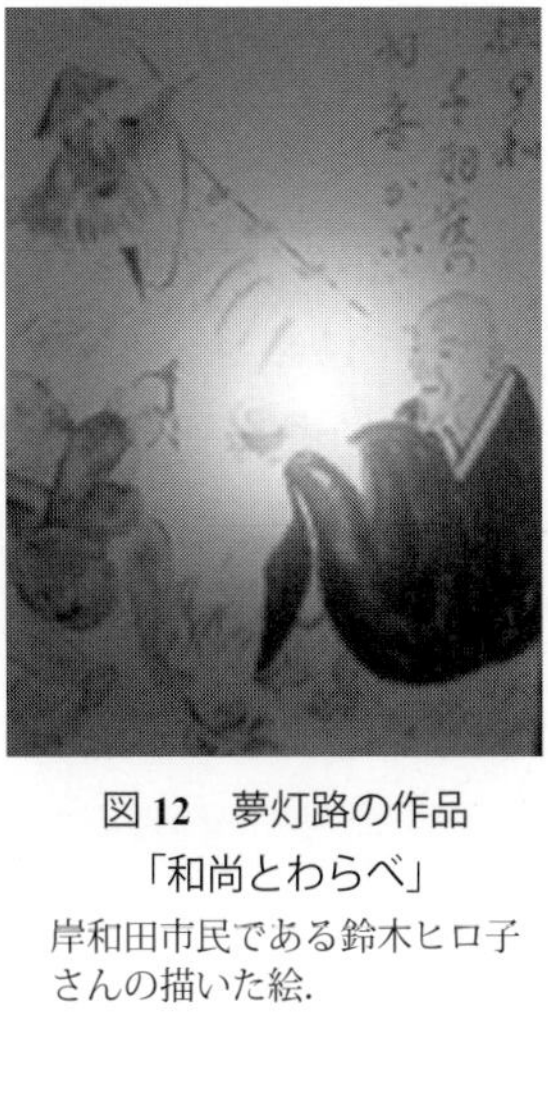

図 **12**　夢灯路の作品「和尚とわらべ」

岸和田市民である鈴木ヒロ子さんの描いた絵.

◉ 伝統景観の見直し３　地域文化を再生したまちづくりが本格化する（１９９８年～現在）

イベントという言葉には「人が集まり、そこで何かが起こる」という意味がある。都市空間の作り手の論理と使い手の論理が新たな様相に入っていく。その目的は、①地域の連帯を深める、②地域住民自らつくり出流したものを結合するとき、相乗効果が生まれ、まちづくりが新しくなり、気軽に参加できるようになる、③郷土愛を育む、――などである。地域住民にとって真の活性化とは「人間がより人間的に過ごせて、そこに生きがいのもてる仕事があり、自分が生活している土地に愛着がもち、生きている姿が反映されるような地域、そしてそうした誇りを持って世間にアピールできる」ことだと、まちづくり研究会（２０００）は述べている[10]。

◉ 紀州街道にぎわい市

１９９８年から春爛漫の紀州街道に年一日だけの開催で岸和田市本町の町民が独自に主催する祭りが始められた。泉州地域はもちろん、大阪府全域に向けて、城下町や江戸時代のメインストリートの街道筋に向けて、当時を偲ばせる町家が並び、岸和田のよさ（郷土の味・城下町の伝統文化）を多くの人に感じていただこうという趣旨で始められたお祭りである。また、素晴らしい町並みを後世に残そうと「本町のまちづくりを考える会」が１９９４年に発足した。岸和田市行政と共に町並みを保全するよう働きかけてきた。１９９７年には紀州街道沿いに「まちづくりの館」（図13）が完成した。

昔の面影を残す地域でありながらまだ知名度が低い。紀州街道の町家の軒先を借りてこの古い町並みに合うお店を出展している（例：民芸品・無農薬・地元の和菓子・手作りの木製品など・篠笛）。このイベントをきっかけに一人でも多くの人に岸和田に訪れていただき、この町並みの良さを知ってもらう。だんじり祭りは全国的に有名である。

図 **13**　まちづくりの館
物産の販売と会合場所とを兼ねている施設.

（10）まちづくり研究会（２０００）『基本まちづくり辞典』ぎょうせい。

◉ 夢灯路　夜景 ──「図」と「地」の逆転 ──

昼間の町並みの「主役」は、なんといっても建築の外壁であるが、ひとたび夜景となると、建築の外観は見えにくくなる。そこで、窓面が一躍、主役となる。

①夜空という「地」をつきぬけて「図」として感じさせてくれる。

②日本の伝統的な木造建築は、窓の小さな組構造となって開口部が大きく、外光がいっぱいにはいってくる（図14）。

③建築物の外観は反射光があるからこそ見えるのであり、夜景を考えて造られた建物ではない。夜の雰囲気を出すためには光源をなるべく低くして、部分的に照らすことである。

図 **14**　わが国の伝統的な木造建築
特徴については本文②参照.

図 **15**　町民手作りの灯籠が置かれた「夢灯路」の風景

図 **16**　「紀州街道にぎわい市」の様子

こうして2003年から祭りの期間、紀州街道の町家の軒下に町民の手作りの「灯篭」を設置し始めた（図15）。露払いの提灯を先頭に「篠笛」を吹きながらその街道を練り歩き、お寺（円城寺）の境内の両端で、そこに置かれた灯篭の間を闊歩する。本堂で演奏が始まると、幽玄な明かりと音が醸し出す空間に変じる。地域住民の長年にわたる、地道な活動が実り、2005年3月、「本町のまちづくりを考える会」が「大阪府まちづくり功労者賞(11)」として表彰された。2006年1月には「ふるさとイベント大賞(12)」の都道府県予選で「紀州街道にぎわい市」（図16）が大阪府代表に選ばれた。

★考えてみよう

1．あなたの自慢できる地域のお祭りは何だろうか。
2．あなたの自慢できる町の文化資源は何だろう。
3．あなたの自慢できる歴史的人物資源はあるだろうか。

（11）基準は「地域活動を通して、魅力あるまちづくりの推進に努めているもの」とあり、安全で快適な生活環境を保全または創出するため、地域の住民が主体的にまちづくりの組織をつくり、5年以上活動しているものである。

（12）日本各地で開催されている地域の個性を活かしたユニークなイベントのうち、とくに斬新かつ独創的で地域性を活かしたものを表彰し、全国に紹介することで地域の活性化を促そうと財団法人地域活性化センターが主催しているものである。

第4部

持続可能なクリエイティブエリアを目指して共創しよう

第8章　ジオパークによるクリエイティブツーリズムの創出

新名　阿津子

島根県松江市の七類港から隠岐《おき》汽船のフェリーに乗って約2時間半、隠岐の島町の西郷《さいごう》港に到着する。船を降りると2021年4月に新たにオープンした「隠岐ジオゲートウェイ」が迎えてくれる。その名の通り、ここは隠岐の玄関口である。この中にある隠岐自然館には島の成り立ちや自然環境、歴史・文化が展示されており、隠岐地域の基本的な情報や特徴を知ることができる。この隠岐ジオゲートウェイは、隠岐ユネスコ世界ジオパーク（以下、隠岐ジオパーク）の拠点施設である。

隠岐では2007年頃からジオパークに参加し、環境保全や教育、ジオツーリズムの推進に取り組んできた。近年は、拠点施設である隠岐ジオゲートウェイと「泊まれる拠点施設」のホテルEntôの開館、ジオパークをマネジメントする管理運営団体の法人化と観光協会との統合という変化がもたらされ、NPO法人隠岐しぜんむらや一般社団法人隠岐ジオパークツアーデスクによる環境保全活動が展開され、自然環境や地域文化を活用した体験型観光、アクティビティも拡充されてきた。教育面においては、フィールドワークを取り入れた学習プログラムを開発し、教材化した。児童や生徒が学習を通じて隠岐を知ることで、隠岐に対する誇りが醸成され、将来的に隠岐へのUターンを希望する高校生が増えたという。

本章では、ジオパークという地域開発のグローバルスタンダードを導入したことをきっかけに、クリエイティブツーリズムを創出するようになった隠岐ジオパークの取り組みについて紹介する。

1．ジオパークとジオツーリズム

ジオパークは「国際的に地質学的価値のあるサイトや景観が保護、教育、持続可能な開発で一体となった考え方により管理された、飛び地になっていない単一の地理的エリア」[1]である。ジオパーク誕生の契機の一つに、1987年、フランスのオトプロバンス地質保護区にあるアンモナイトの壁で起きた化石盗掘事件があった。この事件を受け、地質遺産に対する社会的な理解を求め、その保全保護の重要性を説く必要が生じた。そして1991年に地質遺産に関する国際シンポジウムがフランスのディーニュで開催され、「地球の記憶権利宣言（ディーニュ宣言）」が採択された[2]。

その後、同様の考え方や地域的な課題を持つ3人の研究者と1人の政治家が出会い、議論の末、「ジオパーク」というアイデアが生まれた。そして、2000年にヨーロッパで4つのジオパークが誕生し、ジオパークの活動が始まった。2004年には世界ジオパークネットワークが組織され、2015年からはユネスコ（国際連合教育科学文化機関）の正式プログラムとなった。2022年7月時点で世界46カ国・地域の177地域がユネスコ世界ジオパークとしての認定を受けている。日本では46地域が日本ジオパーク認定を受けており、このうち9地域がユネスコ世界ジオパークである（図1）。

ユネスコ世界ジオパークでは運営指針8項目を定め、新規審査および4年に1度の評価（再審査）を通じて、品質を管理すると共に、ジオパークのレベルアップを図っている。さらに、「地球遺産をたたえ、持続可能な地域社会をつくろう」[1]をスローガンに、天然資源、ジオハザード、気候変動、教育、

（1）ユネスコ（2016）「ユネスコ世界ジオパーク（日本語訳）」https://geopark.jp/geopark/pamphlet/pdf/uggp_panf.pdf (2022.4.4閲覧)

（2）新名阿津子（2013）「ジオツーリズムの見方・考え方」、菊地俊夫・有馬貴之編著『よくわかる観光学2 自然ツーリズム学』朝倉書店：pp.82-92.

持続可能な開発、地質遺産の保全など、世界共通の現代的課題に地域コミュニティをベースとしたボトムアップアプローチで取り組んでいる。

　ネットワーク活動を通じて知識と経験を共有し、相互発展を促していることもジオパークの特徴である。ジオパークでは、全ユネスコ世界ジオパークが参加する世界ジオパークネットワーク、ヨーロッパジオパークネットワークやアジア太平洋ジオパークネットワークといった地域ネットワークが組織されており、国際会議や共同プロジェクトが実施されている。日本や中国などの国では国内ネットワークが組織されており、グローバル、リージョナル、ナショナルの３つの地理的スケールでのネットワーク活動が展開されている。

　持続可能な地域経済の成長を促すこともユネスコ世界ジオパークの主要な活動の一つである。そこでは、「ジオツーリズムを通じて新たな収入源」[1]を生むため、職業訓練の提供、新たな雇用の創出、革新的な事業創造、地域文化や地場産業のプロモーションなどに取り組むことが求められている[3]。

　ここでのジオツーリズムとは「地域アイデンティティを持続させ、強

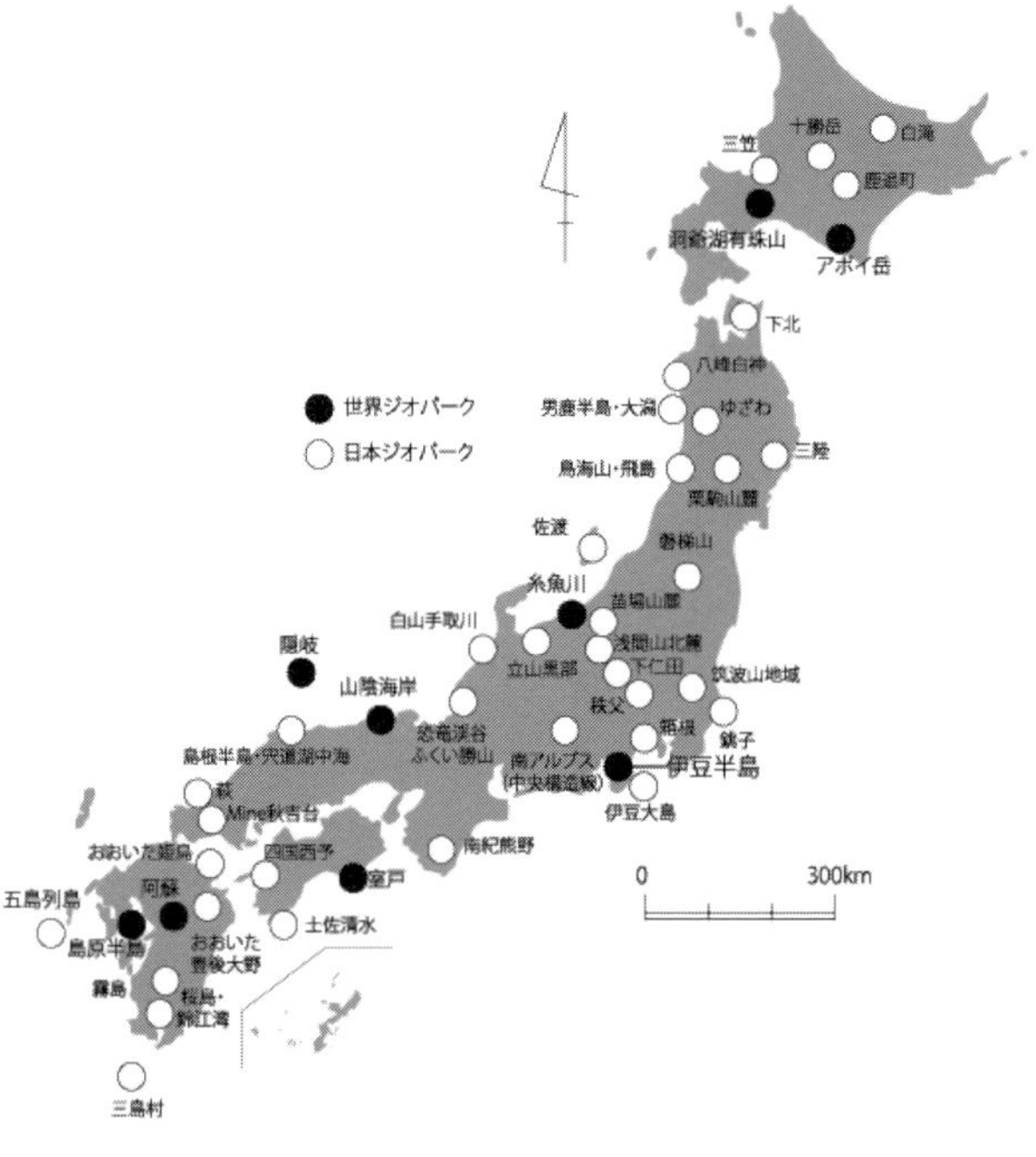

図１　日本におけるジオパークの分布（2022年）
日本ジオパークネットワーク資料により作成.

（３）日本において、ジオパークに参加した自治体の多くは「地域活性化」を目的としており、ジオパーク認定効果への期待が高いものの、ジオパーク自体の認知度が低く、その効果がみられないとの「批判」がある。実際、天草ジオパーク（熊本県）は「費用対効果が薄い一方、交流人口の増加につながらなかった（西日本新聞 2019.11.12）」として、２０２０年３月にジオパークの認定を返上した。

化するものであり、地質、環境、文化、審美性、地域住民の幸福を考慮したもの（アロウカ宣言２０１１、筆者訳）」である。これは２０１１年にポルトガルのアロウカで開催されたジオツーリズムに関する国際会議において採択された宣言である(2)。ジオパークでは地域固有の自然環境や文化のあり方を見直し、地域のやり方で環境保全や文化継承に取り組むことで、地域アイデンティティの構築（あるいは再構築）を進めている(2)。

２．隠岐ユネスコ世界ジオパークの概要

◉隠岐の自然環境と歴史・文化

隠岐ジオパークは島根半島沖の日本海に点在する西ノ島《にしのしま》、中之島《なかのしま》、知夫里《ちぶり》島、島後《どうご》の４つの有人島と約１８０の無人島から構成され、海岸から１㎞の海域を含めた６７３・５㎢をその範囲とするジオパークである（図２）。地史的観点からみると、隠岐は超大陸の時代、日本列島が大陸の一部であった時代、日本海の拡大とその後の火山活動までの歴史が刻まれる土地である。隠岐ジオパークで国際的価値を持つ地質遺産が隠岐片麻岩《へんまがん》（隠岐変成岩類）である。これは2億5千万年前の変成岩であり、超大陸パンゲアを物語る証拠である(4)。また、飛騨片麻岩（岐阜県）とともに日本で観察できる最も古い岩石の一つであり、島では銚子ダムの砂利など建築材として使われてきた。

西之島、中之島、知夫里島の3つの有人島で構成される隠岐島前《どうぜん》は、阿蘇《あそ》（熊本）やサントリーニ島（ギリシャ）と同様のカルデラ地形である。焼火山《たくひやま》（西ノ島）を中央火口丘とし、陥没部には内湾が発達、その外側を3島の外輪山《がいりんざん》が取り囲んでいる。これは５００万年前までに形成された島前カルデラであり、外海に面しているところでは摩天崖《まてんがい》や通天橋《つうてんきょう》などの海食地形が発達している（図４）。

（4）隠岐ジオパーク推進協議会（２０１２）『隠岐ジオパークガイドブック』隠岐ジオパーク推進協議会。

図 **2**　隠岐ユネスコ世界ジオパーク（**2022** 年）

隠岐ユネスコ世界ジオパークガイドマップにより作成.

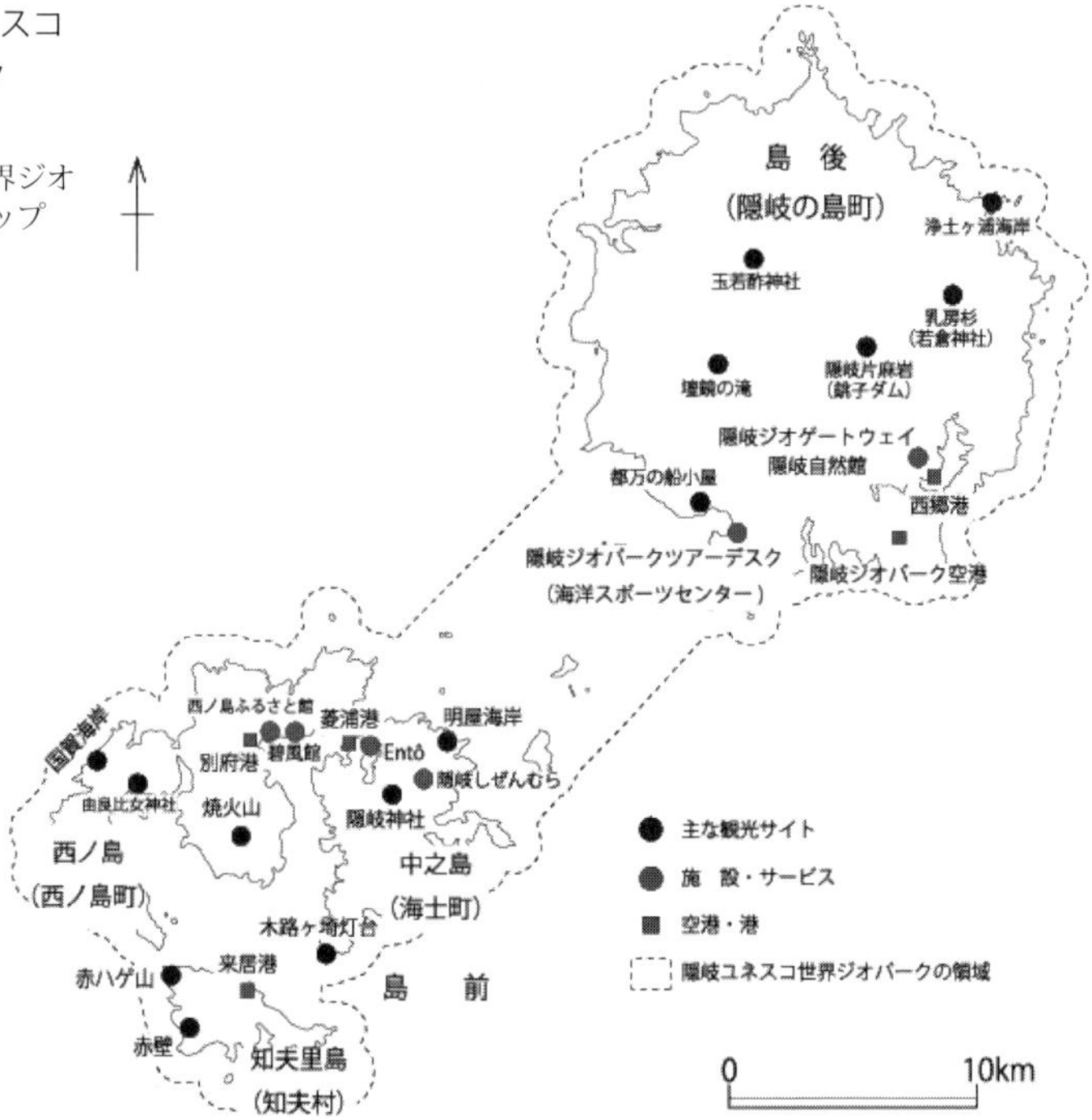

図 **5**　岩倉の乳房杉

樹齢 800 年といわれる．木の幹から大小 24 個の乳房状の根が垂れ下がっているのが特徴．2021.11 撮影．

↑図 **3**　銚子ダムの隠岐片麻岩露頭

2013.10 筆者撮影．以下特に記載ない場合は筆者撮影．

図 **4**　西ノ島の通天橋

島の北部に海食地形が発達している．2021.11 撮影．

植生をみると、南方系、北方系、大陸系、固有種、高山性植物が混在しているのが特徴であり、これらの植物は、隠岐がこれまで経験してきた過去数十万年の気候変動を知る手がかりにもなっている[4]。隠岐には乳房杉や八尾杉、かぶら杉など、樹齢百年を超える杉がある（図5）。また、太平洋側に分布する「オモテスギ」と日本海側に分布する「ウラスギ」の2種類の杉が見られるのも特徴である[4]。オモテスギは植林によってもたらされた。一方、約2万年前の最終氷河期、隠岐は島根半島と陸続きだったので、日本海側の「ウラスギ」は温暖な隠岐へと避難し、生き延びた。氷河期が終わり、温暖化が進むと、隠岐で生き延びたスギは日本海側へと広がっていった。

隠岐の歴史は交流の歴史でもある。先史時代の黒曜石交易に始まり、中世には後鳥羽上皇、後醍醐天皇が配流され祭祀や芸能といった文化がもたらされた[4]。近世になると北前船が寄港し、船乗りたちの労働歌でもあった各地域の民謡が「隠岐しげさ節」などとして根付いていった。幕末の１８６４年には隠岐島後で隠岐騒動が起こり、島民による80日間の自治が行なわれたこともあった。

隠岐島前では平安時代から続くとされる輪転式牧畑《まきはた》が行なわれ、麦、アワ・ヒエ、豆の栽培、牛馬の放牧がなされた。２０２２年現在では牧畑は行なわれなくなったものの放牧は行なわれており、西之島では国賀《くにが》海岸での牛馬の放牧風景が代表する景観としてガイドブックなどで紹介されている。このほかにも隠岐古典相撲や島前神楽、シャーラ船、キンニャモニャ踊りなど島特有の無形文化遺産も継承されている。

◉ 社会経済の動向

２０２０（令和２）年の国勢調査によると隠岐地域は約1万９５００の人口であり、最も多いのが隠岐の島町《ちょう》（1万３４３３人）で、次いで西ノ島町《ちょう》（２７８８人）、海士町《あまちょう》（２２６７人）、知夫村《ちぶむら》（６３４

人）となっている。前回調査と比較すると、知夫村が唯一、3・1％（19人）の人口増となっているが、隠岐の島町と西ノ島町で約8％、海士町で3・7％の減少であった。1995年以降の人口の推移をみると、4町村ともに減少傾向にあることがわかる（図6）。65歳以上人口の割合は、海士町が最も低く39・9％と4町村の中では唯一40％を切っているが、ほか3町村はすべて超えており、最も高いのが西ノ島町の46・2％であった。このように隠岐地域では人口減少と高齢化が進展している。

隠岐地域の産業構造について2015（平成27）年の国勢調査の男女15歳以上就業者に占める産業（大分類）別割合からみると、隠岐地域（4町村合計）では「P．医療・福祉」の就業者割合が17・6％と最も多く、次いで「I．卸売業、小売業」と「D．建設業」の12％、「S．公務（他に分類されるものを除く）（8・4％）」、「B．漁業（7・9％）」となっている（表1）。島根県と比較すると、「医療・福祉」、「卸売業、小売業」の就業者割合が高い傾向は一致しているが、隠岐地域では「製造業」の就業者割合が低く、「建設業」や「公務（他に分類されるものを除く）」、「漁業」といった産業分野での就業が特徴である。なお、観光サービスを提供する「M．宿泊業、飲食サービス業」は6・9％であり、島根県の5・3％より若干高い割合を示した。以上のことから、隠岐地域の産業構造は労働集約型の産業が中心となっている。

隠岐地域の4町村別にみてみると、隠岐の島町は「医療・福祉（18・2％）」、「卸売業、小売業（12・7％）」と「建設業（12・1％）」の順であり、隠岐地域全体と同じ傾向を示す。海士町では「医療・福祉（13・3％）」が最も多いが「卸売業、小売業（8・6％）」よりも「建設業（10・9％）」、「公務（他に分類されるものを除く）（10・3％）」、「宿泊業、飲食サービス業（9・2％）」の就業業者割合が高くなっている。西ノ島町は他と同様に「医療・福祉（18・3％）」が最も高い割合を示すが、次に「漁業（14・2％）」、「建設業（13・5％）」の就業者割合が高くなっている。知夫村は「公務（他に分類

表 1　産業（大分類）別にみた島根県および隠岐地域 4 町村の就業者数とその割合（2015 年）

		海士町		西ノ島町		知夫村		島根県		全国	
		人	%	人	%	人	%	人	%	人	%
A	農業，林業	98	8.6	43	3	16	6.3	23770	6.9	2068	3.5
	（うち農業のみの数値）	82	7.2	32	2.2	16	6.3	22227	6.5		
B	漁業	86	7.6	206	14.2	36	14.2	2838	0.8	154	0.3
C	鉱業，採石業，砂利採取業	-	-	-	-	-	-	306	0.1	22	0
D	建設業	124	10.9	195	13.5	17	6.7	30998	9	4341	7.4
E	製造業	52	4.6	15	1	2	0.8	45729	13.3	9557	16.2
F	電気・ガス・熱供給・水道業	2	0.2	1	0.1	-	-	2444	0.7	283	0.5
G	情報通信業	4	0.4	2	0.1	-	-	3433	1	1680	2.9
H	運輸業，郵便業	56	4.9	80	5.5	12	4.7	12443	3.6	3045	5.2
I	卸売業，小売業	98	8.6	162	11.2	25	9.8	50777	14.8	9001	15.3
J	金融業，保険業	13	1.1	11	0.8	-	-	7076	2.1	1429	2.4
K	不動産業，物品賃貸業	5	0.4	1	0.1	-	-	3518	1	1198	2
L	学術研究，専門・技術サービス業	9	0.8	12	0.8	-	-	8906	2.6	1919	3.3
M	宿泊業，飲食サービス業	104	9.2	116	8	25	9.8	18042	5.3	3249	5.5
N	生活関連サービス業，娯楽業	30	2.6	44	3	7	2.8	10840	3.2	2072	3.5
O	教育，学習支援業	94	8.3	43	3	16	6.3	17651	5.1	2662	4.5
P	医療，福祉	151	13.3	265	18.3	40	15.7	54465	15.9	7024	11.9
Q	複合サービス事業	44	3.9	51	3.5	10	3.9	5437	1.6	483	0.8
R	サービス業（他に分類されないもの）	46	4.1	57	3.9	4	1.6	19875	5.8	3544	6
S	公務（他に分類されるものを除く）	117	10.3	143	9.9	44	17.3	15867	4.6	2026	3.4
T	分類不能の産業	2	0.2	1	0.1			8579	2.5	3162	5.4
合計		1135	100.0	1448	100.0	254	100.0	342994	100.0	58919	100.0

総務省統計局『平成 27 年度国勢調査』により作成.

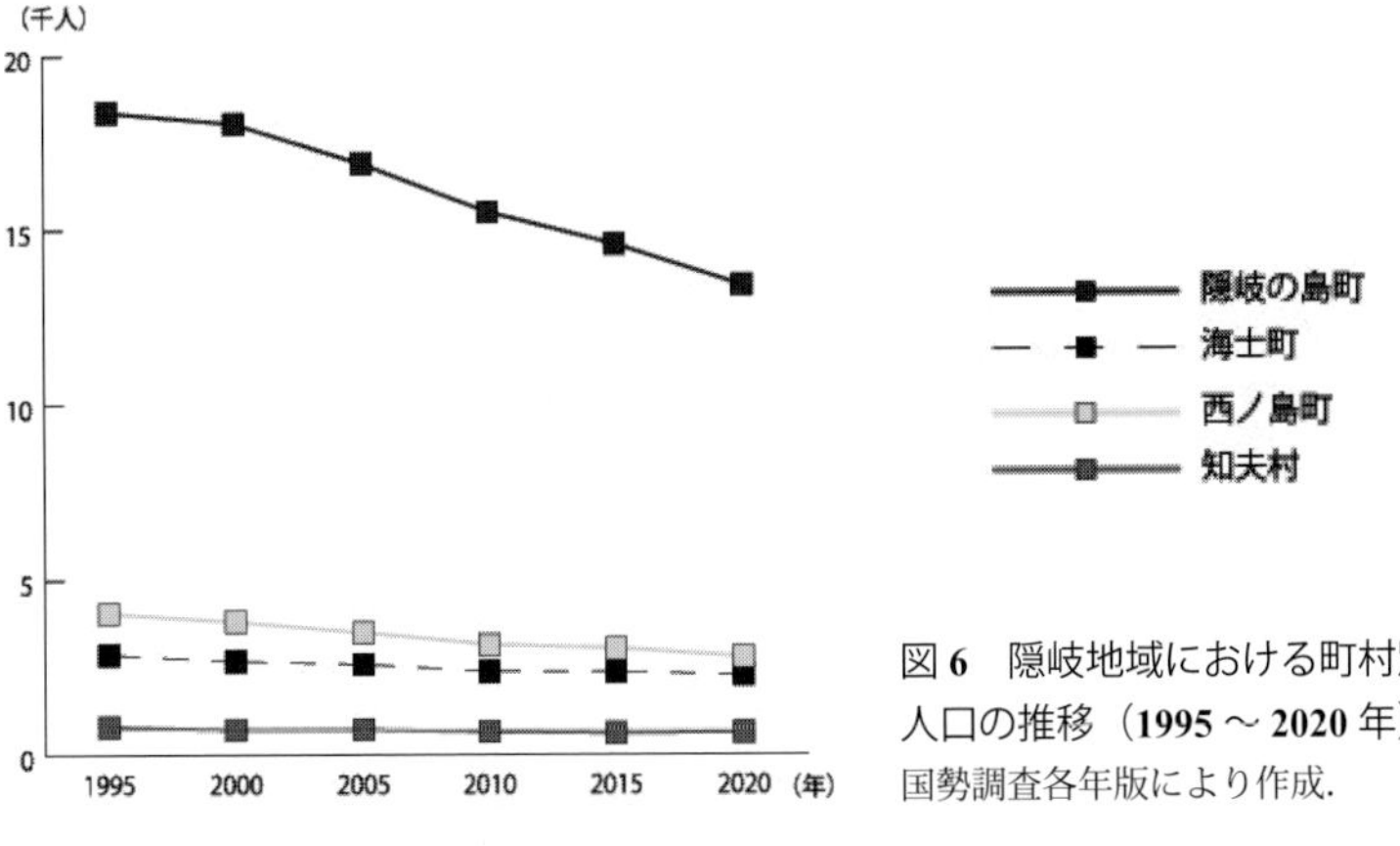

図 6　隠岐地域における町村別の人口の推移（1995 ～ 2020 年）
国勢調査各年版により作成.

されるものを除く）（17・３%）」が最も割合が高く、次いで「医療、福祉（15・７%）」、「漁業（14・２%）」と他の３町と大きく異なる傾向にあった。

隠岐地域は１９６３年に大山《だいせん》国立公園に編入され、大山隠岐国立公園となった。１９７０年代にか

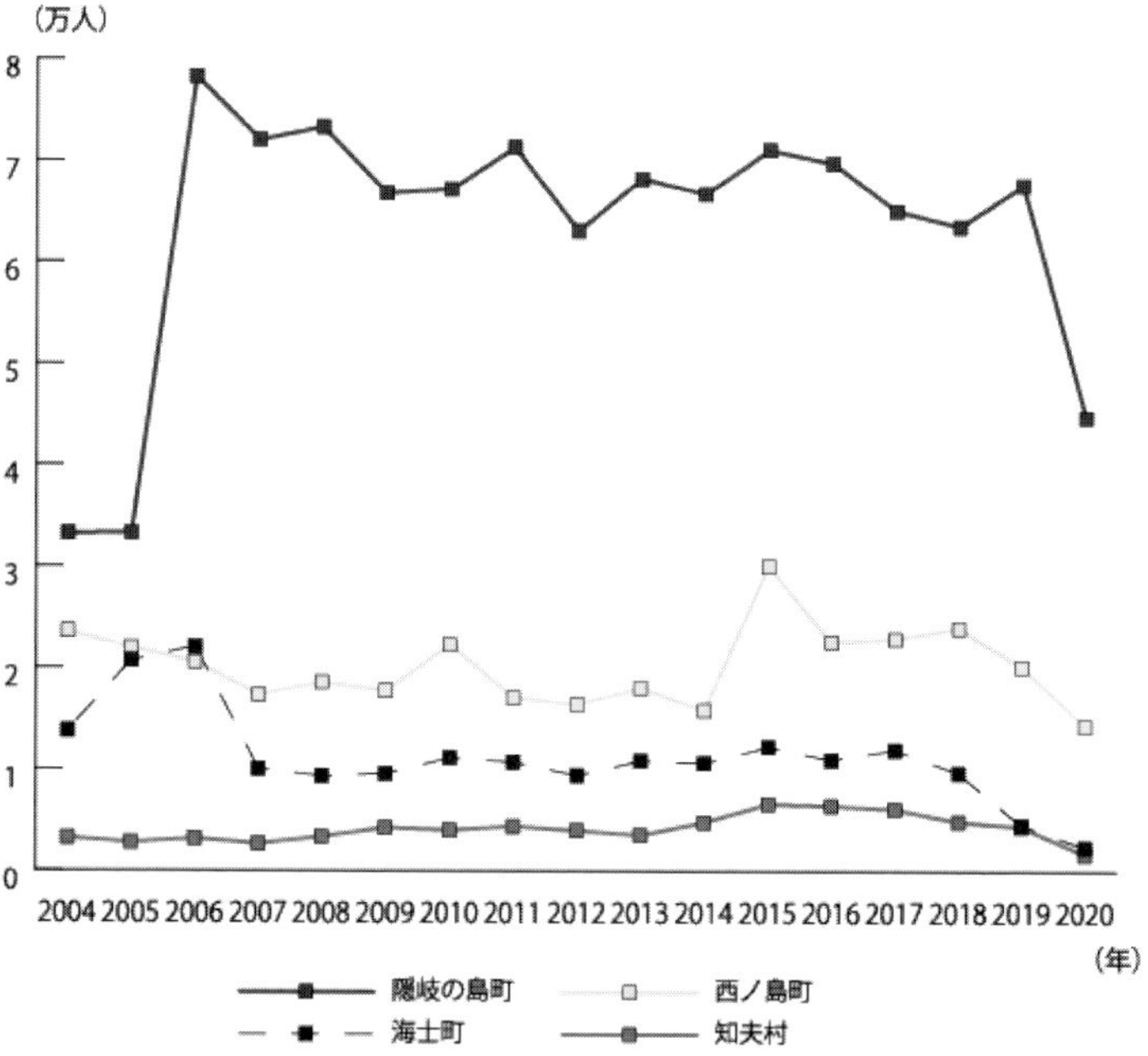

図７　町村別にみた隠岐地域における宿泊者のべ数の推移（**2004** ～ **2020** 年）
島根県観光動態調査結果各年版により作成.

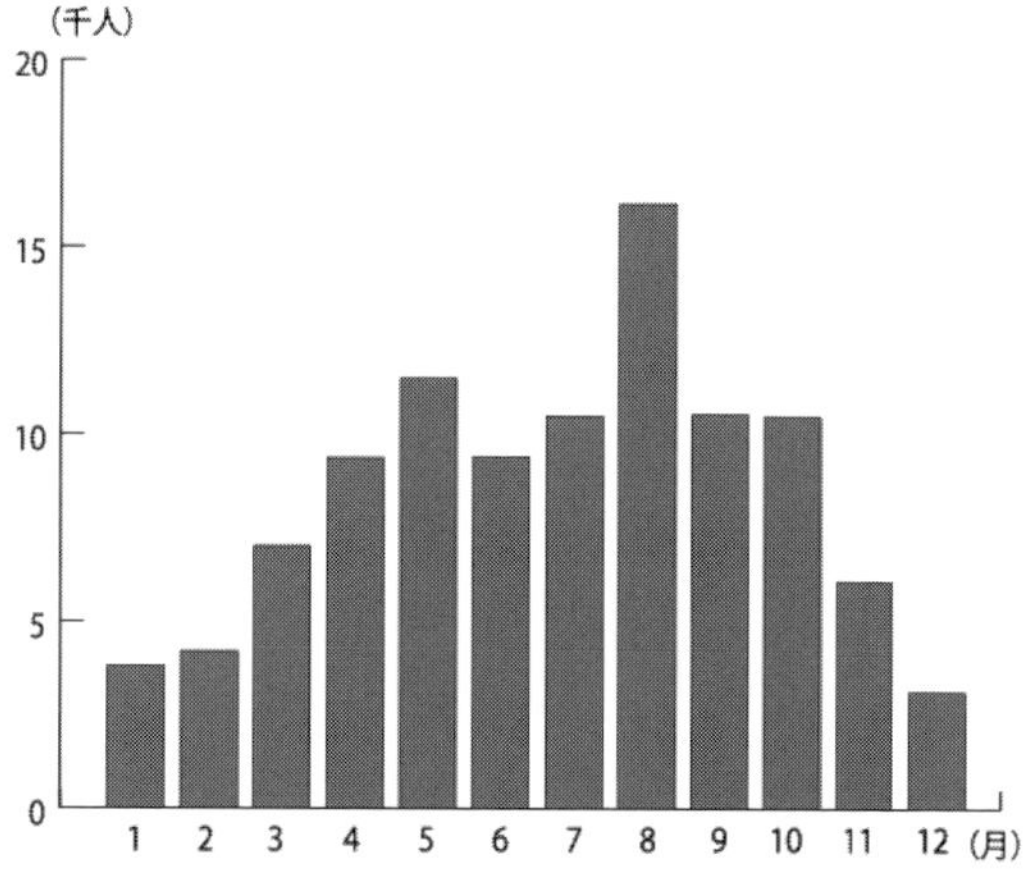

図８　月別にみた隠岐地域における宿泊者のべ数（**2018** 年）
平成 30 年度島根県観光動態調査結果により作成.

けての離島ブームが訪れ、90年代には年間21～23万人の観光者が訪れた(5)。離島ブームが起きた70年代には隠岐汽船が旅客兼自動車航送船「くにが」、大型フェリー「フェリーおき」を就航させ、このブームを後押しした(6)。その後、物見遊山の団体旅行から、体験や経験を重視する個人旅行へと観光のあり方が変化したが、隠岐ではこの変化に対応することができず、観光者は減少していった(7)。２００４年以降の隠岐地域における宿泊者のべ数の推移をみると、06年の約12・４万人をピークに年間10万人前後で推移している（図７）。コロナ禍の20年は約６・３万人と例年の３分の２にまで落ち込んだ。19年の町村別の宿泊者のべ数をみると、隠岐の島町が最も多く、次いで西ノ島町、海士町、知夫村の順になっている。宿泊者のべ数の季節変動をみると、５月と８月の繁忙期を中心に春から秋にかけての宿泊が多く、冬季が閑散期となっている（図８）。

3. 隠岐ユネスコ世界ジオパークの活動

◉ジオパークの管理運営体制

このような社会経済状況および観光動向のもと、離島振興、隠岐の活性化に向けた観光事業が展開された。しかしながら、４町村がそれぞれに取り組むため、隠岐諸島としての一体的な開発につながらなかった。そこで４島をジオパークとして統合し、隠岐の活性化を目的に一体的な開発を進めることとして、２００７年にジオパーク活動が始まった。隠岐ジオパークは09年には日本ジオパークの認定を受け、13年に世界ジオパークとなった。

ジオパークの管理運営については、設立以降２０２０年度まで、地域の51団体が参加する隠岐ジオパーク推進協議会が担っていた。この「推進協議会」形式は日本の多くのジオパークが採用する運営

（５）田坂郁夫（２００５）「５　隠岐」、森川洋・篠原重則・奥野隆史編『日本の地誌９　中国・四国』朝倉書店：pp.202-206.

（６）隠岐汽船ウェブサイト https://www.oki-kisen.co.jp（2022.4.4閲覧）

（７）野邉一寛（２０１９）「《地球の縮図》隠岐を世界に発信する」しま258：pp.28-33.

方法であり、行政、商工会・商工会議所や観光協会などの団体、地元の事業所・企業、ＮＰＯ、大学・研究所、地域団体、個人が参加している。推進協議会の事務局は行政の既存部署内に設置されているものと、独立した予算・財務管理を行なう任意団体があり、隠岐では後者の形態であった。

隠岐ジオパークでは、２０２０年から一般社団法人隠岐ユネスコ世界ジオパーク推進協議会へと組織変更し、法人化を図った。また、21年11月には認定DMO（Destination Management Organization）を取得し、22年4月には4町村の観光協会と合併し、一般社団法人隠岐ジオパーク推進機構として管理運営を行なうようになった(8)。

事務局スタッフは管理職を担う行政職員1名と、地球科学や生物学などアカデミックなバックグラウンドを持った研究員、教育やマーケティング、国際交流などの専門的な知識やスキルを持った職員で構成される。とくに地球科学の学位を持った専門職員の配置はジオパークの認定条件となっており、このことが地球科学分野の研究者の雇用拡大、キャリア形成につながっている。

また、隠岐ジオパークの特徴として、国際交流員の存在がある。ユネスコ世界ジオパークは連携事業や国際会議などを通じて、ユネスコや海外のジオパークとのコミュニケーションが増えるため、英語でのコミュニケーションが必要となる。この国際交流を担当する職員は有期契約の地元雇用、専門職雇用、国際交流員派遣などジオパークによって異なるが、隠岐の場合は国際交流員の派遣によって対応した。これまでオーストラリア、ポーランド、アメリカからの国際交流員が派遣され、ジオパークの業務に従事してきた。その中でポーランド出身のスタッフは２０２１年から隠岐ジオパークの正職員として雇用され、日本ジオパーク委員会委員としても活躍している。

日本のジオパークにおいて、地球科学や国際交流以外の専門職の雇用がなかなか進まないという課題がある。先述の通り、日本のジオパークは行政による推進協議会形式の運営であるため、保全や教

（８）観光団体と統合し、観光と地域開発を一体的に推進するケースとしては、同時期に一般社団法人美しい伊豆創造センターと統合した伊豆半島ユネスコ世界ジオパークの事例がある。

育、マーケティングなどの分野を人事異動のある行政職員が担当していることが多く、それによる課題も多い[9]。

そのような中で、隠岐ジオパークでは、管理職である事務局長以外を全員、プロパーの正職員および嘱託職員とした。定期的に人事異動のある町村からの出向者では業務の継続性に課題があるなどの課題があり、構成町村からプロパーの正職員を配置した方が良いとの意見があったことで実現した。２０２２年の組織改編では、ＪＴＢからの出向者を受け入れ、観光投資など事業を拡充していくとのことであった。このように隠岐ジオパークでは行政出向者で構成される事務局のスタッフ体制から、研究者、国際交流、マーケティング、教員経験者など、多様なプロフェッショナルで構成されるチームの体制へと転換したことは大きな変化である。

隠岐ジオパークの主な収入は会員である島根県、４町村からの負担金とイオンからの寄付金や委託費などで構成される[10]。今後は自主財源の確保が課題であり、企業からのクラウドファンディング、カーボンニュートラルなどのＥＳＧ投資などを考えている。

ジオパークでは拠点施設の整備、ウェルカムボード、案内板などの設置、パンフレット類の整備、ウェブサイトやソーシャルメディアを使った情報提供など、来訪者がジオパークに来たことを認識するための可視性（ビジビリティ）の確保が求められる。隠岐ジオパークではジオサイト看板、誘導標識、展望台・安全柵・駐車場の設置、トイレのバリアフリー化、遊歩道の新設や修繕などを行なってきた。統一されたデザインの看板や誘導標識の設置は、離島４島での隠岐ジオパークというブランドの可視化に大きく寄与している。

隠岐へは本土から飛行機とフェリーでアクセスすることができ、その玄関口である空港や港でジオパークのプロモーションが展開されている。隠岐空港では２０１５年から「隠岐世界ジオパーク空港」

（9）新名阿津子・松原典孝（２０１６）「ジオパークにおける大学・博物館の役割―山陰海岸ジオパークとレスボスジオパークを事例に―」地学雑誌 125-6：pp.841-855.

（10）隠岐ユネスコ世界ジオパーク推進協議会（２０１７）「隠岐ユネスコ世界ジオパークプログレス・レポート2017」http://www.oki-geopark.jp/wp/wp-content/uploads/2018/02/progress_report_2017-ja.pdf（2022.4.4閲覧）

の愛称をつけ、空港にジオパークのロゴマークや紹介パネルの設置、パンフレットの配布を行なっている。来島者の約9割がフェリーを利用しているが、このフェリーを運営する隠岐汽船は隠岐ジオパークの会員であり、船内でもポスターの掲示やパンフレットの配布が行なわれている。また、隠岐ジオパークと連携して「おき得乗船券」をウェブ限定で販売している。これは隠岐で宿泊と体験アクティビティを利用することで復路のフェリー2等運賃が無料になるキャンペーンである。

２０２１年4月には、冒頭に紹介した隠岐ジオゲートウェイが西郷港にオープンした。1階に観光案内所とジオパークの事務所があり、2階に隠岐自然館が移設された。もともと隠岐自然館はフェリーターミナル近くの隠岐ポートプラザ2階にあり、09年に水族館を改修してオープンした隠岐大山国立公園の自然や生態系を学べる隠岐ジオパークの拠点施設であったが、自然科学の展示が中心で、歴史・文化の展示が不十分であるという課題があり、このことは２０１７年に実施されたユネスコの再審査においても改善するよう求められた。

新たにオープンした隠岐自然館は大型モニターとプロジェクションマッピングを使った映像体験が提供されており、展示コーナーでは隠岐ジオパーク全域の「大地の成り立ち」、「独自の生態系」、「人の営み」が紹介されている。子どもたちが楽しめる「キッズラボ」も設置されており、インタラクティブな学習空間にもなっている。エントランスでは床地図や鳥瞰図などの地図や写真など視覚に訴えるデザインが多用されている。この展示設計・施工には「ジオアート」などを展開する北海道地図株式会社とグループ会社の株式会社ジオ・ラボが担当した。

◉ ジオパークホテル Entô の誕生

日本のジオパークにおいて、ジオガイドの育成によるジオツーリズムの振興が長らく行なわれてきた。その中で、ホテルをはじめとする観光業者との連携は、山陰海岸ユネスコ世界ジオパークの旅館「朝野家」（兵庫県新温泉町《しんおんせんちょう》）や「ととや」（京都府京丹後《きょうたんご》市）、室戸《むろと》ユネスコ世界ジオパークの「岬観光ホテル」（高知県室戸市）、伊豆半島ユネスコ世界ジオパークの旅館「しんしま」（静岡県松崎町《まつざきちょう》）など、ジオガイドとなった経営者や地域のステークホルダーが経営する宿泊施設と進んだ。

２０２１年７月、海士町の菱浦《ひしうら》港近くに隠岐ジオパークの「泊まれる拠点施設」として、「honest（ありのまま）」、「seamless（境目のない）」を設計コンセプトとしたホテルEntôがオープンした[11]（図９）。Entôは、離島観光においてインバウンドを含めた今後の需要に対応するにあたって宿泊施設の充実が重要であるとして、島唯一のホテルであった「マリンポートホテル海士」を17年に制定された「海士町観光基本計画」に基づき、「ホテル魅力化プロジェクト」が立ち上がり、約7億円の公共投資によって改修された。

海士町では「ないものはない」というスローガンのもと、農業や漁業分野での産業振興に取り組んでいた。Entôがオープンする以前は、明屋《あけや》海岸や隠岐神社などのサイトがあるものの、他の島と比べて景勝地やサイト自体が少ないこともあり、海士町でのジオパーク活動はさほど活発ではなかった。しかし、海士町におけるジオパーク拠点施設を整備する必要があったタイミングに、この「ホテル魅力化プロジェクト」が立ち上がったことが、Entôの誕生に繋がった。プロジェクトには東京や都市部のクリエイターや建築家、海士への移住者、隠岐出身者が参加した。

この施設改修によってマリンポートホテル海士の本館はEntô Baseとなり、別棟は解体され、新棟のNestが建設された。ここでは木材の輸送コストを

図9　海から見たジオパークホテル**Entô**の別棟**Nest**
すべて客室から島前カルデラの内湾と外輪山を眺めることができる．2021年新名撮影．

（11）このEntôという名前には様々な意味が込められている。読みである「エントウ」は「遠島」、「縁島」、「遠灯」という字が当てられ、隠岐の離島という地理的特徴や、交流によって人の縁を繋いだことを示している。接頭語のEnには「中へ入れる」という意味が込められている。Oにサーカムフレックスをつけることで、地球上にポツンと浮かぶ隠岐のイメージが表現されている。

抑制し、環境負荷の少ないCLTパネル工法(12)が用いられている。島という限られた資源の中で、建設の際には地元工務店によるメンテナンスの可否も考慮された。

Nestには18の客室があり、すべての部屋から大きな窓ガラスの外に広がる島前カルデラの外輪山と海とそこを行き交う鳥や船が見える。客室内のカウンターに片麻岩を用いることで地球の歴史との接点が表現されている。客室にテレビや時計はなく、自然の中で滞在するための必要最小限の設備となっている。

また、アメニティは島根県安来《やすぎ》産の竹歯ブラシや竹の繊維を使ったコップ、隠岐で作られた陶器、髪や体を洗うことができる無刺激のオールインワンシャンプーなど産地や環境に配慮したものが使われている。ショップやレストランでもローカルにこだわった商品・メニューが提供されており、サステイナビリティとローカリティが表現されている。最高価格はスイートルームの1泊10万円であるが、隠岐諸島では1泊の宿泊費が1万円以下のホテル・旅館が多く、高価格帯の施設が少ないため競合が起きていないとのことであった。

ホテルの施設改修と合わせてジオパーク拠点の展示室Geo Room "Discovery"、ジオラウンジも新たに整備され、ジオパークのオフィスも併設された。また町民も利用できる図書スペースもあり、ゲストと島民の交流の場となっている。展示室のGeo Room "Discovery"の展示はモノトーンを基調とし、文字による説明は最小限に、直感的に理解しやすいイラストや模型が用いられている（図10）。ここでは主に島前3島の自然や文化・歴史が紹介されている。ジオラウンジでは海士町が所有していた三葉虫や

図10　Geo Room "Discovery"
直感的に理解しやすいシンプルな展示となっている．2021年撮影．

（12）CLTとはCross Laminated Timber（直行集成板）の略であり、ひき板を各層で交互に直行するように積層し、接着した厚型パネルのことで、欧州で開発された木質系材料の一種である（一般社団法人CLT協会ウェブサイト https://clta.jp/clt/ より2022.4.4閲覧）。

ストロマトライト、恐竜の化石が展示され、フロアに設置された椅子に座ると目の前には客室と同様に島前カルデラの外輪山と海が広がる景色を楽しむことができる。このジオパークオフィスには2名のスタッフが常駐し、拠点施設の管理運営、島前のジオパークマネジメントにあたっている。

アクティビティとして宿泊者を対象に、ジオパークのスタッフによる"Entô Walk"ツアーが提供されている。ツアーでは海岸へと散策しながら、島の成り立ち、海、人の営み、自然が人に与える影響などが語られている。エントランスの地面にもインタープリテーションが施されており、参加者はその足元からも隠岐の自然について知ることができる工夫がされている。このほか、e-bikeや焚き火、ナイトクルーズなどのアクティビティも提供されている。このように泊まれる拠点施設Entôはジオツーリズム、クリエイティブツーリズム、さらにはサステイナブルツーリズムのフロントランナーに一躍、躍り出ることとなった。

◉ 地域団体との連携

隠岐ジオパークの環境保全や環境教育、体験型観光を推進するために、島前のNPO法人隠岐しぜんむら（海士町）と島後の隠岐ジオパークツアーデスクは連携した活動を展開している。

海士町に事務所を構えるNPO法人隠岐しぜんむらは島前を活動エリアとし、自然環境の保全と持続可能な地域づくりを推進する団体である。その前身は2006年に設立された隠岐自然クラブである。設立当初、保全を中心に活動をしていたが、地域からの理解がなかなか得られなかった。その中で、代表のF氏は隠岐ジオパークのキーパーソンであるN氏とエコツーリズム、ジオパークに取り組むようになった。12年にはNPO法人隠岐しぜんむらとなり、現在、自然学校、森のようちえん、エコツアーガイドなどの事業や野生動物や植生などの調査業務に取り組んでいる。

とくに調査業務については収益事業にならないが、環境保全のためにも重要であり、環境省や島外の研究所とともに実施している。隠岐しぜんむらが隠岐地域で長期間、自然環境に関する調査業務や保全活動を担っており、そこに蓄積された知識や経験が欠かせないものとなっている。

ジオパークではこのように保全にかかる基礎調査や観光者に対応するツアーガイドはもちろんのこと、ガイド養成講座の組み立て、修学旅行のプログラム作り、新コースの開発といった事業を委託している。コロナ禍においてはガイド需要が増加しているという。ガイド料は若いガイドが生計を立てられるよう料金設定をしている。ガイド養成では隠岐の基礎知識の他にガイドノウハウ、リスクマネジメント、ガイド心得、留意点などを整理し、ガイドスキルの習得を中心とした実践的なトレーニングプログラムを運営している。このように、ボランティアではない経済活動として成り立つような職業訓練としてのガイド育成とその実践が展開されている。

スタッフは全員20～30代のIターン者であり、外国語に対応できるスタッフも在籍している。代表のF氏も１９９０年代終わりに隠岐にIターンした移住者である。F氏は隠岐について「旧石器時代からの交流、高貴な流人の受け入れ、北前船の寄港の歴史にあるように、隠岐にはよそ者を受け入れる土壌がある」と評価している。このことは隠岐の歴史的背景が移住者の隠岐アイデンティティ形成に大きく寄与していることを示唆しているであろう。

島後を活動エリアとする一般社団法人隠岐ジオパークツアーデスク（以下、ツアーデスク）は、２０１６年に設立されたガイド団体であり、関東からのIターン者を中心に平均年齢37・８歳の４人のスタッフで構成される。また、ＮＰＯ法人隠岐しぜんむらのF氏も役員として参加している。事務局は隠岐の島町の海洋スポーツセンター内にある。旅行業資格は現時点では必要性を感じないため取得しておらず、必要なときは持っているところと連携して事業運営をしているとのことであった。

ツアーデスクではキャンプ場の管理、観光客向けシーカヤック、SUP（スタンドアップパドル、Stand Up Paddle の略）トレッキング、サイクリングツアーといったアウトドア体験、学校対象のガイド、公民館活動との連携といったサービスを提供するほか、植物の分布調査なども行なっている。アウトドア体験ではアクティビティを通じて島の自然環境や地域文化についての情報を提供している。冬の閑散期は勉強会を開催したり、県の委託事業を受けたりするなどして対応していた。コロナ禍による影響としては、利用者の変化がある。コロナ禍が到来するまでは関東や関西からの利用者が中心だったが、コロナ禍になり県内在住者と大学生の利用が増えたとのことであった。

◉隠岐ユネスコ世界ジオパークを動かす人

隠岐ジオゲートウェイや Entô のオープン、地域団体との連携などを仕掛けてきた隠岐ジオパークのキーパーソンといえば先述したN氏である。N氏は隠岐の島町出身で中学まで同町で暮らしたが、進学を機に島を離れ、その後、大手建設会社に就職した。その時の経験として「出身地の話になると、隠岐出身なのに隠岐のことを恥ずかしくて語れなかった」と語る。1994年に隠岐の島へUターンし、町の役場職員として住民参加のまちづくりに携わった。2001年に開催されたワークショップでは、参加者と「隠岐をなんとかしたい」という思いで一致し、03年には「風待ち海道倶楽部」というまちづくりグループが設立した[7]。そこではエコツーリズムに取り組んだ。

2004年からは隠岐の歴史・文化、植物、昆虫を学ぶ隠岐学講座がスタートし、黒曜石の流通や遠流の地の歴史、ユニークな植生などの学習会が開催された。その中で「帰ってみたら、隠岐にいろいろあることを知った」と話す。また、同時期にジオパークと出会い、「隠岐ジオパーク推進協議会」の設立に携わった。そして、11年には隠岐ジオパーク推進協議会に派遣され、14年から事務局長職に就いている。

N氏自身は「子どもたちに隠岐を語って欲しい」、「世界を感じてほしい」という思いを持ってジオパークの活動を引っ張ってきた。そして、当初から「ジオパークは人づくりである」とし、「地質ではなく地域のストーリーである」と地質公園化しつつあった日本のジオパークに警鐘を鳴らした。

N氏は島内のアクターはもちろん、イオンやグーグル、ソニー、NTTドコモなどの大企業、香港やタイといった海外のジオパークについても次々と連携をコーディネートしていった。そして、島内外と連携した取り組みを展開しながら、一体感の欠如していた隠岐地域をジオパークで統合していった。2022年現在、N氏は日本ジオパークネットワーク事務局次長、世界ジオパークネットワークの離島ワーキングのオーガナイザーという要職に就き、日本ジオパークネットワークおよび世界ジオパークネットワークをも牽引するキーパーソンとなった。

「片道切符で来た」と言うN氏であるが、彼は行政職でありながらジオパークの立ち上げから10年以上取り組み、その成果を上げてきた。N氏のように長期間活躍するリーダー的存在のキーパーソンは欧州のジオパークには多く存在するが、日本のジオパークにおいては珍しい。日本ジオパーク委員会はその審査基本方針の中で、「『ジオパークを目指す地域は、持続可能な地域社会の実現のために、ジオパークとして、その地域にあったやり方で住民、行政、研究者などが、ともに考え続けているかどうか』を判断基準にする」(13)としており、継続した取り組みを重視しているものの、日本におけるジオパークの管理運営は行政を中心とした推進協議会という任意団体によって行なわれ、その中で行政職員が事務局の長や職員を担うケースが多い。

そのため、定期的な人事異動があり、多くのジオパークでは、管理職や事務職が数年ごとに頻繁に交代する。もちろん、このローテーション人事はミスマッチの解消などのメリットもあるが、一方で、

(13) 日本ジオパーク委員会（2021）「日本ジオパーク委員会審査基本方針」https://jgc.geopark.jp/files/20210324_01.pdf (2022.4.4 閲覧)

事業が継続されなかったり、構築した人的ネットワークが継承されなかったり、新たな事業が生まれにくかったりなどといったデメリットも多い。そのことが結果的に管理運営チームの弱体化を招く場合がある。

N氏のように行政の慣例にとらわれず、長期間活躍できる熱意を持ったリーダーの存在は、持続可能な地域社会の実現を目指すジオパークにとって必要不可欠な存在である。N氏は「ジオパークは人づくり」であると言うが、実践者としてのN氏の姿は「ジオパークは人である」ということを体現している。

4. まとめ

隠岐地域は60年代から70年代にかけての離島ブームにより数多くの観光者を獲得し、90年代前半には年間20万人以上が訪れる観光地となった。90年代後半以降、旅行形態が物見遊山の団体旅行から経験や体験を重視する個人旅行へと変化していく中で、島の観光は個人旅行需要に対応できず、観光者数も減少していった。また人口減少と高齢化も進展しており、産業構造も労働集約的な産業分野で構成される。

このような社会経済状況のもと、隠岐地域では4島を統合し、一体的な開発を進めるため「ユネスコ世界ジオパーク」というグローバルスタンダードの地域開発手法が取り入れられた。ジオパークは、地球遺産の価値を社会と共有しながら、地域アイデンティティを守り、自分達のやり方で持続可能な地域社会を創造するローカルな取り組みである。そして、4年に一度の再審査が行なわれることによってグローバルな視点からの客観的評価がもたらされ、次の4年に向けての課題が示される。

このように隠岐地域ではローカルな視点とグローバルな視点の双方から相互学習および相互評価をしながら地道に地域開発を進めてきた。この地域開発を遂行するにあたり、強力なリーダーを中心に地域住民、移住者、島外のクリエーターや企業、国内外のジオパーク関係者らとマルチスケールのネットワークが形成されていった。その結果、施設改修など公共投資のタイミングも重なり、「隠岐」という地域アイデンティティと現代的価値観である「サステイナビリティ」を表現した拠点施設「隠岐ジオゲートウェイ」やホテル Entô の誕生という革新的な場所の創出がもたらされた。さらにジオパークと4島の観光協会が統合し、隠岐ジオパーク推進機構が設立されたことにより、隠岐地域の一体的な開発がより推進される体制が作られた。研究者、国際交流、マーケティング、教員経験者など、隠岐地域出身者と移住者、企業からの出向者で構成されるプロフェッショナルなチームが編成された。これにより、行政経営のジオパークとは異なる柔軟で創造的な事業運営が可能となった。

ＮＰＯ法人隠岐しぜんむらや一般社団法人隠岐ジオツアーデスクのような、環境保全や観光振興を担う地域団体との連携も見逃せない。これらの団体は環境の保全に取り組みながら、ガイド活動やアクティビティの提供を通じて、観光者や学校、地域団体といったゲストに隠岐地域の自然環境や地域文化を伝えている。両団体ともIターンでやってきた移住者が多く参画している。移住者は「よそもの」として、外部から新しい価値観や文化をもたらし、地域文化を再評価する役割を果たしている。(14)隠岐は先史時代からよそものを受け入れる土壌があり、その歴史が移住者の隠岐アイデンティティの獲得や形成に寄与している可能性があることも興味深い点である。

このように離島という条件不利地域である隠岐において、ジオパークという地域開発のグローバルスタンダードを導入し、強力なリーダーのもとで、域内外のネットワークを活用し、新しく創造的な観光を創出し始めている。実際、隠岐ジオパークの活動は他のジオパークに対しても様々な影響を与

(14) 萩原雅也（２０１４）「創造農村の構築と持続可能性」、佐々木雅之・川井田祥子・萩原雅也編著『創造農村　過疎をクリエイティブに生きる戦略』学芸出版社。

えており、現在の日本のジオパークにおいては、もっともクリエイティブでイノベーティブなジオパークの一つとなった。そのうちに離島という条件不利が、クリエイティブツーリズムにおいては優位性を示すのではないかという期待がある。それについては今後検証していきたい。またリーダー論では常に後継者の問題が指摘される。ポストＮ氏は個人なのかチームなのか、それについては隠岐ジオパークの今後の展開を注視したい。

★ 考えてみよう

1．あなたが住んでいる場所の地域アイデンティティについて考えてみよう。
2．身近な地球遺産について調べてみよう。

第9章　航空マニアの道楽「紋別タッチ」にみる地元との交流と経済促進

杉山　維彦

1. 航空「修行」とは？

「修行」という言葉を聞いたことがあるだろう。広辞苑によれば、学問、技芸などを習いおさめることとある。

仏道修行という言葉もあるように、本来は宗教上の目的実現のために課せられた身心鍛練の組織的な実践である。この場合「修業」と書く場合もあり、托鉢（僧侶が修行のため、経を唱えながら街角や各戸の前に立ち、食物や金銭を鉢に受けて回ること）をしながら巡礼することなどをいう。仏教ばかりでなく、カトリック僧院の修道生活、イスラームの5行（5つの義務。たとえば断食、礼拝、巡礼など）もそうである。また、神道にみられる禊の錬成なども含み、世界の宗教史の幅広い領域で「修行」という言葉が使用されている。つまり、各宗教の奥義や秘術の体得あるいは宗教者としての高度な人格の完成は、一定の規範に基づいた厳しい実践がなければ達せられないという共通の認識がある。

宗教の世界ばかりでなく、社会においても諸芸諸道に熟達するために師匠を求めて腕を磨くことも「修行」という。この場合、単に技を習得するのみでなく、技とともに人間をもつくるという精神的意味が含まれている。近年では、師匠との関係が希薄となり、たとえば師匠といえる人の書物を熟読し情報収集するなど、「修行」は個人的に技を磨く「習業」への傾斜を強めていると考える。

航空マニアの間でも「修行」という言葉が使われている。コロナ禍の昨今、航空機による人間の移動が減少した。3～5分間で機内の空気は入れ替わるというが、身動きのできない密な状態で長時間座席に座ることを嫌がる人もいる。このような環境の中でも、航空マニアはマイルを貯めるため、または、ステータスを維持することを目的とする航空旅行を行なっている。このことも「修行」または「航空修行」、「マイル修行」という。そして、修行するマニアを「航空修行僧」または単に「修行僧」と呼ぶ。なぜ「修行」なのかというと、到着地で観光や宿泊をせず、短時間に多くの回数飛行機に乗り続けるため、体力、時間、金銭を消耗するなど、一般的観点からは「苦痛」を伴うため、僧侶の修行にたとえられたものである。

さらに、どこか目的の空港に到着後、同じ機材で戻る、または、次の目的地へ飛行することを航空用語のタッチ・アンド・ゴーより「タッチ」と呼ぶ。就航便が多い空港では、空港の敷地内を出ることなく到着機材とは別の機材で出発地へ戻ること、他の目的地へ行くことも含む。よって、乗り継ぎも広義では「タッチ」である。筆者も四国に勤務していた時、帰省するために高松空港→沖縄（那覇）空港→羽田空港とフライトし、ステータスを維持するためにプレミアムポイントを増やす目的で、経由（タッチ）を行った。また、高松空港と沖縄空港を往復（タッチ）していた。

そしてコアなマニアが集まるFacebookのグループ「ANAプレミアムメンバー（DIA/PLT/BRZ/SFC/ミリオンマイラー／ANA好きな人）」（以下、FBグループ）のメンバー（以下、FBメンバー）の中で、オホーツク紋別空港を目的地とする「紋別タッチ」が、2021年のトレンドとなっている。これは羽田から1日1便のオホーツク紋別空港行の便に乗り、40分で折り返すことをいう。また、F

Bグループのリーダー的存在でFBメンバーの師匠（神様）であるパラダイス山元氏の著書[(1)]には「流氷タッチ」としても8ページにわたり紹介されている。最近では「ゆきもんタッチ」ともいう（詳細後述）。

その他にもオホーツク紋別空港へフライトすることを「モンフラ」、紋別市またはその周辺の地域に滞在することを「モンステ」といい、その語源はそれぞれ「紋別フライト」、「紋別ステイ」から来ている。また、FBメンバーの間では「紋別タッチ」をする者を「紋別タッチャー」と呼ぶ。

そして、FBメンバーの間で大人気なのは、紋別市のマスコットキャラクターの「紋太くん」と妹の「べつこちゃん」である。オホーツク紋別空港ではこれらキャラクターのグッズを紋別観光振興公社が羽田空港からの到着便に合わせて出店して販売している（のちに空港内に販売ブースが開設される）。ここで販売しているチェーンが付いた全長約10㎝の「紋太くん」と「べつこちゃん」のぬいぐるみがFBメンバーの間で大人気である。これを大量に購入して、旅行に連れて行き、その風景をバックに撮影したり、自作の服に着せ替えたものをFBグループに投稿している。もし、各地の空港で「紋太くん」をバッグなどに付けている人を見ることができたら、FBメンバーに間違いない。

このFBグループは2022年6月現在3万人以上が登録する大所帯となっている。管理人の内田大輔氏を中心にANAと直接交渉を行ないFlying HONUというANAがハワイ便専用に購入した現在では世界最大の旅客機A380をチャーターして日本一周飛行を行なったり、成田空港に駐機したFlying HONUで機内レストランを行なったりしている。さらに、2021年12月4日にはチャーター機で「紋別タッチ」をし、5時間の滞在時間に、普段ではできない紋別市内の観光を行ない、また、地元の海産物のランチを堪能したり購入したりする時間がつくられた。とくにチャーター機と定期便の機材が向かい合い駐機する場面を撮影することが、航空マニアのハイライトとなった。このように

（1）パラダイス山元（2018）『パラダイス山元の飛行機の乗り方』新潮文庫。

ＦＢグループでは、航空マニアには最高のイベントも企画している。

さて、このような「紋別タッチ」は今でも、毎日必ず何名かがオホーツク紋別空港を訪れている。この空港において、タッチのみで何らかの経済効果があるのか疑問である。それも、地元の産物の消費に影響があるのか知りたい。そこで「マイル修行僧」が「紋別タッチ」による地元との交流や、紋別市および周辺地域の地方経済の発展に寄与できるか調査することにした。合わせて、「紋別タッチャー」の心理的要因も調査することとした。

2.「紋別タッチ」の経緯と展開

「紋別タッチ」がいつ頃始まったかというと、記録がないためはっきりしないが、２０２１年春くらいと思われる。ここで登場するのが、紋別セントラルホテル常務の田中夕貴氏である。

Clubhouse にＦＢメンバーの多くが参加する「ＡＮＡ推しが集う青い沼」というルームがある。これはパラダイス山元氏が主宰者となり、ＦＢグループ管理人の内田大輔氏、ＦＢメンバーでパラダイス山元氏

図１　紋別タッチの様子

2021 年 12 月 3 日筆者撮影（以下，記載ない場合は筆者撮影）.

図２　紋太くんとべつこちゃん

Act for Hokkaido ～紋別高校
https://www.youtube.com/watch?v=F5H9xjVGEZs

図３　オホーツク紋別空港での紋太くんグッズの販売

のウォッチャーである伊藤正宏氏の３名がモデレーターとなり、他の参加者は聞き手にまわるラジオ的な配信であり、２０２１年2月1日より毎朝6時に行なっている。ＦＢグループでの投稿内容について詳しく解説を行なったり、イベントやキャンペーンなどを通知したり、３人でフリートークをしている。この頃、とくに冬のオホーツク海に現れる流氷を上空から見ようと「流氷タッチ」がお勧めされていた。ある日、そこに何も知らない田中氏がハンドアップをして、トークに参加した。

筆者の田中氏本人へのインタビューと[2]「The 紋別タッチ」[3]によれば、この時に話した内容は、ＡＮＡ３７５便（羽田→オホーツク紋別）と同３７６便（オホーツク紋別→羽田）のこと、流氷がフライトから見られること、タッチのことなどであった。この頃から紋別の離着陸時に上空から見ることができる流氷を見ようという「流氷タッチ」をするＦＢメンバーが何人も出始めた。

羽田空港とオホーツク紋別空港の間で使用されている機材は、オホーツク紋別空港の施設の関係で小型機のみとなっている。また、運用の関係でコンテナを搭載しない機材のみとなっており、現在B737-800という機材が使用されている。ＡＮＡではこの機材を２００８年より使用しているが、それまでは1世代前のB737-700が05年より使用されていた。この機材は21年６月に最後の３機が運航を終了した。ＡＮＡではこの３機を用いて全国の地方空港へラストフライトを行なった。オホーツク紋別空港には21年６月20日にフライトすることが発表されると、日曜日であることから多くの航空マニアが搭乗して「紋別タッチ」を行なった。

この頃Clubhouseでは、タッチやステイをして紋別便を満席にしようと呼びかけが行なわれた。６月20日は羽田からの到着便が定員１２０名に対し１０４名、羽田への出発便は92名が搭乗した（ただし、このうちの何名が航空マニアの「紋別タッチ」や「紋別ステイ」であるかは不明である）[4]。田中氏をはじめ観光関係者が「＃モンフラありがとう」の横断幕やボードを準備し、オホーツク紋別空港

（2）杉山維彦（２０２１）「航空修行僧による地域活性化～オホーツク紋別空港の事例から～」日本国際観光学会第25回全国大会梗概集：pp.8-9.

（3）株式会社紋別観光振興公社（２０２１）「The 紋別タッチ」（株式会社太陽）。

（4）「月刊クォリティ」２０２１年８月号（株式会社太陽）。

ターミナルビル2階の展望デッキから乗客に対し声をかけた。同空港は航空機とターミナルビルの間にボーディングブリッジ（搭乗橋）がなく、旅客はタラップで降機し、ターミナルビルまで徒歩で向かう形をとっている。したがって、降機した旅客がターミナルビルに入る際、確実に2階のデッキにおける歓迎の横断幕が見えるだけでなく、掛け声も聞こえ、この場所で会話もできる。よって、出発客はここで最後のお別れもすることができる。

この日、パラダイス山元氏も搭乗し、オホーツク紋別空港へやって来た。この時横断幕で搭乗客を出迎えていた田中氏が、パラダイス山元氏と初めて会うことができただけでなく、空港を訪れていた宮川良一市長を紹介した。これにより田中氏のみならず地域全体が紋別を訪れる航空マニアに感謝する姿勢をアピールすることができた。

その後、紋別市の市長をはじめ紋別市観光連携室、株式会社紋別観光振興公社の中島和彦副社長が「紋別タッチ」を含む航空マニアの「モンフラ」について理解し、オホーツク紋別空港に航空マニアを誘導する仕組みづくりが始まった。FBグループの内田氏の発案で航空マニアの心を揺さぶる企画が次々に発案される。

その最初が『紋別感謝応援タラバガニツアー』と称した「紋別ステイ」である。2021年8月21日に実施され、土日の滞在になるため、FBグループで呼びかけに対し3時間で20名以上のFBメンバーが参加を表明した。紋別観光振興公社のサポートで参加者の満足度は高かったという[(5)]。また、すでに数回のタッチを済ませてはいるが、この日が初ステイという人も多かった。

この頃には、空港内のカウンターレストラン「オホーツクブルー」でカレーを何杯食べられるか（カレーチャレンジと呼ぶ）など、航空マニアが時刻表上40分という短い折り返し時間内で何をして過ごすかがFBメンバーの大きな話題となってくる。また、2021年2月より行なわれている「ANA

(5)「月刊クォリティ」2021年10月号（株式会社太陽）。

東京＝紋別路線キャンペーン」により、ANA FESTAやオホーツク紋別空港の売店「オホーツク村」で利用できる買物券がもらえることから、北海道のベタな土産に加え、紋別市や近隣の市町村で作られた土産を買って帰るＦＢメンバーも増えた。

確実に「紋別タッチ」を増やすことになったのが、２０２１年9月より始まる紋別観光振興公社、ＦＢグループ「ＡＮＡプレミアムメンバー」、Clubhouse「ＡＮＡ推しが集う青い沼」の３者がジョイントした『羽田↑↓オホーツク紋別線　同日タッチキャンペーン』である。また、それとは別に同月23日には『モンフラ秋の大遠足』と称したイベントが行なわれた。パラダイス山元氏の呼びかけで、74名(6)ものＦＢメンバーが参加し、過去最大の数となった。その時の使用機材の機体番号が偶然にもJA74ANであったことは航空マニアの間で奇跡といわれている。この日は木曜日の祝日で翌日の金曜日を休めば26日の日曜日まで４日間の連休となるため、タッチだけでなくステイするＦＢメンバーもいた。余談であるがアウトロー的に修行やタッチを行なっている筆者は26日に「紋別タッチ」を行ない、ステイの方々と帰路を一緒した。10月３日（日）には、あるＦＢメンバーの発案で「紋太の誕生会」を行ない、現地でタラバガニを楽しむ企画が立案され約27名のＦＢメンバーが参加した。紋太の誕生日は「とっかり（10）」と「ゴマ（５）ちゃん」から10月５日であるが、ＦＢメンバーの事前の申し出でこの日となった。筆者もこの日が誕生日であるため、誕生会に相乗りさせてもらった。

そして、２０２２年2月11日には内田氏の発案で『流氷冬の陣』と称するツアーも行なわれた。これは同日から13日までの３連休に、ＦＢメンバー各自の都合で「モンステ」、「紋別タッチ」を自由に行なった。この際、紋別観光振興公社は参加のメンバーに有料でバスの手配も行なった。さらに、同月25日から27日までの間に、紋別観光振興公社、ＦＢグループ「ＡＮＡプレミアムメンバー」、Clubhouse「ＡＮＡ推しが集う青い沼」の３者がジョイントした『札幌&紋別 FLYING OFF 2022（オ

（6）北海民友新聞（2021.10.1）によれば75名。

フ会)』が4パターン用意され、紋別でもオフ会を含む「モンステ」が行なわれた。

3. 現地での「紋別タッチ」の受け入れ

周辺市町村が実施するオホーツク紋別空港利用促進制度があり、地域ではオホーツク紋別空港の航空路線の維持、および、航空機の利用促進を図るため、同空港の利用者に対し、予算の範囲内で補助金の交付をしている。補助額は、紋別市の場合片道5千円、往復は一万円である。また、地域住民の3親等以内であれば首都圏に住む親族でも同様の補助を受けられる。近隣の雄武町では、宿泊する観光者に対しても、同空港を利用する場合、この空港利用促進制度が適用される。

紋別市の場合、この申請を受託しているのが紋別観光振興公社であり、バスターミナルなどでの観光案内業務を紋別市に代わって行なっている。また、ANA紋別地区総代理店（GSA）として、オホーツク紋別空港内のハンドリングも行なっている。紋別観光振興公社副社長の中島氏は2021年3月まで紋別市観光関連室長（部長職）であり、東京路線の搭乗率を上げ、廃止路線とならぬよう誘客政策を行なってきた。4月以降はANAのGSAとして大手旅行会社などを通じ、誘客を行なってきたが、2020年から続くコロナ禍で思うように誘客できないでいた。そこにFBメンバーによる「紋別タッチ」を知り、応援をすることで搭乗率の維持、増加を目指すことにした。

このようなことから、オホーツク紋別空港のANAのスタッフが「紋別タッチ」をするFBメンバーへの対応も行なっている。この空港のANAスタッフは、以前からFBメンバーの間でも他の空港に比べフレンドリーで、ホスピタリティ溢れる対応をしてくれると有名であった。たとえば、普段から駐機している飛行機が出発準備を終え動き出すとき、ANAスタッフ全員でグッバイ・ウェーブ（手を振って旅立つ飛行機の中にいるすべての人を見送る行為）をしたり、『いってらっしゃい』と書かれたプレートを手に持ち、飛行機が見えなくなるまで見送ってくれる。実際、飛行機が滑走路を走行し離陸する時、一瞬見える空港ターミナルではまだスタッフ全員が手を振ってくれている。

２０２１年７月からは「紋別タッチ」をする人に「Visit MONBETSU AIRPORT」スタンプカードを発行するようになった(図４)。オホーツク紋別空港のＡＮＡのチェックインカウンター内に「紋別タッチ」する人向けの特設カウンターが設けられ、スタンプカードが発行され、２回目以降はスタンプを押印してもらえる。その回数により色が異なるステッカーがもらえ、また、ＡＮＡスタッフが空港前のオホーツク海岸で探したきれいな「オホーツク海の石」やアクリルプレートなどがもらえる。さらに、毎月図柄が異なるステッカーがタッチの度に必ずもらえる。

オホーツク紋別空港に新設されたカウンターは、紋別観光振興公社がＡＮＡよりその一部を借り受けて運用し、「紋別タッチ」のＦＢメンバーへの対応はＡＮＡのスタッフが行なっている。８月３日にはこのカウンターの後ろに「紋別タッチ」カウントパネルが設けられ、７月以降の累計タッチ数を示している（図５）。５タッチすると名前が書かれたプレートがパネルに貼られ、その後、10タッチから50タッチまで10タッチ刻みで上昇していく。10月末には50

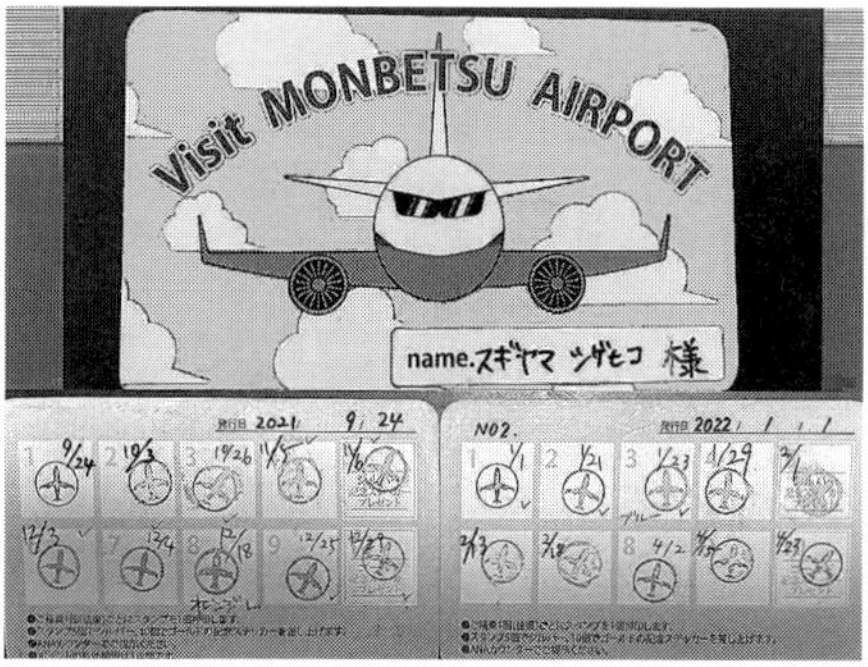

図４　「Visit MONBETSU AIRPORT」
スタンプカード

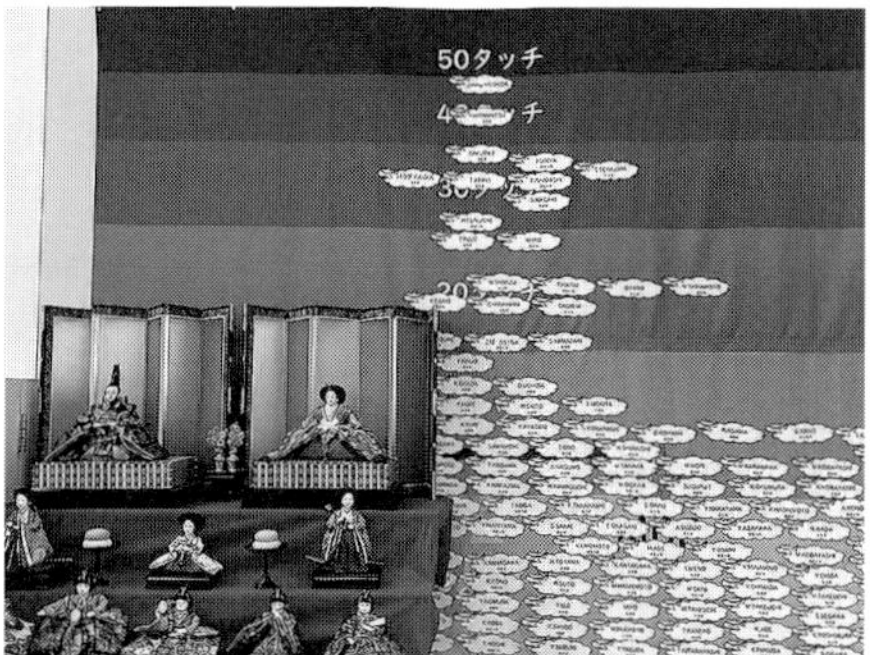

図５　「紋別タッチ」カウントパネル

タッチを越え、パネルに収まらないＦＢメンバー（２０２２年３月には１００タッチを超えている）のプレートが壁面上部にあるエアコン吹き出し口の横に貼られている。

そして、９月からは前述のキャンペーンが行なわれている。まず第１弾として９月には、３期間に分け「紋別タッチ」をすることで、期間に応じた異なる色のＴシャツを無料配布した。もちろん航空運賃は自腹である。事前エントリーが必要であるが、ＦＢメンバーはそれぞれの色のＴシャツを求めて何回も「紋別タッチ」を行なった。

10月は第２弾として、通常のスタンプカードに加え『チャレンジ オホーツク紋別タッチ 30days』スタンプカードが発行され、タッチ搭乗者限定「紋別タッチ（しなさい）ステッカー」を配布した。タッチ回数によって記念品を配布するとともに、期間内最多搭乗者上位10名に対し、紋別市長から感謝状と副賞「紋別のうまいもん詰め合わせ」を贈呈し、「紋別タッチ」の旅客を全面的に応援することにした。さらに、この期間中「紋別タッチ」の旅客にもれなく、パラダイス山元氏が経営する日本一予約の取れない餃子レストラン『荻窪餃子 蔓餃苑』監修の「オホーツク紋別ホタテ餃子ランチボックス」（メニューは週替わり）を配布することにした。これにより、同月は「紋別タッチ」の人数が急激に増加していく。その後、11月から２０２２年１月までの毎月29日を「紋別にキュン！」と称し、その日は「紋別タッチ」の人数が増える現象が起きた。これは「ＡＮＡにキュン！」と呼ばれる「ＡＮＡ感謝の日」から取ったもので、毎月29日限定で、ＡＮＡでは旅行にかかわらず様々な「キュン！」な企画を月替わりで行なっている。29日について11月は54名[7]、12月は不明だが、１月は１１０名[8]と、これまでの「紋別タッチ」の中で最高の人数を記録した。これまでの「紋別タッチ」は９月23日の『モンフラ秋の大遠足』が74名、10月30日の『チャレンジ オホーツク紋別タッチ 30days』最終日が80名であり、これを大きく上回った[9]。

（７）「月刊クォリティ」２０２２年１月号（株式会社太陽）。
（８）北海民友新聞、2022.2.1.
（９）「月刊クォリティ」２０２２年３月号（株式会社太陽）。

その後、11月以降に5回以上「紋別タッチ」を行なうことでオレンジのダウンジャケットを配布するキャンペーンを行なった。続いてブルーのダウンジャケットも5回の「紋別タッチ」で配布された。このオレンジやブルーのダウンはTシャツに次ぐFBメンバーのユニフォームとなる。しかし、数量やサイズが決まっており、5回タッチを早く達成しないと、ダウンが手に入らなくなってしまうという意識を煽り、FBメンバーの「紋別タッチ」が加速された。

このように毎月キャンペーンが行なわれ、「紋別タッチ」するFBメンバーの心をくすぐる。たとえば、FBメンバーの最大のイベントは『紋別タッチ大感謝祭・夕食会』で、2021年7月から11月20日までに5回以上「紋別タッチ」を行なった者を対象に、同年12月11日に紋別セントラルホテルで行なわれた。これまでの「紋別タッチ」の費用（往復分の航空運賃）は各自で負担しているが、大感謝祭の参加にかかる航空運賃ももちろん自腹である。しかし、夕食会と宿泊費用は紋別観光振興公社が負担した。夕食会では同公社社長の棚橋一直氏が最初に挨拶し、路線維持の必要性と「紋別タッチ」による搭乗者数について説明があった。続いて、来賓として宮川紋別市長が挨拶し、これまでのオホーツク紋別空港の歴史と、東京便の必要性を話した。閉会の挨拶をした同公社副社長の中島氏は、棚橋社長や宮川市長のサポートで「紋別タッチ」のイベントなどをストレスフリーで企画できたこと、空港を活かした地方創生のモデルとして今後も「紋別タッチ」を応援することを話した。

ここで「紋別タッチ」のキーパーソンは誰かというと、紋別セントラルホテル常務の田中夕貴氏であろう。2021年6月20日の**B737-700**ラストフライト以降、毎日のようにオホーツク紋別空港に出向き、2階の展望デッキから大きなメッセージボード（横断幕をボードに変更した）でFBメンバーを出迎え、その後1階の到着ロビーでメンバーと積極的に会話をしてコミュニケーションを取り、保安検査場の手前でメンバーを見送りして、再度2階の展望デッキから大きなメッセージボードでお別れの声をかけてくれる。田中氏は「紋別タッチ」をするＦＢメンバー全員と会話をし、顔も覚えている。パラダイス山元氏や内田氏を宮川市長や中島副社長と結びつけたのも田中氏である。筆者も田中氏によって、中島氏とのパイプができた。まさに「紋別タッチ」におけるクリエイティブパーソンであることは間違いない。田中氏はまた、空港の売店では販売していない生のホタテ（生玉）を購入希望の「紋別タッチ」のＦＢメンバーには、Facebookを通じて注文を受け付け、ボランティアで地元の水産業者から購入して来てくれる。

いつの日か、紋別観光振興公社の「紋太くん」を販売するスタッフや、田中氏のホテルのスタッフ、その他観光関連の人たちが数名、毎日のように田中氏とともにＦＢメンバーを出迎え、見送りしている。その際、ボードだけでなくＡＮＡのコーポレートカラーのブルーの大きな手を振ってくれている。田中氏は「このような毎日の出迎え、見送りは日課となっており、そこから生まれたコミュニケーションを大事にし、紋別を訪れるＦＢメンバーやＡＮＡに対して感謝の気持ちを伝えたい」と言っている。このことから田中氏は「ゆきもん」と呼ばれ、「紋別タッチ」は別名「ゆきもんタッチ」とも呼ばれるようになった。「ゆき」は田中氏の名前夕貴《ゆき》であり、「もん」は紋太の「もん」から来ている。FacebookにはＦＢメンバーがつくる「紋太・べつこLOVE」というグループもある。ここでは「紋太くん」の前述のぬいぐるみを連れて旅行へ行き、その風景を投稿する。その際のコメントは紋太語として語尾に必ず「もん」を付けることになっている。たとえば「お腹空いたもん」のように使う。このように紋別（空港を含む）は航空マニアのクリエイティブエリアであり、これからも地元の人々との交流を求めて続いていくであろう。

4．修行僧にとって「モンフラ」とは

「紋別タッチ」する航空マニアは単なる修行僧なのか。または、なにが「紋別タッチ」を誘発させるのか、その心因的要因を探る。これにかかり、ＦＢグループにおいて、管理人の内田氏の許可を取り、ＦＢメンバーに対しアンケート調査を行なった。実施期間は２０２１年10月10～16日であり、有効サンプル数は80である。アンケートに加え、「紋別タッチ」をしているＦＢメンバー10名に聞き取り調査を行ない、考察を加える。

◉「紋別タッチャー」の属性

アンケートでは『性別』『年齢』『職業』『ＡＭＣステータス』の４つを問い、「紋別タッチャー」の属性分布を最初に明らかにした。年代分布、職業分布、ＡＭＣステータスについて総合的に判断すると、比較的安定した収入を得ていると察せられる職業と年代が多く「紋別タッチ」をしていることがわかる。また、ダイヤモンドメンバーが過半数を超えていることがわかる。

図６～９からわかるように、男女比は、アンケート調査の時点では男性が72％と上回っているが、その後ＦＢグループの投稿などを見ると、女性が平日に「紋別タッチ」をする投稿が多く確認されるようになり、現在では女性の割合はさらに多くなっていると考えられる。年代は50代が最も多く、次いで40代である。合わせると３／４を占める。職業は半数以上が会社員と回答しているが、会社役員、会社経営者、個人事業主などを加えると３／４を占める。医師・歯科医師なども含め、40代や50代の年齢層が過半数を超えていることも考えると、平日を比較的自由に使える者が

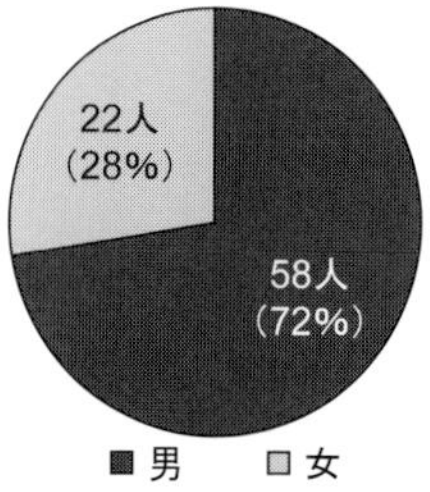

図６ 「紋別タッチャー」の男女比 （n=80）

筆者作成（以下，円グラフ・棒グラフは筆者作成）.

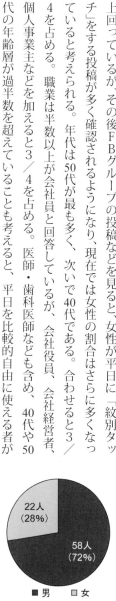

多いと推測される。また、個人事業主は女性とも考えられる。ＡＭＣ（ANA MILEGE CLUB）のステータスも、最上位のＤＩＡ（ダイヤモンドメンバー）が６割を占めており、「紋別タッチ」をする者の多くは修行僧であることがわかる。実例として、「紋別にキュン！」でランチボックスの配布を行なった２０２２年１月29日の１１０名のほとんどがＤＩＡであった。オホーツク紋別空港の自動改札機は１台のみであり、搭乗順位最初の Group 1（ＤＩＡ）の搭乗者が約80名以上いたことが、ＦＢグループにて動画投稿されていた。

◉「紋別タッチャー」の動向

次に、航空マニアの「紋別タッチ」をする理由について聞いていく。

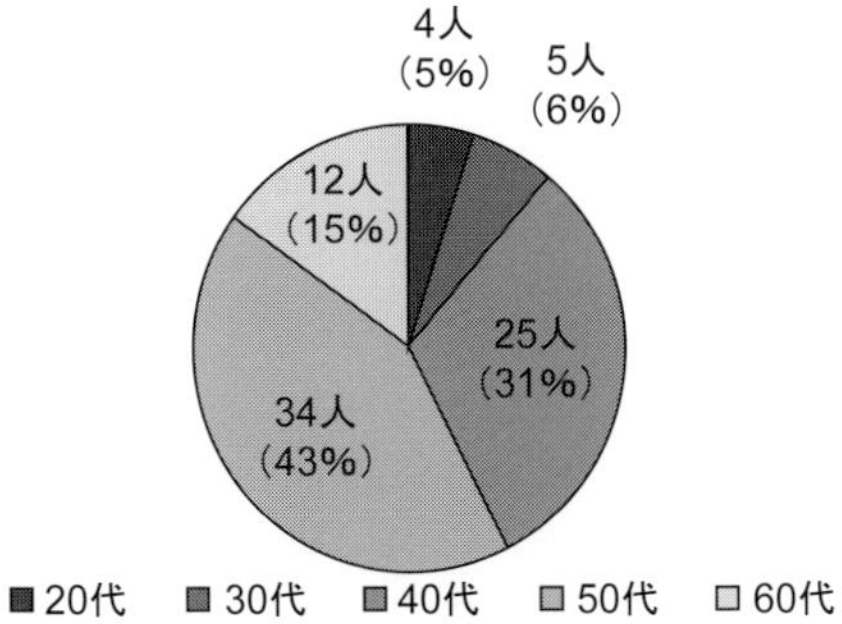

図７「紋別タッチャー」の年代（n=80）

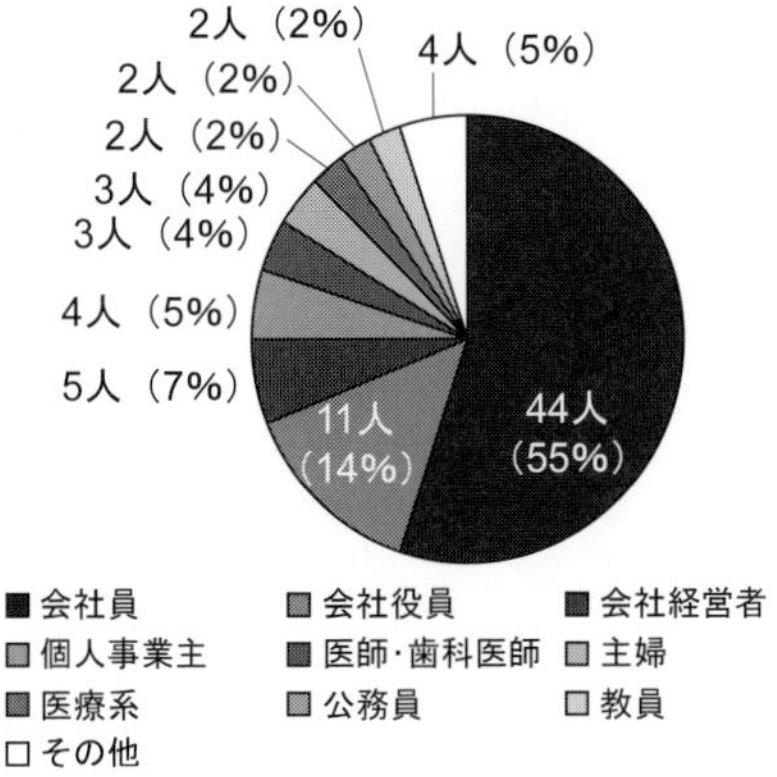

図８「紋別タッチャー」の職業（n=80）

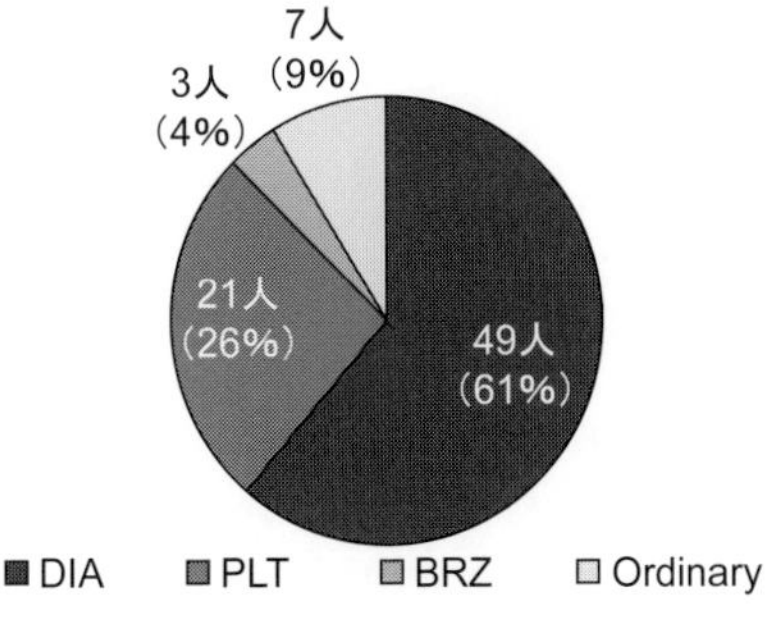

図９「紋別タッチャー」のAMC ステータス（n=80）

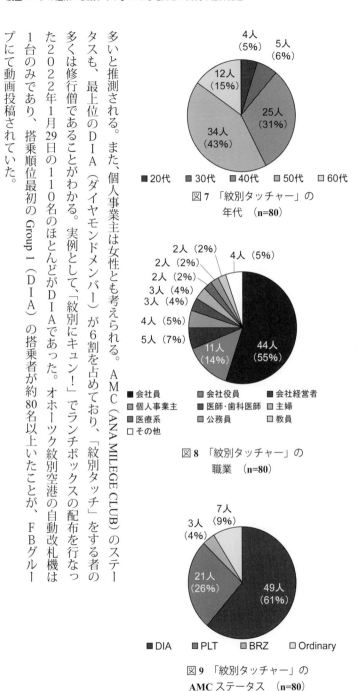

（１）「紋別タッチ」の回数

アンケートで一旦10月15日までに「紋別タッチ」の回数を訊いたものが図10である。質問は『10月15日までに紋別タッチを何回しましたか？』という内容で行ない、回答の回数は広く分布していた。1～4回に集中が見られる。また、８回が10名と目立っているが、これは10月のキャンペーン中に20タッチを目指しているのではないかと考えられた。結果このＦＢメンバーは同月中に３０タッチを達成でき、前述の『紋別タッチ大感謝祭・夕食会』で表彰されている。このメンバーはその後タッチを頻繁に繰り返し、２０２２年３月23日には最高数の１００回に達し、紋別観光振興公社より表彰状と記念の盾がオホーツク紋別空港のＡＮＡチェックインカウンター前で贈られた。

（２）「紋別タッチ」初回日

『初めての「モンフラ」はいつですか？』という質問では９月23日が最高数であった（図11）。２０２１年６月20日のB737-700のオホーツク紋別最終日に十数名の参加があり（アンケート回答者は２名であったが、ＦＢグループの投稿による）、その後７月に10名近くが初タッチを行なっている。８月に入り毎日数名ずつ初タッチを経験している（ＦＢグループの投稿による）。そして、９月23日の『秋の遠足』で最高値を示すが、その後も初タッチは毎日行なわれている。アンケート結果では、これまで「紋別タッチ」を行なっていないが、今後行なうという回答もあった。

（３）今後の「紋別タッチ」予定

『２０２２年１月10日までに何回「紋別タッチ」する予定ですか？』という質問をした（ＦＢグループなどが行なうキャンペーン第４弾が同日で終了するため）。この日までのタッチは１回もしくは２回で済ませるという意見が多い反面、５回もしくは６回で十分という意見が多い。しかし、この時点で30回を超えるタッチを予定している人が８人いることも見逃せない。事実、同年３月のタッチパネルをみると30タッチ以上をしている者が10名以上いるのがわかる（図12）。

（4）「紋別タッチ」の意義

『あなたにとっての紋別タッチとは何ですか？』、『紋別タッチをする一番の理由を教えてください（なぜ紋別へ行くのですか？）』、『紋別タッチの楽しさはどこにありますか？（何が楽しいですか？）』

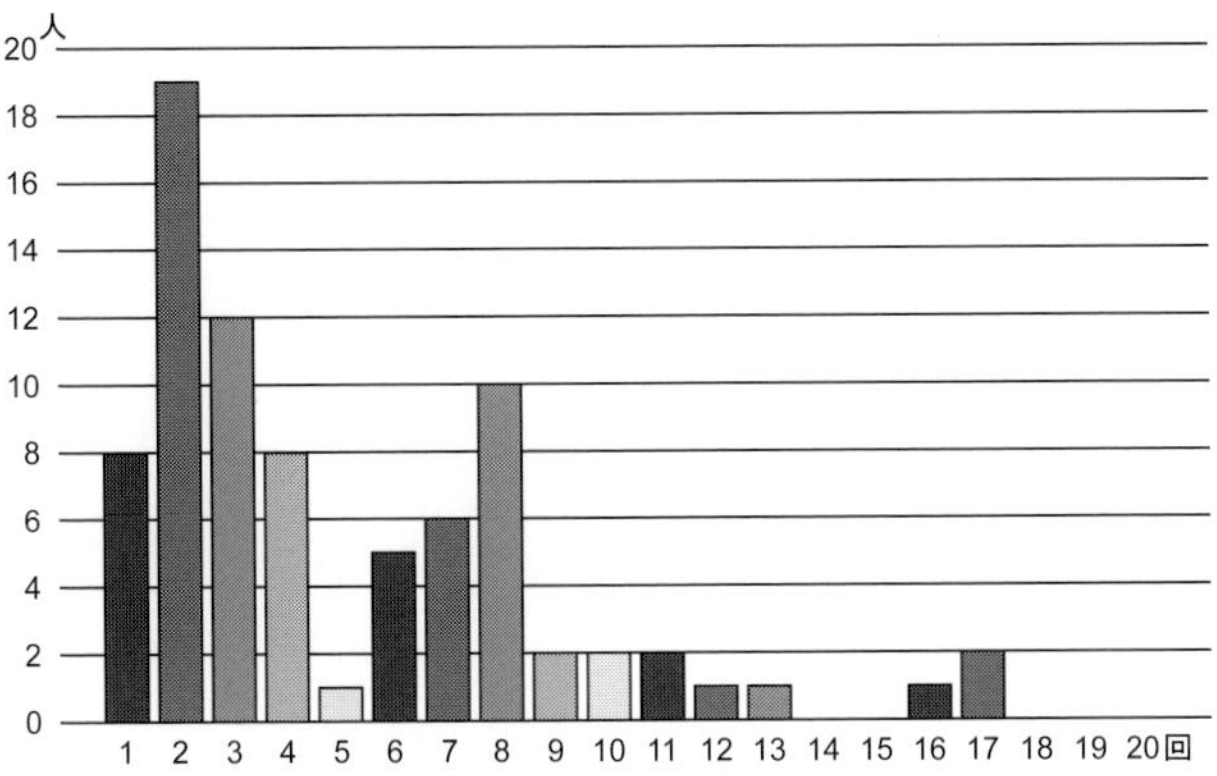

図10　「紋別タッチ」の回数　(n=80)

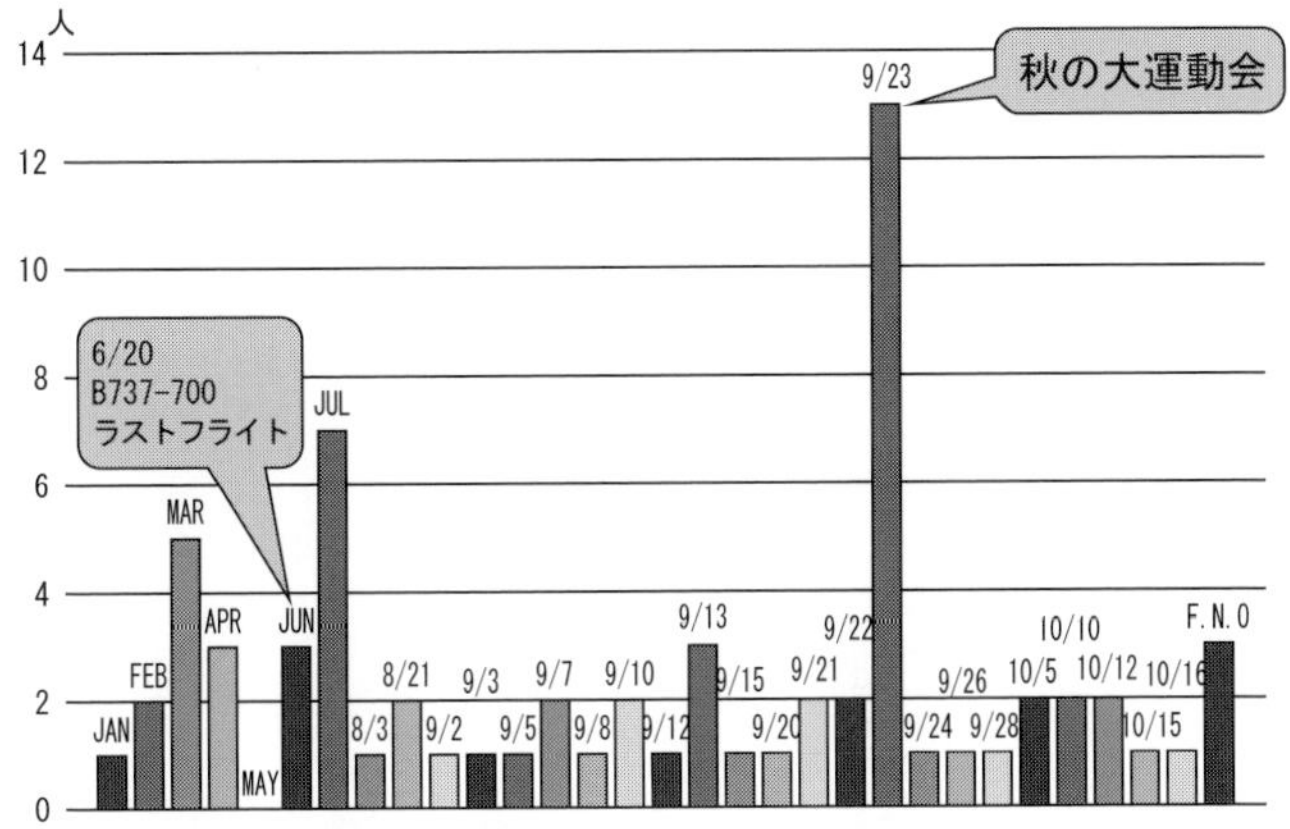

図11　「紋別タッチ」の初回日　(n=80)

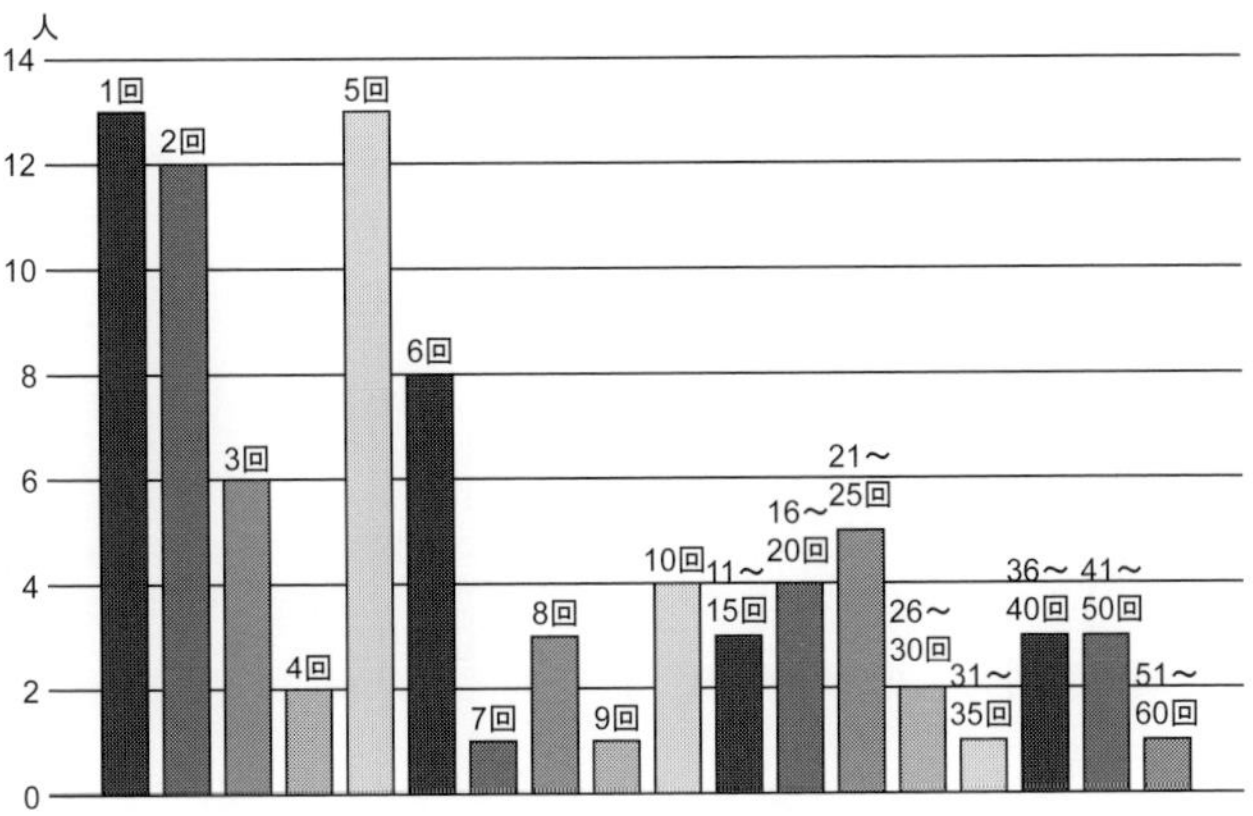

図12　今後の「紋別タッチ」予定　(n=80)

の3問をFBメンバーに問い、「紋別タッチ」の理由や意義について考える。

『あなたにとっての紋別タッチとは何ですか？』（図13）という質問には、「仲間・友人と過ごせる」、オフ会、遠足気分、小旅行などがあり、柳田國男よって見出された日本人の伝統的な世界観「ハレ（晴れ、霽れ）とケ（褻）」でいえば、ハレである非日常に当たると考えられる。『紋別タッチをする一番の理由を教えてください（なぜ紋別へ行くのですか？）』（図14）という質問には、他の空港と違う体験、プレゼント（イベント）などがあり、タッチをすることで得られる体験ができることがうかがえる。『紋別タッチの楽しさはどこにありますか？（何が楽しいですか？）』（図15）という質問には、「仲間・友人と過ごせる」、メンバーとの会話、空港での出迎えなどがあげられている。どの問いにも「仲間、友人、メンバー」というワードが出てくる。小旅行、遠足気分、上空からのオホーツク海を見るなど非日常の旅行感覚もあるが、単に飛行機に乗ることだけが趣味の人も見逃せない。とくにANA応援にかこつけた修行とも考えられるが、現地で地元の方々が大々的に迎え入れてくれることが癖となり、また、期間限定のTシャツやランチボックスなどがもらえることで「紋別タッチ」を繰り返してしまうと考えられる。さらに、滞在40分の限られた時間内に毎回何をするか考えるのが楽しいという意見がある。これはこの時間内にプレゼントの受取、現地の人との会話などの交

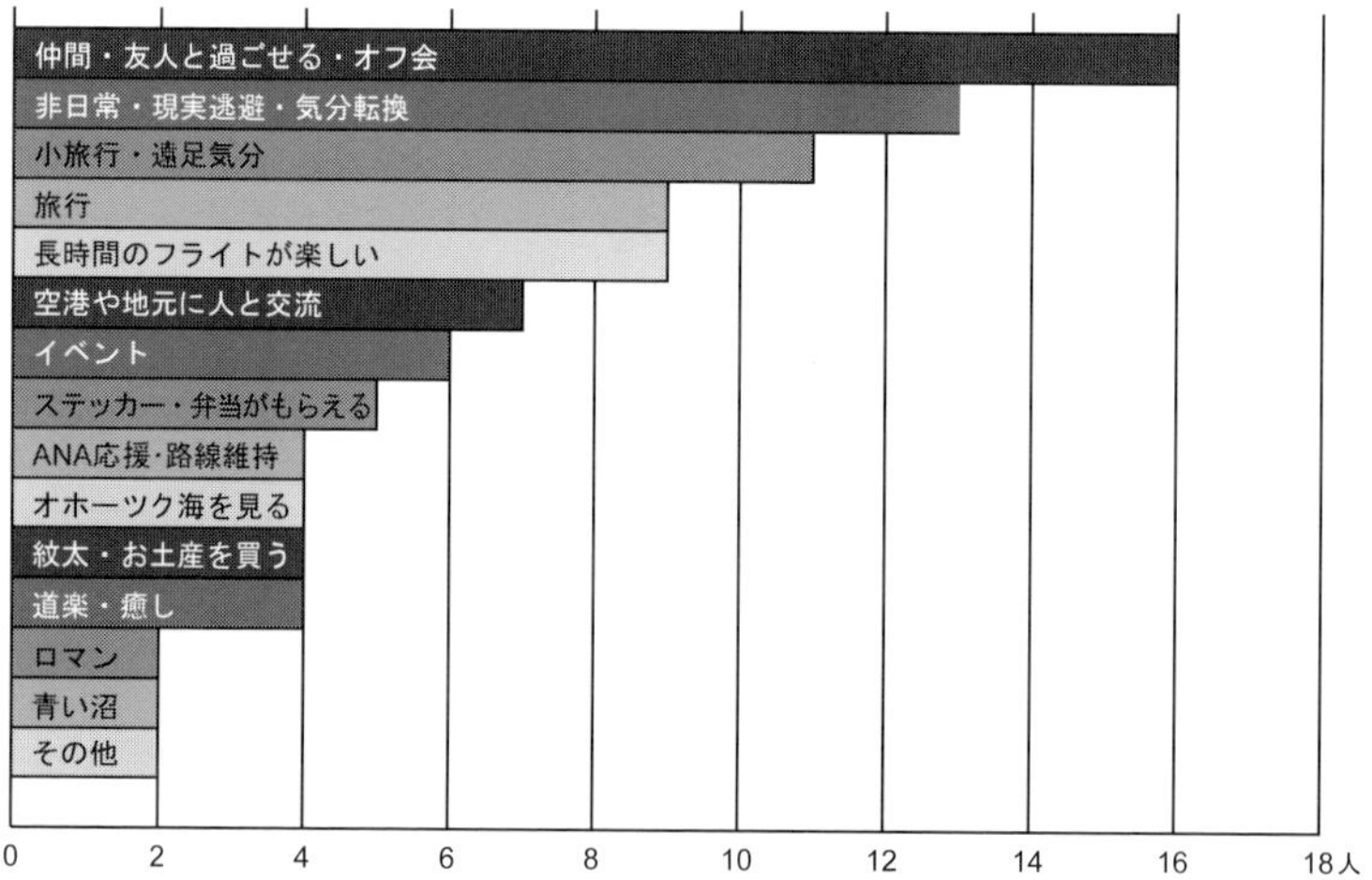

図 **13** 「紋別タッチ」とは何か （**n=80**）複数回答

流、買物、オホーツクブルー（軽食カウンター）でのチャレンジだけでなく、最近ではコスプレを披露する人まで現れた。筆者も紋別に魅了されている理由は、他の空港では行なっていないFBメンバーに対する限定イベントと捉え、繰り返し参加してしまうのである。

（5）「紋別タッチ」での消費

「紋別タッチ」の40分（時刻表上の到着時刻から出発時刻までであり、実際保安検査場の締め切り時刻が出発20分前であることから、空港ターミナルビル内の滞在は20分程度しかない）にオホーツク村（空港内売店）で何を買ったかという質問をした（表1）。結果は、北海道のベタなお土産以外に現地で生産されているもの、現地の特産品を使ったものが上位を占める。たとえば、「紋別アヒージョ」、「おこっぺ発酵バターケーキ」、「オホーツクの塩ラーメン」、「甘いもぎたてコーンで作ったコーンポタージュ」、「オホーツクの味噌ラーメン」は紋別市、および周辺の地域にて生産されている。また、「ホタテカレー」、「ホタテ天」。「ホタテラーメン」は

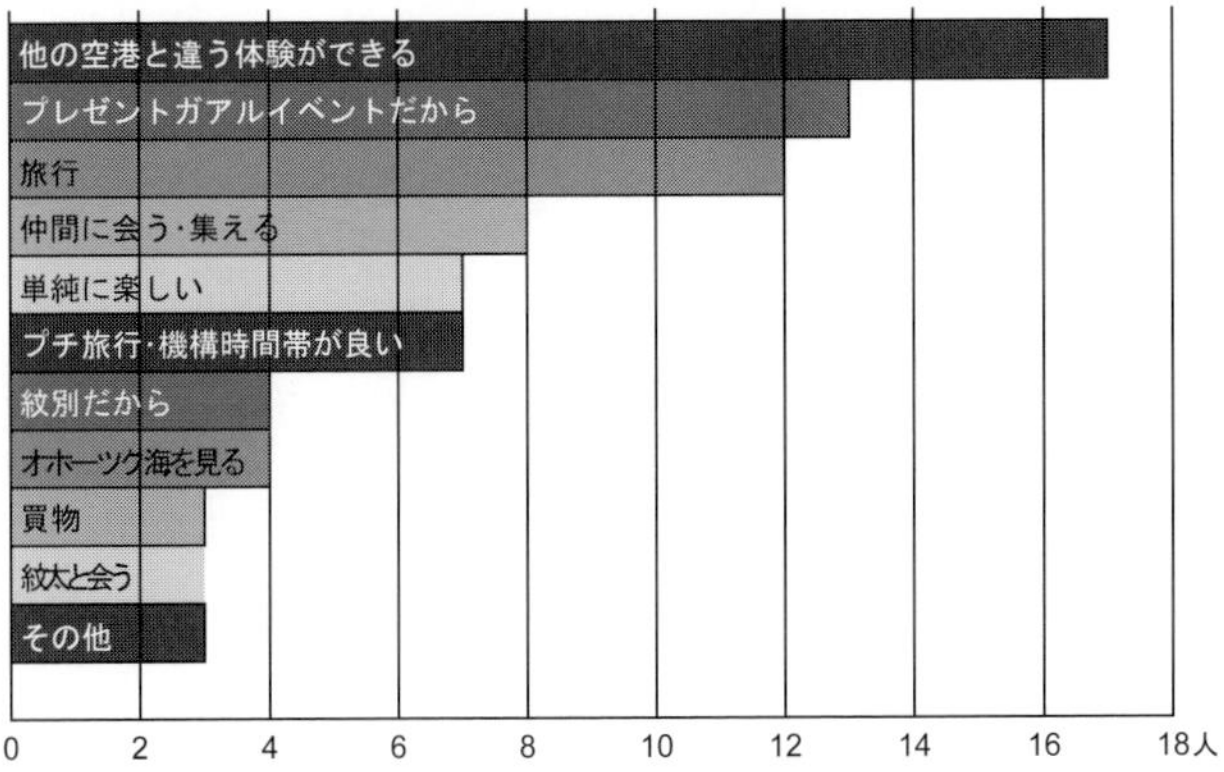

図14「紋別タッチ」をする理由　（n=80）複数回答

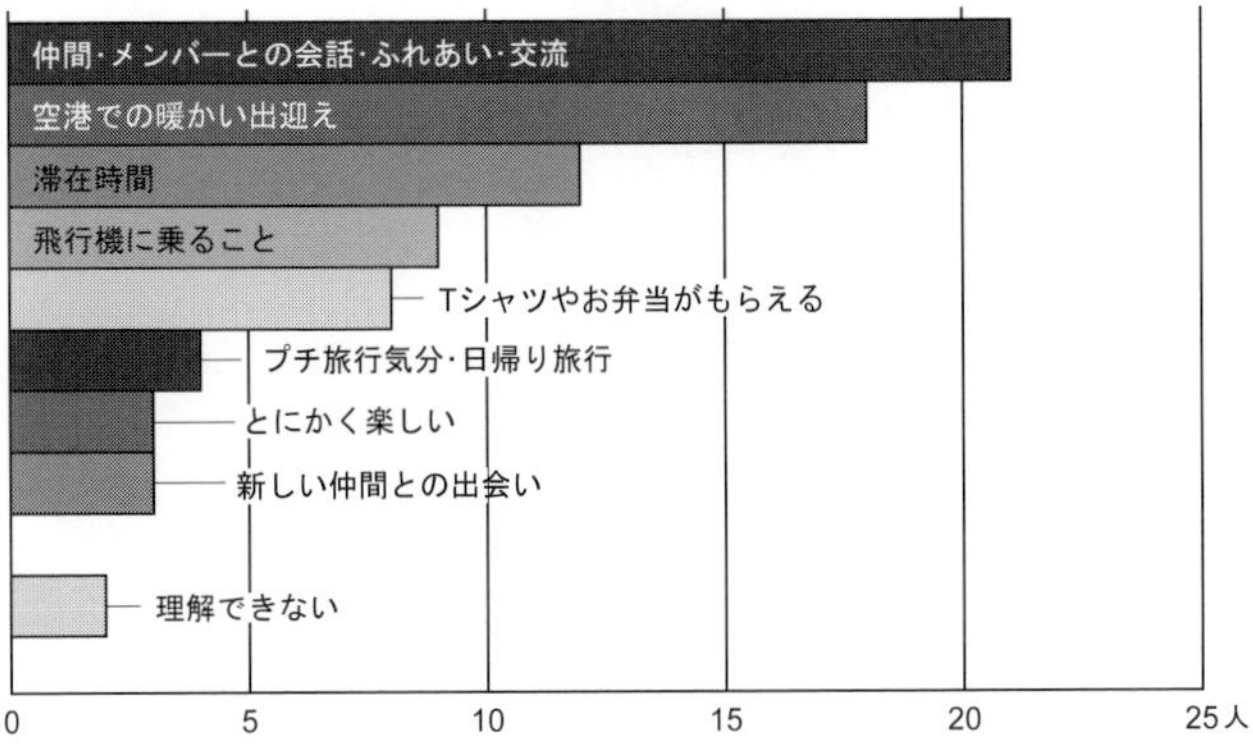

図15　「紋別タッチ」の楽しさ　（n=80）複数回答

未確認であるが、地域原産のものを使っていると考えられる。

（6）「モンステ」

最後に、『紋別ステイはしましたか?·その場合の宿泊先はどこでしたか?』という質問をした（図16）。「紋別タッチ」とは別に「モンステ」をしているかの問いであるが、アンケート調査の時点ではすでに21名（26％）が紋別市だけでなく近隣の市町を含めステイしている。残りの59名（74％）はステイしていないが、11月以降に18名（23％）がステイを予定していると回答している。すでにステイしている人を加えると、39人（49％）となり、以後ステイも増えることが予測できた。したがって、以後タッチのみならず、FBメンバーの多くがステイすることになる。実際、前述した２０２１年12月の『紋別タッチ大感謝祭・夕食会』により、ここで初めて「モンステ」する者も現れ、また、２０２２年2月の『流氷冬の陣』でも「モンステ」する者が多数現れた。

表 1　「紋別タッチ」での購入品（お土産）（n=80）複数回答

お土産	数
マスコット紋太	33
紋別アヒージョ	23
おこっぺ発酵バターケーキ	22
紋太グッズ（マスク，ステッカー…）	20
ホタテカレー	17
¥3000 のセット	13
ホタテ天	12
じゃがポックル	7
白い恋人	7
オホーツクの塩ラーメン	7
タラバカニカレー	6
ガリンコ号ちょろＱ	6
甘いもぎたてコーンでつくったコーンポタージュ	5
ブラックサンダー	4
ロイズのチョコレート	4
オホーツクの味噌ラーメン	4
ホタテラーメン	4
六花亭ストロベリーホワイトチョコレート	3
ようかんパン	3
北海道限定アポロ	3

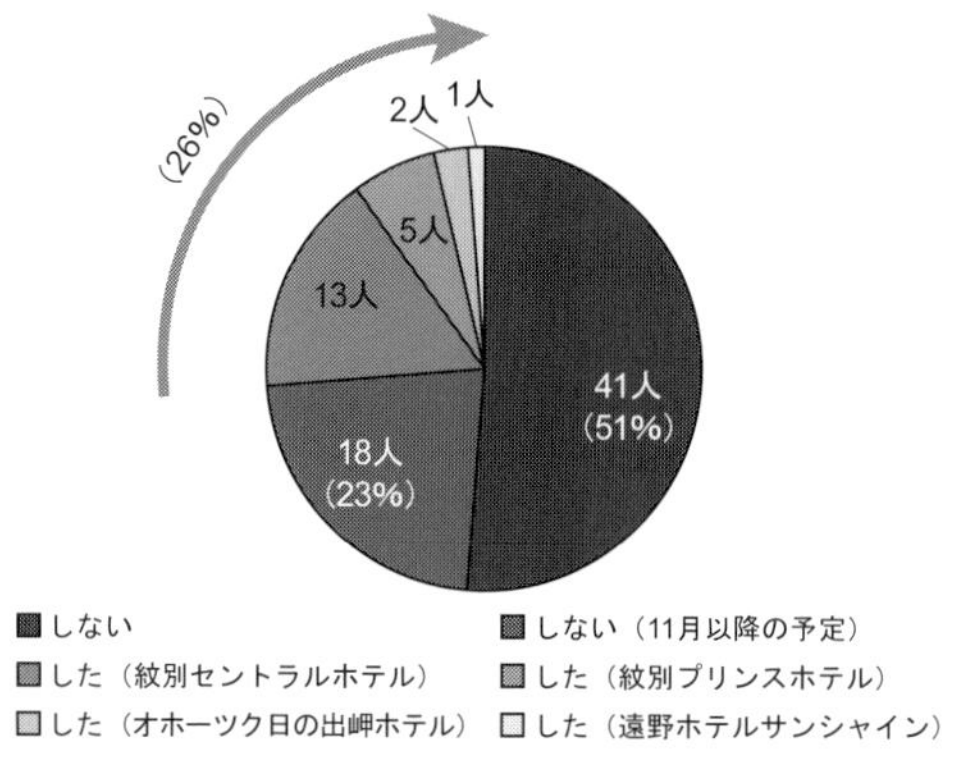

図 16　「モンステ」経験　(n=80)

5. 考察

事前に予約して「モンフラ」する場合もあるが、多くのFBメンバーは間際で予約、航空券の購入している。出発3週間を切った場合は株主優待運賃（2022年3月現在片道2万3240円）が最安値の運賃となり、これを購入しているケースが多く見られる。

「モンフラ」するFBメンバーは、前述した通り安定した収入があると思われる職業と年代が多く、時間も自由に使えると考えられる。また、アンケート調査以降女性の「紋別タッチ」が増え、主婦も多く見受けられる。朝の家事を終わらせ、羽田空港へ向かい、「紋別タッチ」後、帰宅しても夕飯の支度に十分間に合う。

「紋別タッチ」するFBメンバーの心因的要因として、オホーツク紋別空港における地元の方の温かい歓迎や、空港スタッフの対応で再び訪れたくなることが大きい。もちろん、キャンペーンに釣られて訪れる者も多い。また、その後の聞き取り調査では「意地」で「紋別タッチ」を続けるFBメンバーもいる。ここには、「ノンプロフィット・サポート・チェーン」（図17）が生じていると考える。

1994年にヘスケット（J.S.Heskett）とサッサー（W.E.Sasser,Jr.）らによって示された従業員満足度、顧客満足度が企業の業績に与える因果関係を「サービスプロフィットチェーン」というが、これになぞって

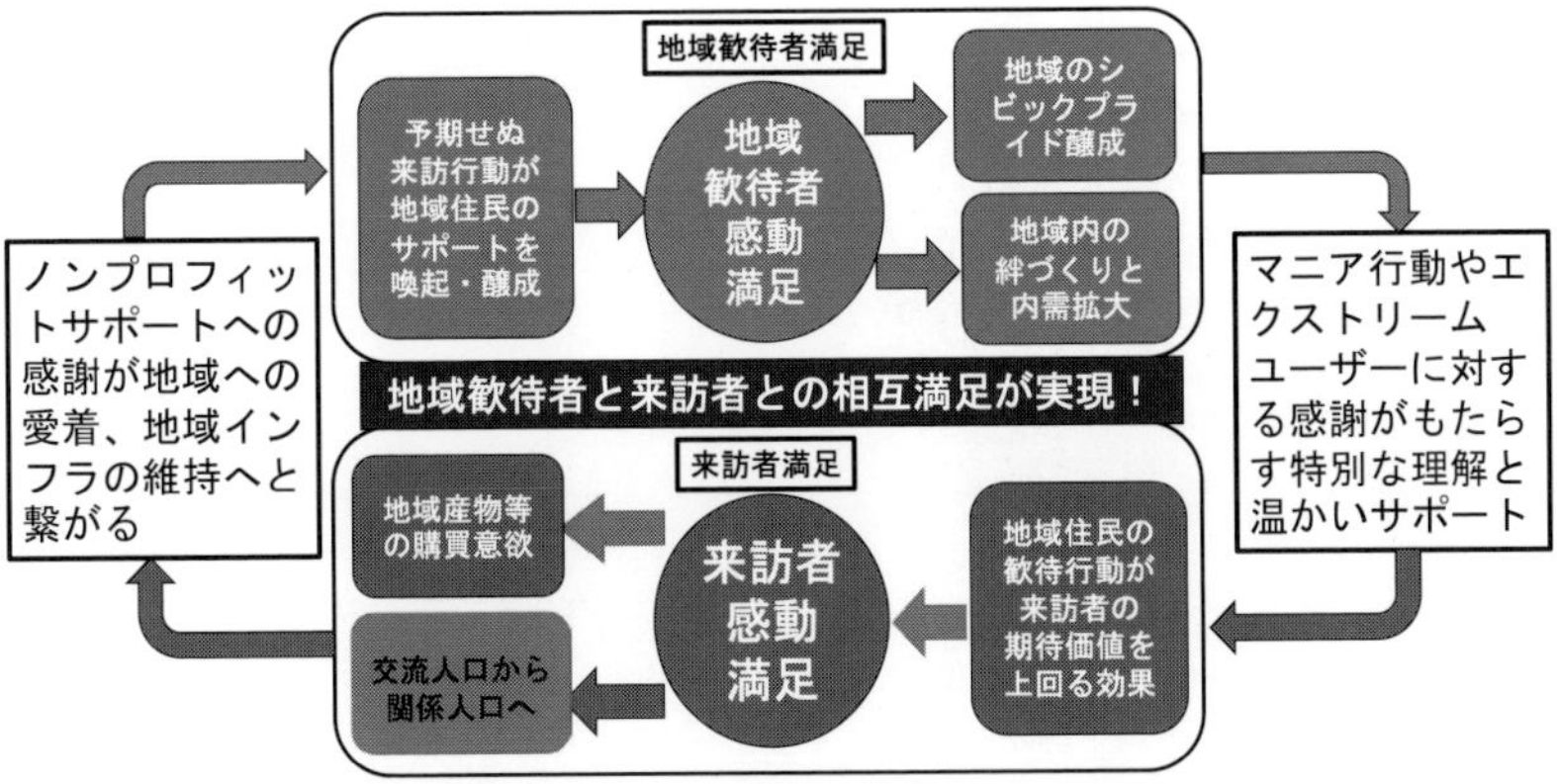

図**17**　ノンプロフィット・サポート・チェーン（**NSC**）モデル
杉山維彦（2021）「航空修行僧による地域活性化〜オホーツク紋別空の事例から〜」日本国際観光学会第25回全国大会梗概集：pp.8-9より再作成.

筆者が提唱するのが「ノンプロフィット・サポート・チェーン」である。これは、地元住民が単純に航空マニア（タッチャー）を空港で歓迎する関係を表したモデルで、今後マニアのリピーター化で、それに応じてプロフィットが生じていく可能性がとても大きい。

２０２１年９月からの紋別タッチキャンペーンを開始する以前、同年４〜８月の東京紋別線総搭乗者数は８６４２人、そのうち紋別タッチ搭乗者数は６２０人（表２、表３）。全体の７％を占めていた「紋

表 2　国内路線別旅客輸送実績

年月	区間	旅客数（人）	前年比（%）	提供座席（数）	前年比（%）	搭乗率（%）
2020.01		6102	85.1	9628	96.7	63.4
2020.02		6188	95.3	9628	103.6	64.3
2020.03		1244	76.5	4412	46.9	28.2
2020.04		556	11.4	9776	101.0	5.7
2020.05		321	5.0	5414	52.6	5.9
2020.06	TYO	881	20.0	5700	57.2	15.5
2020.07	⇔	1286	26.9	6716	65.3	19.1
2020.08	MBE	2143	31.5	8636	84.2	24.8
2020.09		2494	41.9	7432	77.5	33.6
2020.10		3685	48.3	7624	79.2	48.3
2020.11		3888	66.1	7476	75.1	52.0
2020.12		1968	34.1	5352	53.7	36.8
2021.01		1054	17.3	5260	54.6	20.0
2021.02		1047	16.9	4024	41.8	26.0
2021.03		1244	76.5	4412	46.9	28.2
2021.04		1312	236.0	4080	41.7	32.2
2021.05		1179	367.3	4560	84.2	25.9
2021.06	TYO	1289	146.3	5294	92.9	24.3
2021.07	⇔	1727	134.3	7636	113.7	22.6
2021.08	MBE	1785	130.0	10292	119.2	27.1
2021.09		2560	102.6	9944	133.8	25.7
2021.10		4358	118.3	10292	135.0	42.3
2021.11		5233	134.6	9960	133.1	52.5
2021.12		4660	236.8	9624	179.8	63.2

出典：ANA グループ実績（ANA 広報部発表プレスリリース）.

表 3　「紋別タッチ」の実績

年月	提供座席数	搭乗者数	搭乗率	タッチ搭乗者	（タッチ・シェア）	タッチなし搭乗者数	タッチなし搭乗率	タッチによる搭乗率UP
タッチ施策開始以前（2021 年 9 月以前）								
2021.4	4,080	1,353	33%	94	7%	1,259	31%	2%
2021.5	4,560	1,240	27%	78	6%	1,162	25%	2%
2021.6	5,294	1,340	25%	200	15%	1,140	22%	4%
2021.7	7,636	1,825	24%	98	5%	1,727	23%	1%
2021.8	10,292	2,884	28%	150	5%	2,734	27%	1%
小 計	31,862	8,642	27%	620	7%	8,022	25%	2%
タッチ施策開始以降（2021 年 9 月以降）								
2021.9	9,944	2,653	27%	872	33%	1,781	18%	9%
2021.10	10,292	4,485	44%	1242	28%	3,243	32%	12%
2021.11	9,960	5,345	54%	1,084	20%	4,261	43%	11%
2021.12	9,624	4,744	49%	880	19%	3,864	40%	9%
2022.1	9,278	3,602	39%	588	16%	3,014	32%	6%
小 計	49,098	20,829	42%	4666	22%	16,163	33%	10%

出典：紋別観光振興公社（ANA 紋別地区総代理店）副社長中島和彦氏.

別タッチ」はキャンペーン開始後にどのように進化発展していったのだろうか。紋別観光振興公社（ANA紋別地区総代理店）副社長中島和彦氏によれば、以下の通りである。２０２１年9月から２０２２年1月の一般搭乗者数は1万６１６３人で、搭乗率は33％と全国でも下位に位置づけられる。同期間の「紋別タッチ」による搭乗者数は４６６６人で、この数字は東京紋別線における閑散期の１カ月間の総搭乗者と同じ数字となる。そう考えると、想像を絶するFBメンバーが「紋別タッチ」をしている。紋別側に立てばこの「紋別タッチ」でロードファクターの上昇があり、路線維持やステイすることで地元の経済発展に寄与していることに対し、観光業者などはFBメンバーに感謝しているだろう。

6．まとめ

オホーツク紋別空港は北海道が管理する地方管理空港（旧：第三種空港）である。空港ターミナルビルは紋別市の第三セクター「オホーツク紋別空港ビル株式会社」が管理運営する。２０２１年に発表された国土交通省東京航空局空港利用状況概況集計表によれば２０２０年の全国空港乗降数で同空港は３万４６３３人で全国89空港中72位であった。

利用者が減少すれば航空会社は利益も得られない。そうなれば運航便数の減便となるのは自然な話で、最悪な場合は路線廃止も考えられる。そこで紋別市では紋別観光振興公社とともにロードファクター（搭乗率）上昇策として航空マニアに目を付けた。もちろん「紋別タッチ」により、いたずらに乗降数を増やすことにはなるが、それによりロードファクターはかなり上昇した。「紋別タッチ」の安定した旅客の搭乗で路線維持の継続化へ結び付いているのは間違いない。

　1989年にJR北海道の名寄本線が廃止され、道内では紋別への交通手段がバス以外なくなった。たとえば自家用車を利用すると旭川までは約3時間、女満別空港までは2時間15分程度を要する。札幌へのバス路線は1日4本（2022年3月現在2本に減便）で所用4時間半。そして唯一、道外へ繋がっているのがANAの紋別路線である。紋別や周辺地域で病人が出た場合、重度の傷病はドクターヘリで丘珠空港へ搬送、緊急を要しない場合はストレッチャーを使用してANAの定期便で羽田空港へ搬送している。

　「紋別タッチ」により現地ではどのようなことが生じているのかという疑問は第2節で述べた通り（キャンペーンなどの実施）である。単なる「タッチ」だけでも現地での経済効果や現地活性化を生むことができるかという疑問は、「YES」である。単に1回のタッチでは何もせず帰ってしまうケースが多発しているが、2回目以降お土産を購入したり、「タッチ」から「ステイ」へのシフトがあり地元の消費が期待できる。タッチを繰り返すことで、買い物しなかったFBメンバーも次第にオホーツク村で買い物するようになっていることが聞き取り調査で確認できた。たとえば紋別市のふるさと納税でも返礼品となっている「紋別アヒージョ」は地元の海産物を使い、地元の「有限会社丸芳能戸水産」が生産している。1945年頃よりホタテの製造・加工をしている歴史ある優良企業である。その「紋別アヒージョ」は確実に生産量が増えている（生産が間に合わない状況）という。

　表1（「紋別タッチ」での購入品）でオホーツク紋別空港のオホーツク村で何を買ったかを見てかるように、地元のものだけなくベタな北海道土産も購入している。しかし実際に購入してみると、購入者が少ないため賞味期限が直近なケースが多い。各地で行なわれる「北海道物産展」で十分購入できるうえ、ここで購入すれば賞味期限も長い。よってオホーツク村の商品展示のなかに「地元物産コーナー」を作ることを提案する。さらに水産物や水産加工品の販売は、現段階では購入数が見込めない

ことや保存などの問題があり、販売は行なっていない。よって、カタログによる注文販売を行なうことを提案する。これにより旅客の荷物も減ることになる。オホーツク村で集金を原則として販売することで、コミッションが落ちる仕組みを作ることが必要である。また、旅客が帰宅後も通販を可能にすれば、季節の海産物を積極的に販売することも期待できる。

アンケートの最後の項目（図16「モンステ」経験）にあったように、タッチ経験者のうちすでにステイをしている者と今後ステイをする者とを合わせると半数になる。その後の調査で「モンステ」するFBメンバーが増えている事実が見受けられる。２０１９年の日本人１人あたりの国内旅行消費額を見ると、日帰りが1万７３０１円、宿泊が5万５０６９円（泊数不明）であるため、ステイによる経済効果が必ず発生する。また、夜は「はまなす通り」に繰り出し、飲食店の売上も十分見込める。

地方空港が存在するその地方の自治体や、関連するＮＰＯ法人や第3セクターなどが予算を組み、訪れる旅客に対して何らかの受け入れ態勢を行なえば「タッチ」であれ「ステイ」であれ、オホーツク紋別空港と同じような取り組みが可能である。したがって「紋別タッチ」のキャンペーンなどの受け入れ態勢は「モンフラ」へマニアックな旅客を誘導するひとつのビジネスモデルになると考える。オホーツク紋別空港に到着するとＡＮＡを応援する我々航空マニアを、逆にＡＮＡスタッフや紋別観光振興公社の方々、紋別セントラルホテルの田中氏などが、全力で出迎えして応援してくれる気持ちが伝わってくる。これが「ノンプロフィット・サポート・チェーン」であり、優しさに惹きつけられて「紋別タッチ」が加速する。すなわち、紋別という場所が航空マニアにとって聖地化しているといえる。紋別は航空マニアの、サードプレイスなのである。

このようなレアな航空路線に航空マニアは目を付けた。そこには地元の温かい出迎えがあり、その中心となっているクリエイティブパーソンである田中夕貴氏の存在があった。「紋別タッチ」に欠かせない人物である。航空マニアに焦点を合わせた行政の企画するキャンペーンに心奪われ「紋別タッチは」は加速したが、その後も地元の方々の出迎えといった優しさに惹きつけられて、引き続き「紋別タッチ」は止まらない。「紋別タッチ」はマニア、ある意味、富裕層の道楽ともとらえられるが、これまでにない新しいツーリズム、独創的な観光のスタイルである。オホーツク紋別空港が航空マニアのクリエイティビティを高める地であり、紋別という地域がそのマニアのサードプレイスとなっていることは間違いない。コロナがおさまれば修行僧は必ず国際線へ戻っていく。しかし、ここで生まれた人と人の繋がりは絶対に消えない。それどころか、ひとつの財産としてこれからもお互い生かしていくことができる。まさにこれが「絆」であり、これからも交流が続くであろう。

この新しいツーリズムこそが、まさに今後も継続する「クリエイティブツーリズム」なのである。

★考えてみよう

1．「修行」と聞くとどのようなイメージを持っているだろうか。また、本章を読んで「修行」のイメージが変わっただろうか。

2．世の中にはたくさんの種類のマニアがいるが、あなたがこれまでに知っている何らかのマニアと、本章で登場する「航空マニア」を比較して感想を述べてみよう。

3．「紋別タッチ」をする人たちは今後どのようになるだろうか。また、紋別の地域経済の発展は今後も望めるだろうか。

第10章　居心地と夢の実現に都合の良い地域コミュニティとは

――女性クリエイティブクラスの視点から――

永井　沙蓉

1．不確実な社会でクリエイティブエリアを実現するには

現代は不確実な社会と言われている。新型コロナウィルス感染症の猛威により、以前にも増して将来の予測が困難となり、従来の方法が通用しないため、持続が難しくなりつつある。持続可能な社会の実現という言葉は、ＳＤＧｓ[1]に代表されるように、社会の多くの場面で触れる機会が増えたと思われる。一過性ではなく、持続するということは難しい。それは人々が集まり活躍するコミュニティについても同様であり、人々の接触機会が少なくなり、コミュニティの持続可能性が問われている。この課題は、クリエイティブエリアについても例外ではない。

クリエイティブエリアとは、発展することで価値を生み、持続するエリアである。新しいものが生み出され、他所に無いものが提供されるので、それを目的に人が集まり、さらに新しいものが生まれる好循環が前提となっている。しかし、発展が止まり、持続しなくなると、そのエリアは衰退して人が集まらず、魅力がなくなると誰も来なくなってしまうというリスクも持ち合わせている。そこで本章では、「クリエイティブエリアを持続するためにはどうすればいいのか」をテーマに、まず実際に

（1）ＳＤＧｓとは Sustainable Development Goals の頭文字をとったもので、国連に加盟する世界１９３カ国が合意した２０３０年までに達成すべき17の目標、１６９のターゲットのことである。平本督太郎（２０２１）『10歳からの 図解でわかるＳＤＧｓ「17の目標」と「自分にできること」がわかる本（まなぶっく）』メイツ出版：p.18.

クリエイティブエリアの最前線で活躍する「クリエイティブクラス（女性活動家）」を紹介する。その中でクリエイティブクラスが大切にする考え方、行動について考えてみたい。そして、その考えを基にして筆者が実際に実施した、クリエイティブエリアの構築の経験より、そこから導き出された「都合がよく・居心地のいいクリエイティブエリア」は、どのようにして持続可能としているのかを説明する。なお、横浜市では「横浜市創造界隈形成推進委員会[(2)]」を設置し、アーティストやクリエイターが創作・発表・滞在（居住）することで、街の活性化を図る「創造界隈の形成」を進めている。本件に関しては、詳しくは第5章を参照して頂きたい。本章ではアーティストやクリエイターによるものではなく、一般市民側の立場からクリエイティビティを発揮しコミュニティを形成し、クリエイティブエリアを持続していくにはどのよう方法があるのかを事例を交えて紹介する。

(2) 横浜市創造界隈形成推進委員会 https://www.city.yokohama.lg.jp/kanko-bunka/bunka/sozotoshi/sozotoshi/iinkai/20210705.html (2022.3.20 閲覧)

2. 地域コミュニティの活性化は目的なのか、手段なのか

◉ 市民活動を通して感じた疑問「地域コミュニティの活性化」はどのように実現するのか

最初に筆者が感じた地域コミュニティについての疑問を述べる。筆者は「市民講座を企画する市民講座」に参加したことがある。市民講座なので講座の目的を定めて企画をするのだが、その際にどうしても「地域コミュニティの活性化」ということが目的になってしまうことに、自分で企画をしながら違和感を覚えていた。また、講座のまとめにあたり、子育てしやすい環境づくりや災害に強いまちづくりを実現するにはどうしたらよいかという問いの解決策も、すべて「地域コミュニティの活性化」に辿り着いてしまっていた。要するに、地域コミュニティの活性化が目的でもあり、手段にもなってしまっているのだ。「地域コミュニティの活性化」は響きが良いフレーズなのか、多くの場で耳にす

るが、実際にはどうしたら地域コミュニティが活性化するのかということを説明したものはあまり見ない。そこで筆者の活動拠点である横浜市を例にして、考えていくこととする。

3. 夢の実現を目指し活動している女性クリエイティブクラスが理想とする空間（エリア）とは

◉ どのようにすれば活動を続けられるのか

ここで、筆者が横浜市で出逢った3人の方を紹介する。夢を持ちバイタリティ溢れる活動を持続させている女性たちである。あえて女性を選んだ理由としては、ライフイベントに「出産」の選択肢があるからである。あくまで不確実性がより高まる要素である「出産」のイベントに着目しただけで、子どもがいる／いないことについて言及したい訳ではない。「夢」を持って活動し、「課題」を見つけてゼロから行動を起こし続けているクリエイティブクラスの考え方から、不確実な未来を生きるヒントを明らかにする。

◉ 0歳からでも共に科学を楽しめる空間

①　研究者のキャリアを築きながら絵本作家として活動　**佐藤孝子さん**

【経歴】　佐藤さんは女性研究者の第一線で活躍しながら、科学の楽しさを伝えたいと絵本の制作や、読み聞かせライブの活動もしている（図1）。

図1　佐藤さんがＮＰＯの活動をしている様子

国立研究開発法人 海洋研究開発機構（ＪＡＭＳＴＥＣ）で勤務の傍ら、子どもたちに海に関する理解を深めてもらう活動をしているＮＰＯ法人チームくじら号の副代表としても活動している。深海調査船「しんかい２０００」や「しんかい６５００」の乗船経験もある海のスペシャリストである。

【出逢い】佐藤さんと筆者の出逢いは一冊の絵本がきっかけだった。筆者の娘が海の生き物が好きだったことから、横浜市金沢区にあるＪＡＭＳＴＥＣの横浜研究所が主催する子ども向けの講座に足繁く通っていた。そこには海に関する蔵書がたくさんある図書館があり、その中で佐藤さんが書いた一冊の絵本『くじら号のちきゅう大ぼうけん　深い海のいきものたち[3]』に出逢ったのだ。その絵本（図２）を買いたいと思い、図書館の司書にたずねたところ、作者の佐藤さんを紹介して頂き、以来交流が続いている。

【インタビュー】

永井：科学や生物学というと図鑑がまず思い浮かびますが、なぜ絵本を作ろうと思ったのですか。

佐藤：絵本を作る動機については、理科って何が面白いのかわからない、嫌い、という小学生たちや、理科を教えるのがちょっと苦手、という先生に理科の楽しさを伝えたいと思っていたからです。０才でもみんなで楽しめるようなものを作りたい、物語を楽しむ方法としての理科が楽しい！と思えるようなものにしたいと考え絵本を選びました。科学は目に見える世界の裏にいろいろ法則が隠れていて、その仕組みがわかるのが理科の楽しさであり、楽しむ人

（３）さとうたかこ・著、阿部伸二・画（２００８）『くじら号のちきゅう大ぼうけん　深い海のいきものたち（JAMSTEC book）』海洋研究開発機構。

図２　佐藤さんの絵本

たちのコミュニティを作り出していくと思います。子どもたちのコミュニティとして、絵本でつながる事が可能であり、1つの作品として残しておくことで、いろいろな想いを伝えられるという狙いもありました。新型コロナウィルスなどの感染症が拡大しても、ウィルスについての仕組みを知っていれば、それから身を守る方法がわかる。未知の恐怖でなく、わかる恐怖へと変わる。理科的なセンスがあれば、本業がなんであろうとも、コミュニティにおいてメンバー全員で持続的にどうするか考えられると思うのです。

永井：今の活動について教えて下さい。

佐藤：「絵本制作」と「絵本読み聞かせ」の2つの活動です。これからの日本、いや世界を支える、次世代を担う子どもたちに向けて、正しい科学的知識を持ってもらいたいと思って活動をしています。そして、エビデンスを基にする科学的アプローチで、将来の様々な問題への解決に、主体的に挑んでもらうことが大事だと思っています。

永井：絵本の制作とチームくじら号さんの活動について、どんな想いをお持ちですか。

佐藤：学校でお勉強して理解度をテストされる授業とはまったく違うアプローチが必要です。理想的には0歳から科学的思考にふれてもらうこと。特別なことではなく、日常生活にも科学はあふれています。まずは「科学」を絵本の読み聞かせと歌で「面白い！なぜだろう？」と感じてもらい、親しむこと。自分でも本などを紐解いてもらい、いつの間にか身につけてもらうのが理想です。

永井：今の活動を続けていく上でご自身が大切にしていることはどんなことがありますか。

佐藤：絵本は子どもたちも含め、いろんな興味、年齢層の読者に様々な気持ちを呼び起こす、美しく、かつ詩のようにシンプルで抽象度の高いものである必要があると思っています。一方、科学は証拠を積み重ねるという、芸術とはまったく別の評価軸を持ちます。この二種類の縦糸横糸で織られた美しい生地を用いた絵本であることが理想です。どちらもバランスを取りながら高めて行くこと。これが、私が童話作家として活動するミッション、生まれてきた意味だと感じています。

永井：今お持ちの「夢」はなんですか。

佐藤：前述の「絵本」をさらに高めて実現し、世界中の人々に読み聞かせなどで発信していきたいと思っています。

永井：これから自分の「夢」を探す方に伝えたいことはありますか。

佐藤：夢とは、自分が生まれてきた使命、運命のように一生かかる深い意味を持つこともあると思っています。子どもの頃から「おはなし」を作ってきた私の夢である、最初の絵本を出版させて頂いたのも、40代後半でした。そんな、何十年も実現にかかる夢もある。一方で、たくさんの日常の夢を叶えていくことも、人生を楽しみながら夢を叶えていくモチベーションを保つのに大事だと思っています。「夢はこうあるべき」＋「夢なんてどうせ叶わない」はちょっと脇に置いて、いろんな考え方を試してもらいたいですね。

佐藤さんの活動は、まさに世間が注目しているＳＴＥＭ教育(4)の目指す姿と同じであり、その重要性をいち早く感じて活動をされている先見の明があることに筆者は驚いた。

とくに佐藤さんの話で印象的だったことは、相反する2つのバランスを取ることを大切にし

(4) Ｓ(Science)科学、Ｔ(Technology)技術、Ｅ(Engineering)工学、Ｍ(Mathematics)数学、それぞれの頭文字を取った言葉である。文部科学省ではＳＴＥＭにＡ（芸術・文化・生活・経済・法律・政治・倫理など）を加えたＳＴＥＡＭとし、教科を横断し学習することを推進している。文部科学省ホームページ https://www.mext.go.jp/a_menu/shotou/new-cs/mext_01592.html (2022.3.20 閲覧)

ている点だった。1点目は科学という証拠を積み上げることを重視する分野と、芸術という感性に訴える分野のバランスを取っているということである。2点目は長期的な目標と短期的な目標を持つことである。相反するものに直面した場合、どちらかに偏った選択をするのではなく両方のバランスを取ることが持続するポイントであると感じた。

◉ 障がいのある子も、ない子も楽しめる空間

② 誰一人取り残さないユニバーサルな社会を目指して活動を続ける　**大下利栄子さん**

【経歴】 大下さんは「ユニバーサル絵本ライブラリーＵｎｉＬｅａｆ」を主宰しており、ユニバーサル絵本（絵本の上に透明な点字のシートを挟んだ本）の制作と普及啓発活動を２００８年から行なっている。また、発達に心配がある方のソーシャルスキル向上を目指し、英語教室を通して日々多くの生徒さんと関わっている。全盲のお子さんの母親でもある。

【出逢い】 筆者と大下さんとの出逢いは、筆者が横浜市保土ケ谷区の子育て広場で行なわれていた英語教室に参加をしたことがきっかけであった。

【インタビュー】

永井：なぜ「ユニバーサル絵本ライブラリーＵｎｉＬｅａｆ」の活動を始めようと思ったのですか。

大下：小さい頃から障がいのある・なしにかかわらず、みんなで楽しめる場があることの大切さを伝えたいと思いました。今は春休みや夏休みに「皆

図3　大下さん

一緒に多感覚で遊ぼう！」というイベントも開催しています。

永井：「皆一緒に多感覚で遊ぼう！」に親子で参加したときに、点字を読む姿を初めて見て、あぁ今まで私は何も知らなかったのだなと思いました。

大下：なかなか機会がないですよね。だからこそ理解し合う機会も少なくなってしまうのではないかと思っています。

永井：英語をツールにしたソーシャルスキルアップの場にも興味があります。

大下：習い事として通えるもので、ルールを守ったり、みんなの前で発表をしたりする場ができないかと考えて始めました。生徒のみなさんは学校での出来事を話し、悩んでいることを話してくれるので、子どもたちの心の拠り所としての一助になっているのではないかと思っています。

永井：今の活動を続けていて、どんなところに喜びを感じますか。

大下：本が1冊できたとか、小さなことでも日々達成感があることです。少しずつでも何かが積み重なっているという感覚が好きです。全盲児を育てていた時と同じですね。

永井：今の活動を続けている原動力を教えて下さい。

大下：十数年間無償での活動なので原動力は理念のみです。あの子たちの生きやすい社会のために役立つと思うことはやるけれど、自分がそう思えなければやりませんし、できません。

永井：今お持ちの「夢」はなんですか。

大下：ヨーロッパで見て大感激した歴史建造物のミニチュアブロンズ像を日本にも作ることです。あの子たちが楽しめ、ユニバーサルな社会に少しでも貢献できたらと思うと、深い喜びに言葉もありません。

永井：これから自分の「夢」を探す方に伝えたいことはありますか。

大下：やりたいことだけを無理しないで少しだけっていう方が多いけれど、ちょっと一生懸命やると見えてくるものもあるのではないかなと思います。「こんな私の活動を喜んでくださる方がいるなんて…」と感激しますよ〜。

現在、大下さんは鎌倉市、公益社団法人鎌倉市観光協会と共に「建長寺ブロンズ模型像プロジェクト」を進行中だ。ユニバーサルツーリズム(5)は観光庁も推進している活動である。公益社団法人鎌倉市観光協会は２０１９年に観光庁の「バリアフリー旅行相談窓口設置に係る実証事業」の対象団体にも選定されている。ブロンズ像についての話を聞いた時に観光地の場所も美しさも楽しめるというツールがあることに非常に驚いた。観光地におけるユニバーサルとしての触れる立体模型は全国でもほとんど例がない。大下さんの活動はＳＤＧｓの誰一人取り残さないという言葉を体現していると感じた。大下さんのお話で印象的だったことは「ちょっと一生懸命活動すると見えてくるものがある」という言葉だった。「ちょっと」と謙遜しているが、点字絵本やブロンズ像の制作という、日本で存在しない、もしくは数が非常に少ないものを作り上げていく想いは非常に強いものであると感じた。障がいのある子・ない子が共に楽しめるにはどうしたら良いかを常に考えていることがわかった。強い自分の想いを持っているからこそ持続可能となり、周囲の人にも想いが伝わり、仲間ができ、コミュニティが形成されるのだ。

(5) すべての人が楽しめるよう創られた旅行であり、高齢や障がいなどの有無にかかわらず、誰もが気兼ねなく参加できる旅行を目指すものである。https://www.mlit.go.jp/kankocho/shisaku/sangyou/manyuaru.html (2022.3.23 閲覧)

◉地域の人が自分の想いを笑って話せる空間

③社会起業家、神奈川県議会議員として活躍　**望月聖子さん**

【経歴】　望月さんは元々幼稚園教諭として勤務をしていたが、家族の介護と子どもの育児とのダブルケアに直面し、保育者として戻れないと思ったことをきっかけに自宅で子どもを預かる事業を開始した。その後、事業を拡大させ、有限会社ぎんが邑ＲＩＶ総合研究所とＮＰＯ法人ぎんがむらを設立した。２０２２年時点で神奈川県内に12の拠点（保育園、子育て支援の場、コミュニティスペースなど）があり、保育・子育て支援・地域支援の３本柱で事業を行なっている。そのキャリアの中で子育てをしている多くの保護者の悩みや課題と直面し、根本的な解決策は政治の場にあるのではないかと感じ、２０１９年に神奈川県議会議員になった。現在は子育て現場を熟知した議員として活躍中だ。

【出逢い】　筆者と望月さんとの出逢いは、筆者が子育てに悩んでいた時に、望月さんが運営する子育て広場へ相談をしに行ったことがきっかけだった。その後、地域と関わる活動をしたい旨を話したところ、後述のコミュニティスペースの立ち上げに携わるチャンスを頂いた。

【インタビュー】

永井：活動を始めて20年以上ですね。持続しているポイントを教えて下さい。

望月：苦労したところは地域の中で仕事を創るということでした。リピートしてもらうために試行錯誤してきました。人から選んでもらうには、従来のサービスで存在しないものので、必要と感じてもらえるものを創り出し続けていくことがポイントだと思います。

永井：活動を続けている中でご自身が大切にしていることはなんですか。

望月：絶望的な気持ちになった時に現状のままなのか、この先何ができるのかと前を向くかは自分次第だと思っています。子育て支援や女性の活躍の場の創出をしながら、多くの方と交流をしてきましたが、本人が幸せだと感じてくれたらそれが一番良い支援ができたのかと思うようになってきました。みなさん境遇が違うので、それぞれ居心地が良いと感じる場所で心を守りながら活動できるような支援を心がけています。

永井：今お持ちの夢はなんですか。

望月：街の中で気軽に交流できる場所や時間を持てる仕組みを作り、地域の中で点在させていきたいです。県議会議員という公の立場になったことで、さらに多くの方一人ひとりに向き合い、寄り添える機会を得ました。私は人と話すことを大切にしています。会話を通じてアイデアが湧いてきたり、思いも寄らない発見があったり、人とつなげることができるきっかけを得ることができます。そんな場所がたくさんできたら、より多くの交流ができるのではないかと思っています。

永井：これから自分の「夢」を探す方に伝えたいことはありますか。

望月：自分が何をしたいのかはっきりさせるための「軸」を持って欲しいと思います。「軸」がしっかりしていないと、他者と比較してしまい、自分の決めた道から逸れてしまうこともあります。つい自分を後回しにしがちですが、自分の気持ちを大切にするというのは非常に重要なことだと感じます。本当に自分がやりたい！と思うことは、お金だけでは評価できないと思います。悩みや課題を持っている人に寄り添

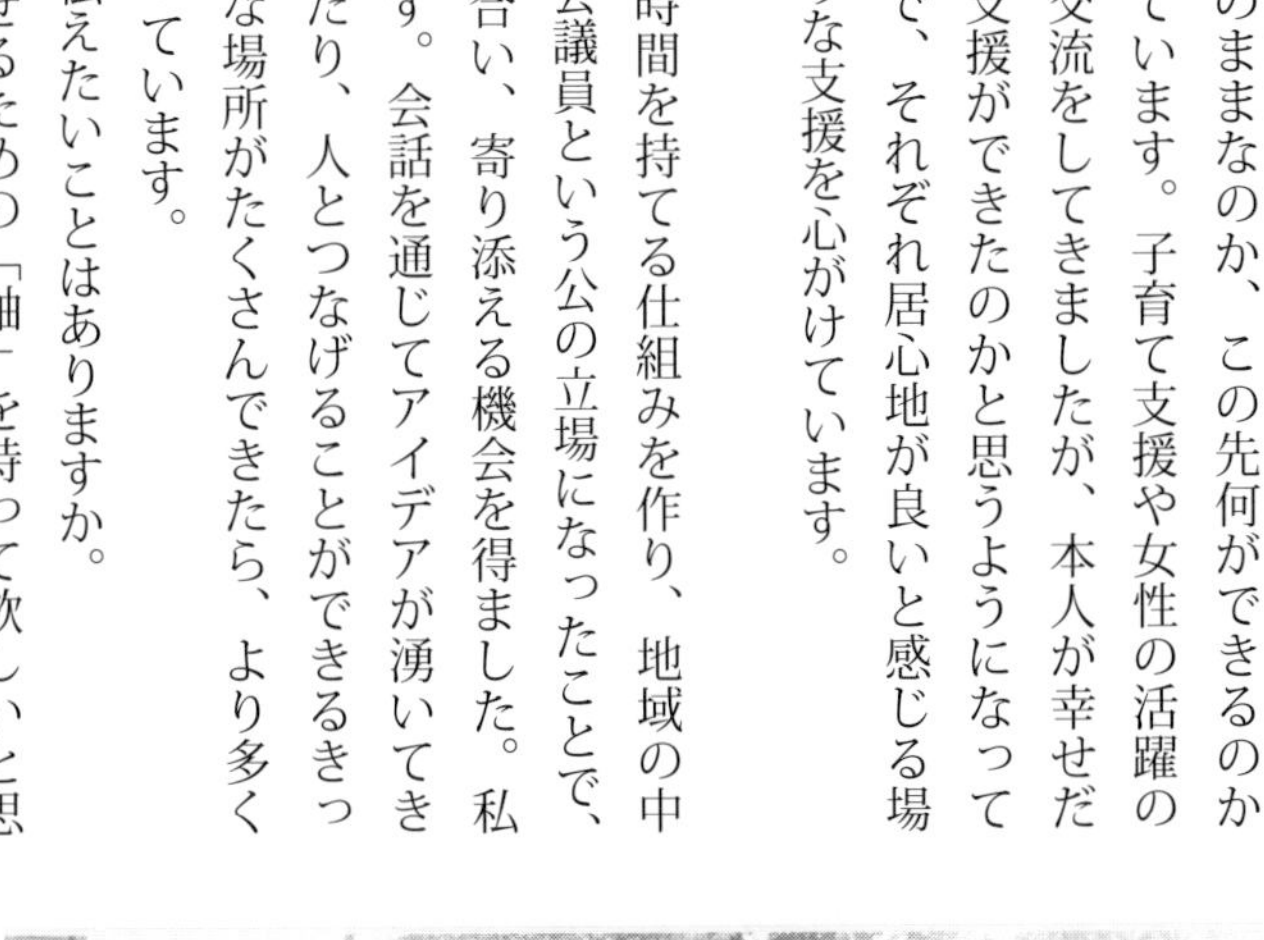

図 4　NPO 法人ぎんがむらの活動の様子

いたいと活動してきましたが、ただ優しく受容するだけではなく、「折れないようなしなやかな軸」を保つ強さが必要だということに気が付きました。自分の目指す姿はこうだと言える社会にしたいと思いますし、それは自分のことを言ったら人の声を聞かないのではなく、相手の話もしっかり聞くことが大切です。物事を前に進めるには折り合うことが大切だと思います。

望月さんの話で印象的だったことは、自分を大切にして、「しなやかな軸を持つ」という点であった。VUCA[(6)]の時代を生き抜くには必要不可欠な観点だと言える。

◉ 3人のクリエイティブクラスの視点

3人にインタビューをしていて、不思議な気持ちになった点がある。なぜ各々の夢を聞いているはずなのに、思い浮かぶのが「第3者が喜んでいる姿」なのかということだった。そして、「自分」と向き合うこと、想いに気づくこと、自分を大切にすることが重要であることもインタビューからわかった。他者が幸せを感じている空間の実現が自分の使命と感じていることも興味深かった。自分の使命に気がつくということは、自分の内面の状態と向き合ったからこそわかることである。ソーシャルイノベーションの始め方の中でも「個人の内面の状態を大切にすることが世界を変える仕事の糧になるという姿勢は前世代による非常に力強いムーブメントのいくつかを支えてきた[(7)]」と述べられている。佐藤さんの「相反することのバランスを取ること」、大下さんの「自分の強い想いを持つこと」、望月さんの「自分を大切にしつつ、しなやかな軸を持つこと」、この3つの要素をキーワードに、どのよ

(6)「VUCAとは、一言で言うと『先行きが不透明で、将来の予測が困難な状態』を意味します。元は1990年代後半に軍事用語として発生した言葉ですが、2010年代に入ると、昨今の変化が激しく先行き不透明な社会情勢を指して、ビジネス界においても急速に使われるようになりました。VUCAは、こちらの4つの単語の頭文字をとった造語です。
V(Volatility：変動性)
U(Uncertainty：不確実性)
C(Complexity：複雑性)
A(Ambiguity：曖昧性)」
グロービス経営大学院ホームページ https://mba.globis.ac.jp/careernote/1046.html(2022.4.9閲覧)より引用。

(7)リンダ・ベル；グルジナ、ノラ・F・マーフィー・ジョンソン、アーロン・ペレイラ(2022)「『わたし』を犠牲にせず社会を変えよう」、SSIR Japan編『ソーシャルイノベーションの始め方　スタンフォード・ソーシャルイノベーション・レビュー日本版』SSIR Japan：p.42.

うに意思決定をしていけばクリエイティブクラスへと近づけるのかを検証したい。

4．クリエイティブクラスに近づくための意思決定の方法

◉「相反するもののバランスを取ること」でより質の高い仕事をする

彼女らが夢の実現に向かって進む姿を「自分が理想とする社会の実現（自己実現）」と定義する。筆者は、自己実現と社会のために活動することは真逆の行為かと考えていた。社会奉仕という言葉があるが、社会のために何かを実施するということは自己犠牲を伴うものかと考えていたからだ。しかし、社会奉仕という捉え方で「社会」のことだけを考え、「自分」と向き合わないでいると「自分」と「社会」のバランスが取れず、自己犠牲となり、持続不可能になるのではないかと考える。一方で、「自分」にバランスが偏り過ぎると、「自分勝手」となり、賛同が得られず、こちらも持続不可能になる。つまり、「自分」と「社会」のバランスが丁度良い状態が、「自己実現」ができていると言えるのだ。佐藤さんが「たくさんの日常の夢を叶えていくことも、人生を楽しみながら夢を叶えていくモチベーションを保つのに大事だと思っています。『夢はこうあるべき』＋『夢なんてどうせ叶わない』はちょっと脇に置いて、いろんな考え方を試してもらいたいですね」と話していたが、いろんな考えを試してみることこそが、自己実現をするために「自分」と「社会」のバランスを取っている状態であると言える。

◉「自分の強い想いを持ち続けること」

3人は思うだけではなく、自分に何ができるのか、何を目指すのか、課題に向き合い、常に様々な手法で解決策を模索していた。活動をしていく中で障壁にぶつかった時に、他人から言われたからやっ

ているという姿勢では壁を乗り越えられない。大下さんが「十数年間無償での活動なので原動力は理念のみです。あの子たちの生きやすい社会のために役立つと思うことはやるけれど、自分がそう思えなければやりませんしできません」と話していた通り、自分の理念を持たないと持続は不可能である。これは自分の理念がなく、目先の結果だけ追っていると、良い結果を出せなかったり、批判を受けるといった問題に直面した途端に持続する理由が消失してしまう。だからこそ、自分の強い想いを持ち続けることが必要となる。そのためには目の前の常識や当たり前について疑問を持ち、日本のみならず海外の事例や考え方も取り入れる広い視野を持つことが必要であると言える。

◉「自分を大切にしつつ、しなやかな軸を持つこと」

自分の想いを持つだけではなく、相手が求めているものは何なのかを突き詰める必要がある。自分を大切にしないと自分の心が折れてしまい持続することが不可能になってしまう。硬くて強い軸（強い想い）だけでは、問題にぶつかったときに折れてしまう。折れないように、しなやかさを持つことで相手にも寄り添えるようになる。望月さんが「自分の目指す姿はこうだと言える社会にしたいと思いますし、それは自分のことを言ったら人の声を聞かないのではなく、相手の話もしっかり聞くことが大切です。物事を前に進めるには折り合うことが大切だと思います」と話していたが、自分の気持ちだけを相手に押し付けると相手の心が折れてしまう。その逆も然りで、相手の気持ちだけを受容していて自分の心が折れてしまうのだ。折り合うためのしなやかさが必要だということがわかる。

5.「自分」を大切にする個人の集まりが地域をクリエイティブにする

「自分を大切にする」ことの重要性を認識した上で、具体的にはどのように意思決定をしていけば良いのかを考察したい。筆者は「自分を大切にする」という合理的な判断において、人は無意識に「都合」と「居心地」のバランスを取っているのではないかと考えた。

◉自分の「都合」と「居心地」を大切にするバランスが意思決定に必要

生活をする上で人間は無意識に多くの意思決定をしている。人間は物事に対し合理的な判断をするために「都合の良い」ことを選択し、持続するために「居心地の良い」ことを選択しているのではないかと筆者は仮説を立てた。時代の変化と共に多様な価値観が生まれ、個人にあった生き方が選択され維持されるが、ライフステージの変化などで環境変化に対応できないと苦闘する。この「苦闘」している状況に置かれたときに、いかにして前を向き回復力を高められるかが、不確実な社会を生き抜き、物事を持続可能にする重要な要素ではないかと考えた。ここでポイントなのが、「都合」だけではなく「居心地の良さ」の両方のバランスが取れている領域が、一番持続可能性が高いということだ。

都合についての一例としては、時間・場所・費用などが挙げられる。都合が悪いとそもそも持続は難しいが、都合が良くても居心地が悪いと長続きする可能性は下がる。また、居心地の良さについて一例を挙げると、ハード面では建物のセンスが好みだとか、ソフト面では価値観が合う人がいることだとかである。

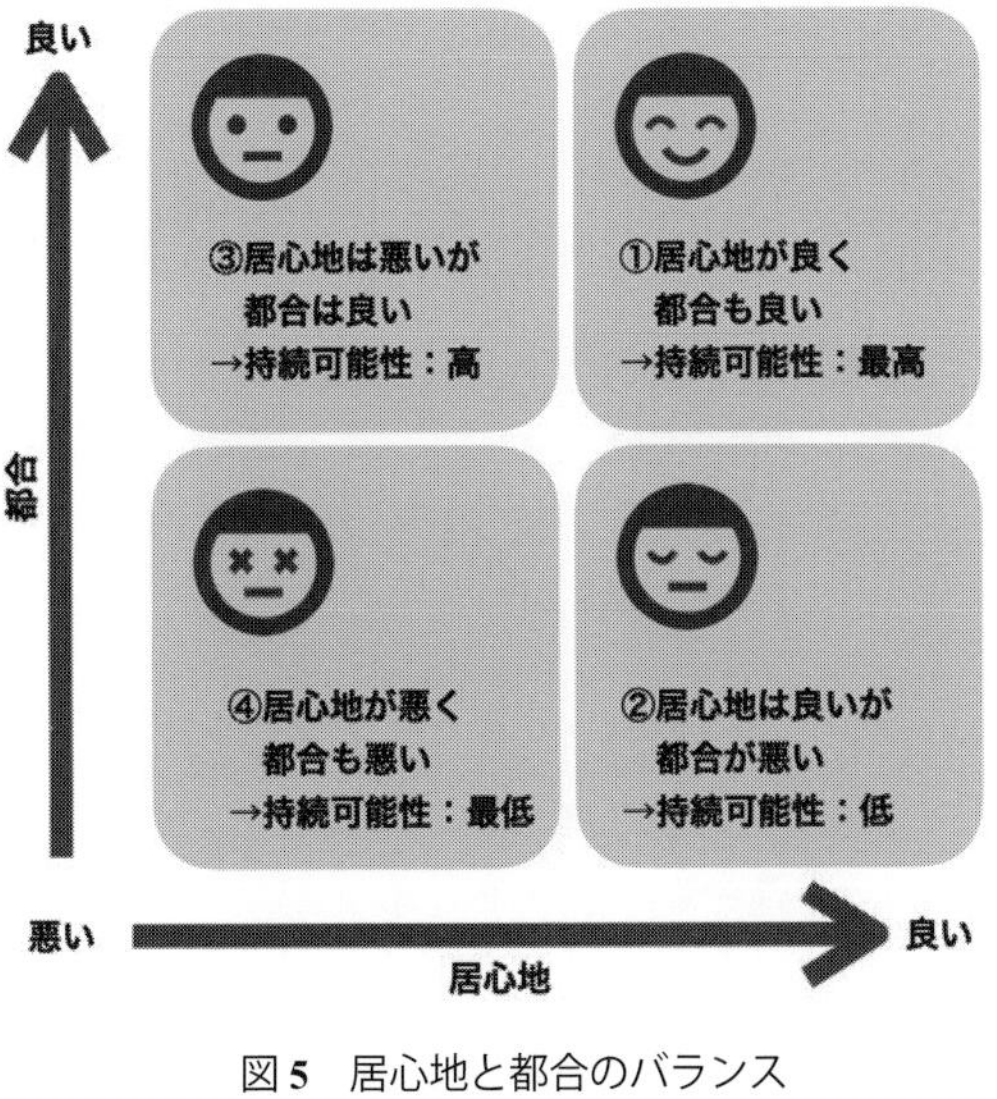

図5　居心地と都合のバランス

◉「居心地」と「都合」のバランスを取りたどり着いた小さなコミュニティの一例

ここで居心地と都合のバランスが取れた一つの事例を紹介する。望月さんがインタビューの中で、「町の中で気軽に交流できる場所や時間を持てる仕組みを作り点在させたい」と話していたが、実際に1つコミュニティスペースを運営しており、そこで生まれたクリエイティブエリアがある。子育てが一段落した方との接点が少ないと感じた望月さんは、２０１５年に横浜市保土ケ谷区に、地域の方が自己実現に向けたチャレンジをする場として、コミュニティスペースである「憩いと学びの空間ほっと」という場を創った。筆者はそのプロジェクトの立ち上げを担当し、地域の中で活動をしたい方の想いに多く触れる機会を得た。今はフラワーアレンジメント、ペーパークイリング、リンパケア、健康マージャン[8]をコンテンツとして提供している。とくにこの健康マージャンは筆者の両親が自己実現をする場として活動しており、この活動について紹介する。

筆者は東日本大震災で職と家を失った両親を宮城県から横浜市に呼び寄せたが、引きこもらせないようにしなければならなかった。両親が同時に好きなこととして活動でき、地域の中で役に立てることは無いかと情報を収集していたときに、健康マージャンと「ねんりんピック[9]」を知った。両親が好きな健康マージャンがねんりんピックの競技種目に指定されていることを知り、この大会への出場を目標や生きがいにすることができるのではないかと考えた。詳しく調べていく過程で健康マージャンを教えるためのレッスンプロと言う認定資格があることを知り、両親に資格取得を勧めた。両親は６０歳を過ぎてからの資格取得に不安を口にしていたが、自分が好きなことで地域との接点を持つ足掛かりになるなら「都合が良い」と資格取得を決意し、資格を取得して健康マージャンを教える活動を始めた。筆者が過去にマージャンを教えるボランティアをしていた経験があったことも「都合が良

（8）「賭けない・飲まない・吸わない」をスローガンに、脳を若く保つトレーニングのツールとしてマージャンを位置づけたものである。一般社団法人日本健康麻将協会ホームページ http://www.kenko-mahjong.com/association/ (2022.3.29 閲覧)

（9）「全国健康福祉祭」の愛称で、60歳以上の人を中心とした健康と福祉の祭典である。主催者は厚生労働省、開催都道府県・政令指定都市、一般財団法人長寿社会開発センターで、１９８８年に第1回が開催されている。厚生労働省「全国健康福祉祭（ねんりんピック）の概要」https://www.mhlw.go.jp/topics/kaigo/nenrin/gaiyo.html (2022.4.08 閲覧)

仙台港で被災

上星川に移住した永井さん夫妻

「津波到達まであと10分」

車内に響く恐怖のアナウンス

津波が押し寄せ大きな被害を受けた仙台港近くにあるアウトレットで被災した永井政志さん・由美子さん夫妻＝写真。帰省していた娘・沙蓉さんと共に買い物を楽しんでいたその時、経験したことのない強烈な揺れに見舞われた。

立ち続けることができず、しゃがみ込む3人。靴が滑るほど強い揺れに翻弄され、体勢を保つことができない。地面からは地鳴りが聞こえる。親子3人肩を寄せ合い揺れが収まるのを待った。

政志さんは幼少期にチリ地震による大津波を体験。津波が押し寄せ川の水が溢れる光景を鮮明に記憶している。その後も宮城県沖地震を経験。10年前のあの時、「津波が来る」と直感し、揺れが収まるまでの間、「すぐに逃げなくては」と考えていたという。

車に乗り込み塩釜市内の自宅へ向かう道中、少しでも早くと、海沿いの道に入ろうとした瞬間、由美子さんが「そっちは海」と声を発し、ハンドルを切り直した。

「津波到達まであと10分」。車内に響くテレビの音声が気持ちを焦らせる。渋滞していた自宅近くの交差点を迂回し、脇道に入り高台にある自宅へとたどり着いた。「もし海沿いの道を選んでいたら、どうなっていたか」。九死に一生を得た分岐点だったのかもしれない。

震災前、一級建築士事務所を構え松島基地周辺防音工事を受託する仕事に従事していた政志さんだったが、基地周辺の住宅が津波で流出し防音工事事業が消滅。夫妻は2015年に娘夫婦が暮らす上星川に移り住んだ。

見ず知らずの土地で始まった新たな暮らし。娘の助言もあり、2人揃って健康麻雀のレッスンプロ資格を取得。市内で教室を開くなど、新たな一歩を踏み出した。

図6　筆者の両親の活動とそれまでの経緯を伝える記事

タウンニュース保土ケ谷区版（2021.3.11）.

株式会社タウンニュース社.

かった」。両親は宮城県から引っ越してきた言わば「ヨソモノ」であったが、健康マージャンというツールを通じて、地域への仲間入りをすることができた。見知らぬ土地の自治会館が両親にとって「居心地の良い場」へ変わったのだ。その後、「憩いと学びの空間ほっと」でも健康マージャンの講座を行なうことになった。今では保土ケ谷区以外にも、旭区、中区と横浜市内へ着々と拠点を広げ、活動を持続している。米国の社会学者リチャード・フロリダは「幸福になれる場所を見つけることは、私たちの『活性化』に大きく役立つ[10]」と述べており、まさに本事例とも合致していると言える。

（10）リチャード・フロリダ著、井口典夫訳（2009）『クリエイティブ都市論　創造性は居心地のよい場所を求める』ダイヤモンド社：p.187.

◉「居心地」と「都合」が良ければ「健康的な状態」になり、結果的に持続する

「憩いと学びの空間ほっと」が自分たちの得意なことが活かせる幸福になれる場所となり、そこで生まれたコミュニティが地域の交流を活性化させていく事例を紹介した。自分たちの「都合」の良い好きなことを選び、自分で決断をし、自分たちが「居心地」の良いコミュニティを作り出したからこそ持続し、「健康な状態」を維持できている。また、講座の参加者も自分の「都合」と照らし合わせて講座参加の決定を行ない、「居心地」が良いと感じコミュニティに所属し続けている。そこでの「居心地」と「都合」が良ければ持続することができ、「居心地」か「都合」のどちらかが悪くなると「健康な状態」が保てなくなり、そのコミュニティからは抜けていく。「居心地」も「都合」も「良い」と感じるのは人によって異なる。「居心地」と「都合」はライフステージによっても変化していくものである。その時の自分が「健康である状態」が最適解であり、他人から見ると「居心地」と「都合」の両方が最高の条件ではない可能性があり、批判を受けることもある。社会は「自分」ではなく「他人」の集合体である。健康と社会の関係性について、世界保健機関憲章前文（日本WHO協会仮訳）は「健康とは、病気ではないとか、弱っていないということではなく、肉体的にも、精神的にも、そして社会的にも、すべてが満たされた状態にあることをいいます[11]」と述べている。

筆者は、居心地と都合の良いコミュニティに所属することが、「肉体的にも、精神的にも、そして社会的にも、すべてが満たされた状態」にあるのではないかと考える。この中の「社会的にもすべてが満たされた状態」というのは、結局は『個人が満たされた状態』でないと成立しないというのが筆者の考えである。

（11）公益社団法人日本WHO協会ホームページ https://japan-who.or.jp/about/who-what/charter（2022.3.22閲覧）。世界保健機関（WHO）憲章は、1946年7月22日にニューヨークで61カ国の代表により署名され、1948年4月7日より効力が発生した。

6．地域コミュニティの活性化は課題解決の目的でも手段でもなく、善く生きられる空間（ウェルビーイングエリア）がもたらす結果である

「個人が満たされた状態」について考察をする。持続可能な社会を目指すSDGsの3番は、次のように示されている。

Goal 3. Ensure healthy lives and promote well-being for all at all ages
目標3．あらゆる年齢のすべての人々の健康的な生活を確保し、福祉を促進する[12]

健康が前述の通り「肉体的にも、精神的にも、そして社会的にも、すべてが満たされた状態」だとしたら、Well-being な空間（ウェルビーイングエリアと呼ぶことにする）も目指す必要性がある。地域の課題解決には「地域コミュニティの活性化」であるということに疑問を呈したが、クリエイティブクラスの思考と、実存する居心地と都合の良いコミュニティが作られるまでの過程を検証することで、「地域コミュニティの活性化」は問題解決の目的でもなければ、手段でもないことが明らかになった。「自分」を大切にして「善く生きる」ことを実践している人の集まりの結果が、地域コミュニティの活性化であった。「善く生きる」こととは自分の使命を感じ行動を起こすことだと考えられる。「ただ生きるのではなく善く生きる」という言葉はソクラテスの思想として有名であるが、まさに現代社会においても必要な考えであることがわかる。

（12）公益財団法人 地球環境戦略研究機関 https://www.iges.or.jp/jp/sdgs（2022.3.23 閲覧）

7. まとめ

他者と関われば価値観や考え方の違いで意見の衝突が起きる。それは、その人によっての居心地と都合が異なるため、すべての人と折り合うのは難しいからである。歴史を遡り、現代より不確実性の高い時代を生きた日本の偉人の一人である坂本龍馬は「世の人は　我を何とも　言わば言え　我なす事は　我のみぞ知る」(13)と和歌で表現している。これは「自分の行動や考えが他者に理解されないが、自分が成すべきことは自分がわかっている」という現代語訳となる。坂本龍馬ほどの人物も他者に受け入れられないと嘆くのだと思い、驚いた。どの時代でも他者に受け入れられないことは、自分の思いや活動が正しいのかと葛藤する要素の一つであると言える。それでも生涯を終えるまで、物事を自分で決め、自分が成すべきことを理解し、「善く生き」、壁に直面してもさらに高い壁を乗り越え続けないといけない。「自己犠牲」になるのではなく「自己実現・夢の実現」にプラスに働く「善く生きられるコミュニティ」が増えていくようにしたい。自分が何をしたいのか、何ができるのかを、自分の都合と居心地に当てはめて、今一度見つめなおし、行動を起こすことを提案する。

(13) 文化遺産オンライン 坂本龍馬関係資料 詠草 二 和歌 https://bunka.nii.ac.jp/heritages/detail/563782 (2022.3.29 閲覧)

★ 考えてみよう

1. あなたが描く理想の社会は「どんな人」が「どのように」暮らせる社会だろうか。
2. あなたが今まで感じた「居心地のよい空間」はどのような環境だろうか。
3. あなたが今まで持続してきたことにおける「都合のよさ」は何だろうか。

新名 阿津子　にいな あつこ　第 4 部第 8 章

博士（理学）（筑波大学）　高知大学教育研究部人文社会科学系専任講師，
日本ジオパーク委員会委員
専門分野：人文地理学，ジオパーク研究
主著：『経済地理学への招待』分担執筆，ミネルヴァ書房，2020 年
『女性とツーリズム　観光を通して考える女性の人生』分担執筆，古今書院，2017 年
砂の一粒にも地球の歴史がつまっています．これからの社会について足元から考えてみませんか？

杉山 維彦　すぎやま しげひこ　第 4 部第 9 章

1959 年生まれ　大阪国際大学短期大学部教授，
一般社団法人 国際観光政策研究所常務理事・上席研究員
専門分野：航空経営，ハラール
主著：『現代国際理解教育事典』分担執筆，明石書店，2012 年
『観光学大事典』分担執筆，木楽舎，2007 年
私たち研究者はこれまでの事象をさらに深堀りしていくことが必要です．他方でグローバル化や多様性，共生社会など複雑になり，研究領域は多種多様となっています．こうした中，これまでにない萌芽的研究もたくさん行なわれるようになりました．しかしそんな中にはキーパーソンとなる人物が必ずと言って存在します．そのキーパーソンこそ「クリエイティブパーソン」であり，先導者となっています．今回私は，そんなクリエイティブパーソンにスポットを当ててみました．この本はきっと，あなたの知らない世界を知ることができ，興味をもって読んでいただけると思います．

永井 沙蓉　ながい さよ　第 4 部第 10 章

1984 年生まれ　NPO 法人ぎんがむら・有限会社ぎんが邑 RIV 総合研究所職員，
元・恩地観光戦略研究所非常勤研究員
専門分野：地域活性化，子育て支援
私が担当する章のおわりに，坂本龍馬の和歌を引用しました．この和歌は紀貫之の本歌取りで恋の歌だそうです．「人知れぬ　思いのみこそ　わびしけれ　わが嘆きをば　われのみぞ知る」．紀貫之は古今和歌集の選者の一人として有名ですが，土佐日記の作者でもあります．自分と向き合いたくなったら，2 人にゆかりがある高知県に足を運んでみるもよし，ゆかりの品がある博物館を訪れるのもよし．クリエイティビティが刺激されるかもしれないですね．ちなみに紀貫之は私の出身地の宮城県塩竈市の地名が出てくる歌も詠んでいます．「君まさで　煙絶えにし　塩竈の　うらさびしくも　見えわたるかな」
クリエイティブツーリズム，実践してみてはいかがでしょうか．

崔　瑛　　ちぇ よん　　第 3 部第 5 章

博士（工学）（筑波大学）　神奈川大学国際日本学部准教授
専門分野：観光学
横浜市の創造都市政策とのつながりの深い「黄金町」に注目し，まちの人々の声を通して，アーティストたちとエリアマネジメントの担い手がもたらしたものを把握しました．アートとまちの関わりを維持していくことの価値と困難について考えていただく機会となれば幸いです．

高橋 克典　　たかはし かつのり　　第 3 部第 6 章

1966 年生まれ　梅光学院大学文学部特任准教授，ハイブリッジ・インターナショナル代表（経営コンサルタント）
専門分野：国際ビジネス（高度外国人材のタレントマネジメント，日本酒の海外戦略研究など）
テクノロジーの発展や労働環境の変化により，自らが居心地よいと思う街を拠点にして仕事することが可能な時代です．そして，思い入れのある街をよりクリエイティブにするためのチャレンジも可能です．今回その具体的な事例を取り上げることで，読者が働き方やライフスタイルを考えるきっかけとなることを期待します．

奥　正孝　　おく まさたか　　第 3 部第 7 章

1955 年生まれ　元・東京富士大学経営学部教授，元・株式会社吉本興業社員
専門分野：都市再生，まちづくり
主著：『岸和田だんじり祭りによるまちづくり　文化と伝統景観を生かして』，単著，文芸社ビジュアルアート，2007 年
大学生時代にはタレントを目指していましたが，大阪で衆議院議員秘書をし，青少年問題で市議会議員を目指しました．その際，同じ地域から候補者が出馬，その候補者の後援会長が親戚の兄ちゃんだったため，家族から反対されました．私の関心は青少年問題だったため，直接に若い人達に話し合うことができるのは，大学教授になることだと悟りました．そういう経緯なのでわかりやすく，相談しやすい先生になりました．

【執筆者紹介】　執筆順，＊は編者

友原 嘉彦＊　ともはら よしひこ　第 1 部第 1 章，第 2 部第 3 章

1980 年生まれ　博士（学術）（広島大学）　高知県立大学文化学部准教授
専門分野：観光文化学
主著：『ちびまる子ちゃんの社会学』編著，古今書院，2021 年
『女性とツーリズム　観光を通して考える女性の人生』編著，古今書院，2017 年
創造の時代となったことで，格差が拡大し，ポピュリズムは膨張し，権威主義と結び付いています．こうした時代だからこそ「創造の避難地」が求められていると認識し，この本を書きました．必要な人に届きますように．

高田 晴美　たかた はるみ　第 2 部第 2 章

1973 年生まれ　博士（文学）（神戸大学）　四日市大学総合政策学部准教授
専門分野：日本近現代文学，女性文学
主著：『ちびまる子ちゃんの社会学』分担執筆，古今書院，2021 年
『源氏物語を開く　専門を異にする国文学研究者による論考 54 編』，分担執筆，武蔵野書院，2021 年
この本（特に何かの作品を扱った論考）を読むことで疑似的なクリエイティブツーリズムを垣間見，作品の世界観だけでなく作者本人にも心を寄せるやり方を知ったら，次は作品を読んで，より切実で生身の空想のクリエイティブツーリズムを．そして今度は実際に作品の舞台となった土地を訪れて，より抜き差しならない深淵に触れ，自分と自分の人生の何かを変えるかもしれない本物のクリエイティブツーリズムをしてみませんか．

三成 清香　みなり さやか　第 2 部第 4 章

1984 年生まれ　博士（国際学）（宇都宮大学）　新島学園短期大学専任講師
専門分野：比較文学，日本語教育
主著：『ちびまる子ちゃんの社会学』，分担執筆，古今書院，2021 年
ラフカディオ・ハーン（小泉八雲）という人物と彼の遺した著作は今，どのような形で生かされているのでしょうか．単なる「文化資源」という考え方を超えた取り組みが松江で展開されています．ハーンのひ孫である小泉凡氏の周りに誰が集まり，何を創り，人々にどのように影響を与えているか，その一端をご紹介します．

【編著者】

友原 嘉彦　ともはら よしひこ

1980年生まれ．博士（学術，広島大学）．高知県立大学文化学部准教授．
専門分野：観光文化学．
主著『ちびまる子ちゃんの社会学』編著，古今書院，2021年
『女性とツーリズム──観光を通して考える女性の人生』編著，古今書院，2017年．

書　名	**クリエイティブツーリズム** **―「あの人」に会いに行く旅 ―**
コード	ISBN978-4-7722-3200-5
発行日	2022（令和4）年12月25日　初版第1刷発行
編著者	**友原 嘉彦**
	Copyright ©2022 Yoshihiko TOMOHARA
発行者	株式会社 古今書院　橋本寿資
印刷所	株式会社 三美印刷
製本所	株式会社 三美印刷
発行所	**古今書院**　〒113-0021 東京都文京区本駒込5-16-3
TEL/FAX	03-5834-2874 / 03-5834-2875
ﾎｰﾑﾍﾟｰｼﾞ	http://www.kokon.co.jp/　検印省略・Printed in Japan